L'AMOUR EST LA CLEF...

Entre Connaissance et Dévotion...

Patrice Morchain
Manu Tahi Ori

L'AMOUR EST LA CLEF…

Entre Connaissance et Dévotion…

HELYOGOS

Avertissement

Ce livre raconte les expériences, le cheminement personnel et les choix de l'auteur.

Celui-ci comme l'éditeur ne sauraient être tenus pour responsables des conséquences éventuelles d'une automédication maladroite ou d'une mauvaise compréhension des éléments contenus dans cet ouvrage.

La législation française attribue au seul docteur en médecine le droit de diagnostic et de traitement des maladies. Les éléments contenus dans ce livre doivent donc, le cas échéant, s'inscrire en parfait respect et complément des protocoles thérapeutiques médicaux en cours.

SOMMAIRE

...à Nick et à Vicky...

REMERCIEMENTS

Je tiens à remercier ici tous ceux sans qui je n'aurais pu vivre toutes ces merveilleuses expériences et sans qui ce livre n'aurait pu exister.

En particulier, je remercie mes parents pour m'avoir fourni dans cette vie à la fois mon véhicule corporel et mes premiers systèmes de croyance.

Merci à Jean-Marc pour les années de thérapie...

Merci à Vicky Wall, à Martin Brofman, à Lee Pascoe et Michael Dodson pour les précieux outils qu'ils m'ont transmis.

Merci à Louise Hay, à Eileen Caddy, à Richard Bach, à Neal Donald Walsch, Marianne Williamson, Deepack Chopra et Wayne Dyer pour leurs merveilleux livres qui sont une magnifique source d'inspiration...

Merci à Etienne Daho pour de si belles paroles...

Merci à Alain, à Nick, à Myriam, à Chris, à Hervé, à Patrick, à Michel pour les leçons apprises ensemble et qu'ils m'apportent encore.

Merci à Pierre, à Claude-Annie, à Marc pour tout ce que vous m'apportez.

Merci à tous mes amis que je ne peux citer ici mais qui ont chacun participé à mon évolution.

Merci à Annie, à Evelyne, à Eldon, à Nathalie, pour m'avoir donné confiance et incité à écrire !

Merci à Agnès et Alain, à Martine pour m'avoir fourni l'environnement nécessaire et propice à l'écriture de ce livre...

Merci à Louise pour ses suggestions lors de la relecture de ce livre et aussi à Anne pour en avoir affiné la correction.

Merci à Michel pour les différentes couvertures qu'il a conçu pour mes livres et divers produits.

Merci à Marita, à Danielle, et à Chad pour la source d'inspiration qu'ils représentent.

Merci à Gina qui m'a beaucoup aidé dans la mise en place de ma société et de mes livres.

Merci à Lise de m'avoir invité au Québec.

Merci à Vania pour avoir aidé à la mise en page de cette réédition.

Merci à tous ceux qui m'ont ouvert leurs portes ces dernières années alors que j'étais… sans logement fixe.

Merci à toutes les personnes ayant suivi mes stages pour leur aide discrète mais indéniable car en cherchant à « leur apprendre » ces choses, je me les rappelais en fait continuellement à moi-même...

Merci à VOUS que je ne connais pas encore de me donner envie de partager mes expériences, lesquelles je pense, pourront vous être utiles.

Merci à Amma et à Saï Baba d'être, tels des phares nous balisant la route, des manifestations vivantes de l'Amour Divin.

Et MERCI à la Vie, MERCI à l'Amour, MERCI à cette Force Bienveillante que certains appellent DIEU... et, sans laquelle je ne serais rien...

REEDITION

Il me semble important de vous préciser ici que ce livre est une réédition du Livre « Un Chemin vers Dieu, entre Connaissance et Dévotion… » que j'ai écrit en 1998. Il porte cette fois-ci un titre déjà présent dans l'épilogue de ce livre précédent. En effet, le titre de cet épilogue était déjà « L'Amour est la Clef. »

Vous allez vite comprendre que je ne crois ni au hasard, ni aux coïncidences dans cet Univers parfait, au-delà parfois de mes propres perceptions.

Dans sa version originale, ce livre a été tiré, et là, le « hasard » a bien fait les choses, à 1008 exemplaires et vous le verrez, ce chiffre est <u>hautement symbolique</u> pour moi !

En fait, ce livre qui n'était au départ qu'un manuscrit devait, pour des raisons simplement matérielles, n'être publié qu'à 300 exemplaires seulement.

Cependant, comme je ne disposais pas, à l'époque, du budget nécessaire pour le faire, je l'ai proposé sous forme de « souscription avant impression » à mes stagiaires.

Il se trouve que 80 d'entre eux ont souhaité l'acheter avant sa parution !

Mon imprimeur de l'époque m'a alors proposé un autre type d'impression plus économique et de sortir mon livre non pas à 300 mais à 1000 exemplaires.

J'ai donc accepté sa proposition bien plus économique. Il m'a alors informé que les machines allant très vite, il ne pouvait pas être sûr de l'arrêter à 1000 exemplaires précisément et se proposait donc de m'offrir les exemplaires en sus.

Il m'a donc informé par la suite qu'il y avait non pas 1007 ni 1009 exemplaires mais « 1008 exemplaires » de ce livre, ce qui pour moi était hautement significatif et symbolique, vous le comprendrez vous aussi dans ce livre.

Dans cette réédition, j'ai simplement rajouté quelques pages au texte « original » pour vous expliquer pourquoi j'utilise très souvent le passé.

En effet, un livre célèbre depuis la nuit des temps, commence par ces mots : « Au commencement, était le Verbe… et le Verbe était avec Dieu… et le Verbe était Dieu ».

Les mots sont donc pour moi, extrêmement créateurs et nous devons donc « veiller » et être « conscients » de leur pouvoir ou de leur potentiel créateur.

Je parle donc très souvent de mes expériences au passé.

Il me revient ici un très beau jeu de mots anglais : « Do you know why Angels Fly ? » « Vous savez pourquoi les Anges volent ? » et la magnifique réponse est « Because they take things « Lightly ». « Parce qu'ils prennent les choses à la légère. »

Jeu de mot entre « Light » qui peut signifier « Léger », c'est-à-dire « à la légère », voire « Lumière ».

Lors de ce jeu de mots, il est souvent approprié de préciser que « Light is light » « La Lumière est légère… »

Ainsi, les gens qui me rencontrent peuvent parfois avoir cette première impression que je prends les choses « à la légère et avec beaucoup d'humour » ; ce qui est pour moi **EXTRÊMEMENT** important lorsque quelqu'un veut se débarrasser d'une pathologie qu'il ne souhaite plus garder.

Je les prends donc « légèrement »…

A ce propos, je sens qu'il sera important que je m'exprime sur ce sujet dans d'autres ouvrages à venir.

Je me suis aussi permis de rajouter quelques lignes à la fin pour vous informer de mon évolution car certains lecteurs se montraient curieux d'en savoir plus…

PRÉAMBULE

Écrire ne m'a jamais semblé très facile mais je sens aujourd'hui qu'il est important que je me raconte ici. Pour moi et pour vous…

De nos jours, un merveilleux mécanisme est en train de se déployer et je pense que nous vivons, chacun, ce que nous vivons dans ce but à la fois personnel et collectif.

Toutes les expériences que la vie nous présente sont des opportunités qui nous permettent de nous découvrir. Elles ont donc une grande valeur enseignante pour nous-mêmes mais aussi pour ceux qui nous entourent. C'est pourquoi je crois qu'il serait égoïste de ma part de les garder pour moi seul alors que je sais intimement qu'elles peuvent être utiles.

Il se trouve que la vie me « présenta » une expérience que je peux maintenant qualifier de cadeau même si à l'époque, celui-ci me semblait vraiment empoisonné, ceci dans tous les sens du terme !

J'ai reçu un grand choc lorsqu'il y a plus de douze ans de cela, j'ai appris que *j'avais été* séropositif depuis l'âge de 19 ans. Cependant, les merveilleuses transformations que cela a provoqué en moi me permettent maintenant de reconsidérer tout cela autrement et de savoir à quel point il était parfait pour moi de passer par cette expérience.

Le choix personnel que j'ai fait dès le départ de ne prendre aucun médicament mais plutôt de rechercher en moi la solution à ce problème semble, après plus de 20 ans sans aucune médication, avoir été salutaire.

Mais surtout, bien au-delà du fait que je me sente en pleine forme, les merveilleuses expériences que j'ai pu vivre et que je continuerai de vivre grâce à ce bouleversement me semblent maintenant, en fait, la <u>seule raison</u> pour laquelle j'avais besoin de passer par la séropositivité. Je suis rempli de gratitude envers Dieu, dont la réalité m'apparaît maintenant de plus en plus évidente, pour tous les cadeaux qu'Il m'a faits, qu'Il me fait et qu'Il me fera.

Je sais que le mot de Dieu peut parfois être incompris ou même sembler choquant pour certains d'entre vous, ceci en raison des associations et / ou des expériences que vous avez eues avcc ce mot, ce concept. Aussi, si ce mot vous choque, sentez-vous à l'aise en le remplaçant par celui de votre choix chaque fois que je l'utiliserai.

Il serait dommage que vous passiez à côté d'expériences qui peuvent réellement révolutionner votre vie simplement à cause d'un mot de quatre lettres.

Ne dit-on pas que Dieu est Amour, alors si cela vous semble vrai, chaque fois que j'emploierai le mot Dieu, comprenez Amour à la place.

Mais peut être le mot Vie ou Univers sera, pour vous, plus approprié. Sachez qu'au bout du compte, cela n'a pas d'importance.

Pour ma part, le seul mot qu'il me semble juste d'utiliser est le mot Dieu bien que je comprenne que cela puisse être différent pour vous. Tout mot étant par nature limitatif, il me semble que « Dieu » est le seul mot pouvant conceptualiser avec le plus de précision la conscience avec laquelle je suis en relation maintenant.

Par ailleurs, si Dieu est omniprésent, il est donc évident qu'il se trouve partout, y compris en cette partie de moi la plus profonde, c'est-à-dire en l'essence de la vie qui m'anime. Dans ce cas, chaque fois que j'emploierai ce mot, sachez qu'alors c'est à cette partie de moi que je ferai référence.

Au final, de toutes façons, ce n'est vraiment pas important.

J'espère que mon expérience pourra vous inspirer vous aussi, que vous soyez séropositif ou non, et vous aider à transformer votre vie et, pourquoi pas, à cheminer toujours plus proche de

Lui,... de cette conscience, qui est, je le crois, la source, la cause et la solution de Tout.

Je sais que la connaissance ou la compréhension intellectuelle de nos modes de fonctionnement et de notre nature peut grandement nous aider à guérir une pathologie ou une situation. Je sais aussi maintenant, par mes propres expériences, que la réalisation de la réalité de Dieu, de notre nature Divine et notre abandon confiant à cette énergie peut accomplir les mêmes effets...

Je peux seulement vous dire que, pour moi, *(et peut-être pour vous aussi)*, le fait d'avoir eu une compréhension rationnelle des réalités spirituelles ou du fonctionnement de ma propre conscience m'a grandement aidé à construire un pont entre la situation que je vivais et celle que je voulais vivre à la place, entre ma réalité et la Sienne.

Cependant, n'oubliez pas qu'il y a de nombreux ponts et ne soyez pas attachés à l'un ou à l'autre.

Je voudrais maintenant partager avec vous mon expérience sur un pont particulier, situé quelque part... entre connaissance et dévotion...

Parcourez ce livre comme un témoignage mais aussi, au-delà des mots, puisez y la force nécessaire à votre transformation.

Je sais que ce n'est pas un hasard si vous avez maintenant ce témoignage entre vos mains. Chaque moment, chaque expérience que nous vivons contient un cadeau de Dieu.

Puissiez-vous, au-delà de l'emballage, reconnaître l'Expéditeur de ce cadeau et y sentir Sa Divine Présence.

Je Le prie maintenant, *(bien qu'en même temps je sache que ce n'est pas réellement nécessaire)*, de vous combler de ses grâces comme Il l'a toujours fait, comme Il est en train de le faire en ce moment même et comme Il le fera toujours.

Ayant, durant plus de dix années, enseigné des techniques d'amélioration de la vue et de la vision, je pourrais peut-être reformuler ceci de cette manière plus précise : Peut être serait-il en fait plus approprié de souhaiter simplement qu'Il vous ouvre les yeux afin que vous puissiez voir la réelle perfection de chacune de vos expériences.

C'est ce que je vais m'efforcer de partager avec vous et de vous expliquer au cours de cet ouvrage.

Mais peut-être que pour vous, Dieu n'existe pas, ou il vous semble peut-être inaccessible ou peut-être encore que la seule chose en laquelle vous pouvez croire est tout simplement vous-même *(ce qui est une très bonne chose, soit dit en passant).* Dans ce cas, vous pouvez maintenant faire consciemment le choix de regarder autrement... pour voir autrement.

En fait, tout est déjà là, achevé dans sa perfection, ici et maintenant, attendant simplement le petit déclic en nous pour se manifester à nous dans toute sa splendeur.

Jésus ne nous disait-il pas que nous avions des yeux pour voir[1] ?

Les avons-nous vraiment utilisés ?

Je sais qu'un simple regard différent peut changer bien des choses et j'espère vous donner envie de développer, vous aussi, cet autre regard qui vous permettra de voir autrement.

Cette conscience que nous appelons Dieu a toujours été présente à nos côtés. Seulement, nous ne l'avons pas vue. Alors, ouvrez vos yeux...

Réveillez-vous et ouvrez vos yeux. Votre nouveau regard vous transformera.

Je vais simplement maintenant partager avec vous des tranches de vie, des moments, des réalisations, des émotions qui m'ont amené à la merveilleuse réalisation que Dieu existe, qu'Il m'aime et qu'Il est la cause et la solution de tout.

---

[1] « ... *Avez-vous donc l'esprit bouché, des yeux pour ne point voir et des oreilles pour ne point entendre ?* ». Marc 8:17-18

Et même si j'ai moi-même parfois besoin de me le répéter, je **SAIS** qu'au-delà de ma perception des apparences, Tout est bien.

Tout est bien.

Tout est bien.

Tout est bien.

Remarque : *Alors que je vais partager avec vous des expériences majeures de ma vie, vous devez comprendre que, parfois, plusieurs événements ou cheminements se produisaient simultanément ou se chevauchaient à un moment donné voire sur plusieurs années. Cependant, afin de rendre le récit plus précis, plus structuré et plus clair, j'ai choisi de traiter ces expériences, ces réalisations, séparément, m'efforçant de les regrouper en un seul chapitre quand cela était possible.*

Ouverture...

Il n'est pas de hasard,
il est des rendez-vous,
pas de coïncidence...
Aller vers son Destin,
l'Amour au creux des mains,
la démarche paisible...
Porter au fond de soi,
l'Intuition qui flamboie,
l'Aventure belle et pure...
Celle qui nous révèle,
superbes et enfantins
au plus profond de l'Âme...

Etienne Daho.
Album « Corps et Armes »

CHAPITRE 1
Au commencement...

C'est le 9 octobre 1962 que je vis le jour dans le Nord de la France.

Et pour ceux d'entre vous qui aimez à définir et à étiqueter les gens, sachez que je suis né Balance avec la Vierge à l'Ascendant.

Rien dans mon enfance ne me prédisposait, a priori, à vivre les expériences que je vis maintenant. J'ai eu une enfance protégée, trop protégée peut-être, bien que je comprenne maintenant à quel point il était nécessaire que cela se passât ainsi.

Alors que j'avais à peine 3 ans, il paraît que je disais à ma mère :

-« Quand je serai grand, je serais cuisinier. »

J'ai suivi une scolarité dite normale jusqu'à l'âge de 14 ans, âge auquel je rentrais au Lycée Hôtelier du Touquet.

J'aurais probablement préféré travailler en apprentissage mais heureusement pour moi, mes parents m'ont incité à passer le concours d'entrée. Ils pensaient à juste titre qu'une formation en école hôtelière serait un avantage sur le marché du travail.

Malgré les appréhensions naturelles dues au concept du concours, je passais avec succès les tests d'aptitude qui me permettaient d'entrer en classe de BEP cuisine. J'étais très heureux de pouvoir suivre cette scolarité, même si la rigueur et la discipline de cet établissement étaient parfois difficiles à vivre.

À ce jour, je ne peux néanmoins que reconnaître à quel point cette formation relativement stricte était totalement appropriée et adaptée pour former de bons professionnels.

Mon bonheur fut malheureusement de courte durée car, rapidement, je devenais le souffre douleur d'un certain nombre d'élèves qui prenaient plaisir à m'abaisser ou à m'humilier. J'étais une proie facile pour ces jeunes en mal de reconnaissance et ayant ainsi besoin d'affirmer leur « supériorité ». En effet, je me sentais très mal dans ma peau, étant beaucoup plus grand que les jeunes de mon âge. Je mesurais en effet 1 mètre 94 alors que j'avais seulement 14 ans et j'avais beaucoup de mal à le vivre.

Bien que les études par elles-mêmes me passionnaient, l'ambiance à l'internat me poussa de plus en plus à une espèce de dépression chronique.

Je ne souhaitais plus vivre. Le désir de mourir était de plus en plus fort jusqu'à ce qu'une nuit, ayant enjambé le rebord de la fenêtre du dixième étage, je me suis dit qu'il devait y avoir une autre solution... mais je ne savais pas laquelle.

De plus, j'étais très conscient que cette pseudo-tentative de « suicide » n'était en fait qu'un appel au secours.

Je n'avais à l'époque qu'à peine 15 ou 16 ans. C'est à ce moment que j'ai constaté un problème de vue. Je devenais myope. Je peux maintenant comprendre pourquoi et nous aurons l'occasion d'aborder le sujet.

Après deux ans d'enfer à l'internat, j'ai été reçu au concours pour passer en classe supérieure de BTH. Bonne nouvelle pour moi car j'allais devoir maintenant habiter à l'extérieur du lycée et pouvoir ainsi avoir... enfin... un peu de paix...

La situation était un peu plus facile pour moi mais je me sentais néanmoins seul. Très seul. Si seul qu'alors que j'avais à peine 18 ans, je me souviens clairement avoir à nouveau décidé de mourir.

Cette fois, cette décision n'a pas été accompagnée d'acte dans le monde physique mais elle a été néanmoins si profonde qu'elle a complètement bouleversé ma vie. Je me revois encore me promenant dans la rue, entre le casino du Touquet et le lycée. Je me sentais mal, abandonné, seul.

J'ai regardé autour de moi en me disant d'une manière très intense, très profonde :

-« Si la vie c'est comme ça, je NE VEUX PAS vivre au-delà de 28 ou 30 ans… ».

Je ne le savais pas alors mais je venais ainsi de programmer la bombe à retardement qui allait pouvoir me faire quitter ce monde.

Cependant, tout n'était pas noir dans ma vie. L'univers est fait de telle manière qu'il y a toujours deux côtés à une médaille. J'avais une compensation, et pas des moindres... : le travail.

Je prenais un grand plaisir à me « venger » de mes oppresseurs en ayant de bien meilleures notes que ceux qui m'humiliaient !

Le Grand Être a vraiment bien pensé l'Univers en nous donnant toujours une certaine compensation dans notre apparent malheur. Ce n'est que bien plus tard que je devais comprendre cela clairement.

Alors que les années passaient, mon sentiment de solitude ne faisait que grandir. Je voyais mes camarades de classe parler de leurs petites amies mais moi, je restais seul.

J'avais bien eu un petit flirt avec une copine mais je sentais déjà à l'époque que j'étais en fait beaucoup plus attiré par les garçons. Et cela m'effrayait. Évidemment, comme beaucoup de garçons je pense, j'avais grandi avec tous ces préjugés malsains concernant la « maladie » que représentait l'homosexualité. Et tout cela ne faisait qu'aggraver mon sentiment de mal-être.

J'étais tiraillé intérieurement entre mon désir de vivre une relation avec un garçon et ma peur d'être « atteint » moi-aussi de ce qui m'était présenté comme une « maladie » ou une tare.

J'étais si timide et si mal dans ma peau qu'il fallut que j'attende d'avoir presque 18 ans pour vivre ma première expérience sexuelle et oser franchir le pas.

Il faut bien se lancer un jour et puis, après tout, mieux vaut tard que jamais.

Aide-toi, le ciel t'aidera... me suis-je dit. J'ai profité d'un voyage de classe organisé sur un salon parisien pour m'éclipser discrètement et me rendre dans un cinéma gay de la capitale.

Je me jetais dans la gueule du loup. Évidemment, vous pouvez imaginer qu'un « petit jeune » de 18 ans, même s'il mesure près de 2 mètres, ça suscite de l'intérêt dans un tel lieu.

Je me suis fait draguer par le caissier de ce cinéma et ce qui devait arriver arriva..., je vivais ma première expérience sexuelle.

En fait, elle fut sordide. Évidemment, je réalise maintenant avec le recul, que je ne pouvais évidemment pas à l'époque attirer vers moi une autre qualité d'expérience.

J'avais de moi une telle image, une telle honte d'éprouver ce que je ressentais, que je ne pouvais évidemment pas attirer une relation douce et chaleureuse.

À l'époque cependant, je n'avais aucune idée, ni encore moins d'expérience sur le fait que chacun d'entre nous sommes co-créateurs de ce qui nous arrive. Ce n'est que des années plus tard que j'en aurai d'abord la connaissance puis l'expérience. Mais nous aurons l'occasion de reparler de cela...

Et pour couronner le tout et me faciliter la vie, *(comme si la Vie s'acharnait sur moi !)* c'était l'époque où le Sida, plus connu ces années là sous le nom du «Cancer Gay » ou encore « La peste Homosexuelle » faisait son apparition.

Je me souviens un jour avoir appris par un journal le décès du chanteur Klaus NOMI.

Cette nouvelle a été pour moi un très grand choc. Je me suis dit :

-« Avec la chance que tu as, tu peux être sûr que cette maladie est pour toi !».

C'est comme cela que je programmais à nouveau cette bombe à retardement qui aurait pu me tuer, si je n'avais pas pris par la suite une autre décision.

Et cette image de la maladie me hantait. D'une part, j'en avais peur et d'autre part, j'étais sûr qu'elle « était pour moi »

Les années ont passé durant lesquelles j'ai obtenu mon BTH, quelques CAP puis 2 ans plus tard, je fus admis au concours pour la classe supérieure, le BTS.

En quittant le lycée hôtelier à l'âge de 21 ans, j'ai choisi de travailler quelques mois à Londres dans un restaurant français réputé. Je n'y occupais pas un poste en « rapport » avec ma formation mais, par contre, je découvrais la liberté et l'indépendance ! À moi Londres et la belle vie ! ! ! Comme par « hasard », je n'éprouvais plus le besoin de mettre mes lunettes depuis que j'avais quitté le lycée hôtelier. Je sais maintenant pourquoi...

Après quatre mois très plaisants passés à goûter aux plaisirs de la vie londonienne, pouvant dans cette ville très tolérante vivre enfin l'homosexualité au grand jour, je décidais d'accepter de travailler comme serveur / chef de rang saisonnier en Bavière.

Vous dire que la différence entre Londres et la Bavière a été un choc serait un euphémisme.

Autant mon séjour à Londres avait été agréable, autant mon séjour en Bavière a été pénible.

Il est vrai qu'il y a une grande différence entre l'esprit très libre et tolérant des Londoniens et celui hyper-conservateur des Bavarois!

Finies les boîtes de nuit, les comédies musicales, la vie facile... J'étais souvent très déprimé... Je me réfugiais dans le travail et une activité sportive, le patinage sur glace. J'avais dans mon relatif « malheur » la chance d'être basé à Oberstdorf, charmant village bavarois disposant de très beaux équipements pour le patinage sur glace. C'était d'ailleurs à l'époque un lieu où les plus grands champions internationaux de patinage artistique ou de danse sur glace venaient s'entraîner. Je recevais ainsi mes premières bases de patinage qui m'ont permis par la suite de pratiquer la danse sur glace durant quelque temps avec beaucoup de plaisir.

Une fois la saison terminée, un choix s'offrait à moi : retourner travailler à Londres avec un poste certes plaisant mais bien en dessous de celui auquel je pouvais prétendre avec ma formation ou alors chercher un poste « en rapport » avec ma formation.

La raison l'a finalement emporté sur la facilité et j'ai postulé auprès d'une importante société de restauration collective chez qui j'avais effectué mon stage de fin d'étude de BTS.

Je décrochais un entretien quelques jours plus tard et j'étais immédiatement embauché comme « chef-gérant » d'un restaurant d'entreprise. Malgré les premières angoisses dues au fait de devenir responsable d'établissement, je constatais que j'aimais beaucoup ce travail.

J'étais responsable d'une petite unité servant environ 120 couverts par jour et j'avais avec moi une équipe de 2 personnes.

Je m'occupais à l'époque à la fois de la cuisine et de la gestion de l'établissement, passant alternativement des fourneaux au bureau.

Après environ un an dans cet établissement, j'ai été chargé de l'ouverture d'une petite unité servant à peine 70 couverts par jour.

C'est à cette époque que je rencontrais Alain, avec qui j'emménageais finalement. C'était la première fois que je vivais en couple et, ma foi, l'expérience était bien agréable. Je devais réaliser, des années après, que je m'étais en fait jeté dans cette relation pour mettre fin à un état de solitude qui me semblait pénible. Je lui plaisais et sa compagnie m'était plaisante. De plus, il devait lui aussi avoir besoin de sortir d'un sentiment de solitude et c'est ainsi que nous nous sommes mis ensemble. Cependant, une espèce de routine s'installa rapidement et je devais le quitter après environ un an.

Après quelques mois dans l'établissement dont j'avais la charge, j'ai été promu au poste de gérant d'un restaurant situé rue de Sèvres, dans le 6e arrondissement de Paris. Cet établissement servait environ 350 couverts par jour.

Cette fois, finis les fourneaux... J'étais maintenant gérant à part entière et le travail devenait franchement intéressant. Je réalisais concrètement l'importance et le rôle du chef d'entreprise dans le développement de celle-ci.

Etant de nature dynamique, j'organisais régulièrement des animations, des repas à thèmes qui augmentaient considérablement la fréquentation de cet établissement. C'est ainsi qu'en l'espace de quelques années, la fréquentation de cet établissement passa de 350 couverts/jour à près de 700 couverts/jour.

Mon expérience m'a montré qu'en fait, le relationnel était la clé de tout. À la fois pour résoudre les problèmes internes mais aussi avec la clientèle. Un sourire, une attention ne coûtent rien mais rendent les gens heureux. En conséquence, étant heureux, reconnus, ils ont plaisir à fréquenter votre entreprise qui, de ce fait, devient plus prospère.

Cependant, malgré un travail plaisant, mon état personnel n'était pas optimal. J'avais toujours l'impression que quelque chose n'allait pas. J'étais assez souvent dépressif, me sentant encore très mal dans ma peau.

Il fallait que je fasse quelque chose, mais quoi ?

CHAPITRE 2

La transformation débute

J'étais déterminé à aller mieux. J'avais l'impression de voir autour de moi des gens qui allaient bien alors que moi, quelque part, je me sentais mal. De plus, alors qu'à Londres je n'avais jamais éprouvé le besoin de mettre mes lunettes, j'avais à nouveau besoin de les porter de temps en temps... Quelque chose en moi me disait qu'il fallait que j'aille mieux... Que je fasse quelque chose pour moi... Cet état de mal-être ne pouvait plus durer.

J'ai cherché pendant quelque temps, mais sans succès, un psychothérapeute « traditionnel » qui pourrait m'aider. Et c'est sur mon lieu de travail que le Grand Être m'a amené, comme sur un plateau, le moyen qui allait me sortir de mon état et me mettre sur le chemin de la guérison puis de l'aide à l'autre.

Mes premiers pas vers ma nouvelle vie qui allait me mener à l'enseignement de techniques de guérison et de transformation ont en fait commencé dans ma 24e année.

Des cours de théâtre étaient donnés sur mon lieu de travail. Pour essayer d'améliorer ma situation, j'ai décidé de m'y inscrire, cette activité me semblant particulièrement adaptée pour développer une meilleure image de moi.

Lors de ces cours, nous avions l'habitude de pratiquer régulièrement, avant chaque séance, une période de relaxation dite « sur la chaise ». Le principe consiste à s'asseoir sur une chaise et à bouger lentement chacune des parties du corps.

Grande a été ma surprise de ressentir très souvent, lors de ces exercices, de très fortes et très désagréables nausées. Notre professeur nous encourageait alors à faire de profondes expirations et même à émettre des sons, voire des cris.

Je peux vous dire que l'ambiance, lors de ces exercices, était souvent pour la moins bruyante.

Certaines séances ont été parfois très intenses et j'ai à plusieurs reprises, lors de ces expériences, revu d'un seul coup des images de mon passé. Des images chocs... Des images qui s'accompagnaient souvent de relâchements émotionnels puissants.

Un moment, tout allait bien et la seconde d'après, sans comprendre pourquoi, je me trouvais en pleine crise de larmes.

Je ne comprenais alors pas ce qui m'arrivait. Je constatais simplement que ça m 'arrivait. Mon instructeur m'a un jour expliqué que la relaxation permettait à des émotions et à des mémoires profondément enfouies en moi de remonter à la surface. Cependant, mes expériences étaient parfois si intenses qu'il m'a un jour proposé de rencontrer un thérapeute qui pourrait m'aider à me débarrasser de ces poids qui m'empêchaient d'expérimenter pleinement le bonheur de cette vie.

Il m'a informé que ce thérapeute travaillait avec une méthode de massage des tissus en profondeur et que la thérapie pourrait parfois être physiquement très douloureuse bien que selon lui, extrêmement efficace.

J'étais de toutes façons à cette époque si mal avec moi-même que j'étais prêt à tout pour que cet état cesse.

Et je réalise maintenant que c'était en fait suffisant pour enclencher le début de ma nouvelle vie. J'allais peu à peu renaître...

J'ai pris rendez-vous avec ce thérapeute qui, « coïncidence ou hasard », avait plus de 3 mois de liste d'attente et ne pouvait me recevoir que le 8 octobre au soir, veille de mon 24e anniversaire.

Mon cadeau d'anniversaire a été de taille ! Et je ne regrette absolument pas ma décision de l'époque. En effet, ce thérapeute m'a proposé un contrat que j'ai décidé d'accepter pour mon plus grand bien.

Il me disait qu'il allait parfois devoir me faire mal, voire très mal, en appuyant profondément en certains endroits de mon corps mais que, si je voulais travailler avec lui, je devais accepter ce contrat et lui faire confiance.

En effet, il m'expliqua qu'il utilisait des techniques *Reichiennes*[1] et des techniques *d'Intégration Posturale*[2] nécessitant un massage puissant et en profondeur des muscles et tissus corporels.

Il me rassurait en disant que je pourrais éventuellement crier aussi fort que je voudrais pour faire face à la douleur, son cabinet étant très bien insonorisé ! Charmant programme !

J'acceptais avec quelques craintes ce « contrat ».

La première séance fut mémorable. Essayez d'imaginer...

Je me suis allongé sur sa table de massage après m'être dévêtu, ne gardant sur moi que mon sous-vêtement. Après m'avoir posé les mains durant quelques instants sur le ventre et la poitrine, Jean-Marc a commencé à me masser le ventre, assez profondément, en passant sous les côtes au niveau du plexus solaire. Très rapidement, j'ai été pris de nausées très violentes. Pourtant, elles ne l'ont pas du tout fait cesser son travail !

Au contraire devrais-je dire ! Il avait trouvé le point sensible et il ne le lâchait pas !

Il continua par la suite à travailler sur ma poitrine, s'appliquant consciencieusement à appuyer très fortement sur mes côtes alors qu'il en suivait le tracé.

La douleur était extrême et je hurlais de toutes mes forces alors que lui, impassible, continuait son office, tel un bourreau.

Après un moment qui m'a paru interminable, il a daigné arrêter ce qui me semblait être une torture.

Il a alors placé ses mains sur mon front et au centre de ma poitrine et j'ai alors vécu une expérience étonnante. J'avais l'impression que je me vidais par la tête... Littéralement. Telle

---

[1] Techniques de travail mises en place par Wilhelm Reich sur la « cuirasse » musculaire par un massage en profondeur des tissus.

[2] Cette technique mise au point par Jack W. Painter est un travail en profondeur sur les *Fascias*. Les *Fascias* représentent les membranes entourant tous les muscles et organes du corps. Un travail en profondeur sur le *Fascia* permet de libérer les mémoires physiques et chimiques des chocs émotionnels incrustées dans le corps.

une baignoire remplie d'eaux troubles, je me sentais littéralement me vider par la tête alors qu'un étrange vide « plein » me remplissait.

Je le quittais ce soir-là comme sur un nuage.

Néanmoins, une fois rentré chez moi, je constatais que j'étais marqué de bleus sur toute ma poitrine. Des marques qui devaient rester présentes durant 15 jours !

Cependant, j'ai eu la bonne surprise de découvrir que ma désagréable habitude de me ronger les ongles avait cessé instantanément, et ce du jour au lendemain, alors que j'en souffrais depuis de très nombreuses années !

J'en étais évidemment très heureux et les douloureux souvenirs de la pénible séance s'estompèrent bien vite au profit d'un sentiment de mieux être grandissant.

Au fil des séances, je commençais à remarquer progressivement des changements, subtils au départ mais finalement de plus en plus remarquables.

J'ai d'abord commencé à remarquer en moi une sensibilité exacerbée. Il suffisait que je regarde un film un tant soit peu romantique, que j'entende un mot, que j'ai une pensée, pour que je me mette à pleurer, sans en connaître vraiment la raison. Ce n'est que par la suite que j'ai compris que j'étais en train de me libérer de toutes ces émotions que j'avais si longtemps réprimées.

Et il y en avait un beau paquet à libérer !

Et je n'étais pas encore au bout de mes peines...

CHAPITRE 3
NICK...

C'est à cette époque que j'ai rencontré une des personnes qui m'a probablement le plus marqué dans cette vie.

J'étais allé passer quelques jours pour un week-end prolongé à Londres avec mon frère aîné et ma belle-sœur. C'était en décembre 1986 et je leur servais en même temps de guide touristique, connaissant si bien la ville.

Un soir, j'ai décidé de les laisser en amoureux et de filer seul dans un bar gay de Earl's Court, un quartier londonien.

Alors que j'étais accoudé au bar, un charmant jeune homme m'a abordé et offert un verre.

Il s'appelait Nick. Et il allait sans le savoir changer ma vie à tout jamais. Et pour cela, je lui en serai éternellement reconnaissant.

Nous sommes restés à discuter un bon moment, tous deux assis au bar, puis, il m'a proposé très naturellement de le raccompagner chez lui pour la nuit.

Jamais je n'oublierai ni ne regretterai cette soirée. Sans le savoir, j'étais sur le point de vivre un des moments les plus importants de ma vie.

Il était tendre, attentionné et je peux dire que je n'avais alors jamais eu la chance de rencontrer quelqu'un avec qui je vivais une telle qualité d'expérience. Bien que j'avais déjà eu de nombreuses expériences par le passé et ayant vécu avec Alain pendant un an, je sentais avec Nick une qualité, une espèce « d'intensité » que je n'avais jusqu'alors pas encore ressenti.

Je me sentais vraiment bien dans ses bras, abandonné et confiant. C'était une vraie relation, belle par sa douceur et sa simplicité.

Ce soir là, alors que j'étais allongé sur le lit, regardant ma main se détacher sur le plafond alors que j'avais le bras tendu, Nick m'a dit :

-« Tu sais, tu as une belle aura verte ».

Cette phrase allait, sans que je le sache, changer totalement ma vie.

J'ignorais totalement ce dont il parlait mais il m'a expliqué que, si je regardais autour de mon bras, de ma main, je pourrais moi aussi voir cette « aura » qu'il me décrivait comme un halo d'énergie laiteuse de couleur blanc/vert.

Je dois dire honnêtement que, bien que regardant intensément, je ne percevais rien du tout ! ! !

Cependant, j'avais confiance en lui et j'avais envie de voir ce dont il me parlait.

Au bout d'un moment, j'arrêtais mon exploration et l'embrassais tendrement avant de m'endormir dans ses bras.

Je passais avec Nick la matinée du lendemain, découvrant grâce à lui que le sexe entre hommes pouvait être autre chose qu'un assouvissement brutal de désirs personnels mais au contraire un échange tendre, doux, naturel, simple et spontané.

J'allais par la suite rejoindre mon frère et ma belle-sœur pour retrouver ce cher Nick le soir même.

C'était peu de temps avant Noël et nous étions convenus qu'il viendrait me voir à Paris entre Noël et Nouvel An.

Alors que je rentrais vers Paris, assis à l'arrière de la voiture, je passais des heures à observer les contours de mes bras et de mes mains.

Finalement, j'ai commencé à percevoir « quelque chose » et voulant en savoir plus, je me suis procuré quelques jours plus tard un livre traitant de l'aura. Dans ce livre, je découvrais avec surprise que la couleur verte y était décrite comme « La couleur des guérisseurs ». Quelques pages plus loin, j'apprenais que les guérisseurs avaient une « aura verte ». Sur le moment, je me suis dit :

-*« Tiens, c'est intéressant ça. »*

Nick est venu, comme convenu, me rendre visite à Paris. Je ne le savais pas encore, mais il devait s'agir alors de nos derniers moments d'intimité.

Pour ma part, je continuais à lire ces livres traitant de l'aura qui m'ont amené à me poser des questions et à m'interroger sur moi-même. Je me demandais s'il était possible que j'aie, moi aussi, ce qui m'apparaissait alors comme un « don », cette capacité de guérir.

J'ai eu, évidemment, l'opportunité de le savoir quelque temps plus tard.

Nous étions convenus, Nick et moi, de nous revoir dès la mi-janvier. Je me souviens l'avoir appelé quelques jours avant la date prévue de notre rencontre et il m'a annoncé qu'un empêchement de dernière minute rendait notre week-end impossible. Nous nous sommes donc mis d'accord pour nous voir la semaine suivante. Malheureusement, cette semaine là aussi, un « empêchement de dernière minute » rendait à nouveau notre rencontre impossible. Et même chose la semaine d'après.

Je me sentais blessé, sentant confusément que quelque chose n'était pas clair, qu'il ne souhaitait peut-être plus me revoir. Je ne pouvais simplement pas me contenter d'une explication au téléphone. J'avais besoin de le voir, en face, pour qu'il me dise clairement ce qu'il en était.

J'imaginais alors un stratagème. Jean-Marc, mon thérapeute, utilisait parfois lors des séances des huiles colorées pour me masser. Ces huiles étaient fabriquées par une femme charmante disait-il, Vicky WALL[1]. Il m'avait expliqué que certaines couleurs spécifiques pouvaient aider des gens à aller mieux physiquement ou mentalement. Sachant que j'avais l'occasion de me rendre régulièrement à Londres, il m'avait demandé de bien

---

[1] Vicky Wall a créé les produits Aura-Soma. Ces merveilleux produits combinent de manière originale la Chromothérapie *(thérapie par la couleur)*, l'Aromathérapie *(thérapie par les plantes ou leurs huiles essentielles)* et la Cristallo-thérapie *(thérapie par les cristaux)*. Elle a écrit le livre « *The Miracle of Colour Healing* »

vouloir lui ramener ses « précieuses huiles » lors d'un prochain voyage.

Je rappelais donc Nick pour l'informer que, de toutes manières, je devais aller à Londres le 14 février pour y acheter ces huiles colorées. Je lui arrachais grâce à ce mensonge, un rendez-vous afin que nous puissions au moins nous parler face à face, ne serait-ce que quelques minutes.

Un merveilleux mensonge qui allait me permettre de rencontrer une autre personne qui devait me mettre pour de bon sur le chemin de la guérison.

Mais avant cela, je vécus un événement significatif.

J'ai appris que mon grand-père venait d'être hospitalisé pour une fracture du col du fémur et j'ai décidé de lui rendre visite.

Lorsque je rentrais dans sa chambre, il venait d'être opéré et était encore inconscient du fait de l'anesthésie. Et dans son sommeil, il avait un très mauvais rythme respiratoire. Etant seul avec lui dans cette chambre d'hôpital, j'ai pensé faire un essai de ce « truc » de guérison. Après tout, Nick m'avait dit que j'avais une aura verte et, selon le livre que j'avais lu, le vert était la couleur des guérisseurs ! ! ! J'en étais peut-être un après tout.

De toutes façons, je n'avais rien à perdre !

De manière intuitive, je décidais de placer ma main au-dessus de la sienne, sans le toucher. Je fermais les yeux et décidais alors de rythmer ma respiration sur la sienne. Après un instant, je décidais de commencer alors à ralentir consciemment mon propre rythme respiratoire. Ce qui se produisit alors me surprit au plus haut point car, comme si nous avions été « branchés » ensemble, il commença à ralentir son propre rythme ! Lorsque finalement, je suis progressivement revenu à un rythme paisible, lui aussi était totalement calmé dans son sommeil. Et fait étonnant, comme si nous étions à nouveau connectés ensemble, nous avons eu tous deux, en même temps, un hoquet !

Je ne comprenais pas ce qui se passait mais les faits étaient là, ils s'étaient passés.

C'est deux ou trois jours plus tard que j'eus à nouveau l'occasion de faire une autre expérience troublante par rapport à la guérison.

Sur mon lieu de travail, une des personnes travaillant dans mon équipe me demanda si je n'avais pas d'aspirine pour la soulager du mal de tête dont elle souffrait.

La trousse pharmaceutique étant vide, je lui demandais alors timidement si elle accepterait de tenter avec moi « une expérience » car, ainsi que je me souviens lui avoir dit, *«j'avais fait un « truc » à mon grand-père ce week-end et je pensais que j'étais peut-être guérisseur ».*

Je m'isolais alors avec cette courageuse personne et, posant mes mains sur sa tête, j'imaginais qu'elles étaient en fait des « aspirateurs à mal de tête ».

À peine avais-je eu cette pensée que je commençais à ressentir de violentes nausées. C'était en fait si déplaisant que je cessais immédiatement l'imposition de mains.

Le résultat fut assez surprenant. Pour cette personne, le mal de tête s'était un peu estompé bien qu'encore présent. Cependant, en ce qui me concernait, j'allais mal. Je commençais à ressentir un mal de tête de plus en plus fort ainsi qu'une sensation de fièvre fort déplaisante.

Je me disais :

-*« J'ai pris le mal de cette personne ».*

À cette époque, je ne savais évidemment pas encore que l'on ne peut pas « prendre le mal de qui que ce soit » en imposant les mains. Je sais maintenant par contre que, grâce au sens de l'empathie[1], il est tout à fait possible au guérisseur de ressentir ce

---

[1]-L'empathie est un sens d'unité avec l'autre. Ce sens est souvent très développé chez un guérisseur et il lui permet de ressentir ce que ressent son patient. Lorsqu'il y a beaucoup d'amour entre deux êtres, ce sens d'empathie peut aussi se manifester, chaque personne ressentant alors ce que son partenaire ressent ou disant ce que son partenaire est sur le point de dire.

que ressent son patient. Ce qui ne veut bien sûr pas dire qu'il « attrape » sa pathologie !

Cependant, sur le moment, je n'en savais rien et je me demandais :

-« Que faire pour m'en débarrasser ? »

J'ai alors eu l'idée de lui proposer de reprendre notre séance. Non que j'allais cette fois, « souffler » par mes mains pour lui rendre son mal de tête mais j'avais imaginé que j'allais continuer à « aspirer » par mes mains et diriger ce « mal » par mes jambes vers la terre qui, je pensais, saurait quoi en faire.

Et au moment où j'ai eu cette pensée, alors que je reprenais la séance, j'eus une sensation de lourdeur dans les jambes et toutes les sensations désagréables me quittèrent sur-le-champ. Après quelques instants, je jugeais que c'était suffisant et demandais à cette courageuse personne comment elle se sentait.

Le résultat était que son mal de tête avait totalement disparu !

J'en étais moi-même un peu étonné. Et en ce qui me concernait, bien que me sentant un peu fatigué, les sensations désagréables m'avaient totalement quitté.

Avant cette expérience et, probablement comme beaucoup d'entre vous, j'avait appris que, sur terre, il y avait d'une part les choses réelles et d'autre part les choses imaginaires et que donc, selon ce modèle, tout ce qui était imaginaire n'était évidemment pas réel ! Cette expérience m'obligeait à revoir ce concept et me montrait qu'en fait, ce qui est « imaginé » est réel. Et c'est quelque chose qu'il est très important de ne pas oublier. J'aurai, j'en suis sûr, l'occasion d'y revenir par la suite.

Toujours est-il que, suite à cette deuxième expérience encourageante, je décidais de recommencer dès que l'occasion m'en serait donnée.

Mais nous approchions du 14 février et je devais me rendre en Grande Bretagne pour y retrouver Nick.

Comme convenu, je le retrouvais dans un bar proche de Regent Street. J'étais vraiment très heureux de le revoir. Malheureusement, ce qu'il allait me dire était moins plaisant. Il m'annonça qu'il était préférable de ne pas continuer notre relation. Il m'expliqua que du fait qu'il habitait à Londres et moi à Paris, les conditions n'étaient pas idéales pour aller beaucoup plus loin.

Ce que Nick me disait me semblait évidemment dur à entendre et je me sentais abandonné.

Cependant, au moins, j'avais une réponse claire et directe de sa part.

Il ne me restait plus qu'à l'accepter.

CHAPITRE 4
Vicky...

Après que Nick m'eût laissé, je devais me rendre chez Vicky Wall, la personne fabriquant les huiles colorées qu'utilisait mon thérapeute.

Il m'avait par ailleurs informé que cette femme « voyait l'aura » et suggéré de lui demander une « lecture » qui pourrait s'avérer être très importante pour moi.

Me voilà donc dans le train pour Windsor, ne me doutant pas que j'étais sur le point de vivre un moment qui allait changer ma vie à tout jamais. J'étais bien trop malheureux de l'issue de ma relation avec Nick.

Arrivé chez cette femme, quelle ne fut ma surprise de rencontrer une charmante vieille dame aveugle d'environ 70 ans !

Je ne sais pas pourquoi, mais je m'étais imaginé qu'elle avait seulement la trentaine.

L'étonnant pour moi était que bien qu'étant aveugle, elle fonctionnait apparemment comme chacun d'entre nous, percevant les gens et les objets à travers leurs champs énergétiques ainsi qu'elle me l'expliqua.

Après les présentations d'usage et quelques propos mondains concernant mon thérapeute qu'elle connaissait bien, Vicky me dit abruptement :

-« Patrice, sais-tu que je vois l'aura ? »

Je lui bredouillais que oui, que Jean-Marc me l'avait dit. Elle m'a alors répliqué :

-« J'aimerai bien te faire une lecture, car tu en as besoin... Aurais-tu une cassette avec toi, pour enregistrer ? »

Je sortais de mon sac le magnétophone portable que j'avais emmené avec moi et le posais sur la table devant nous. Elle me fit ensuite choisir des flacons aux couleurs merveilleuses qui allaient lui servir de support à la « lecture ».

Et alors que Vicky commençait à parler, j'allais de stupeur en stupeur !

Cette femme que je n'avais jamais vu auparavant me parlait de moi comme si elle m'avait toujours connu ! Devant elle, j'étais comme mis à nu !

Le plus étonnant pour moi, vu mon scepticisme de l'époque vis-à-vis de ces choses « bizarres », était qu'elle ne me parlait pas seulement de mon futur mais aussi de mon passé !

Il me semblait en effet « facile » de parler de son futur à quelqu'un... Cependant, lorsqu'un voyant vous parle de votre passé... et que c'est juste, vous savez alors que vous pouvez faire confiance à cette personne.

Et en ce qui concernait Vicky, elle lisait en moi comme dans un livre ouvert.

Elle voyait la lutte intérieure qui se livrait en moi, mes difficultés à accepter l'homosexualité, le choc de la séparation d'avec Nick, et plein d'autres choses encore.

C'est comme si j'étais transparent pour elle. J'étais profondément remué par ce qu'elle me disait et après quelques minutes, je sentais une boule se nouer dans ma gorge. J'étais au bord des larmes.

C'est alors que Vicky me dit *(bien qu'étant aveugle !)* :

> -« *Il y a des larmes en toi, Patrice, laisse les sortir...* »

Et j 'explosais en larmes alors qu'elle continuait de me parler de sa voix douce et rassurante.

Elle me dit, entre autres choses :

> -« *Patrice, tu es guérisseur et nous avons déjà travaillé ensemble. La guérison est ton chemin pour cette vie...* »

J'étais totalement abasourdi. Ok, il est vrai que j'avais fait ma première « guérison » quelques jours auparavant et qu'elle ne faisait que confirmer quelque chose que je savais déjà... mais là, elle y allait fort !

« Nous avons déjà travaillé ensemble »... Cette femme de plus de 70 ans était charmante, je le reconnais, mais je ne l'avais encore jamais rencontrée de ma vie ! *(Je dois avouer maintenant que les mémoires concernant nos vies antérieures communes ne me sont revenues qu'après.)*

« La guérison est ton chemin pour cette vie »... Là encore, elle y allait fort ! J'avais passé 6 ans dans une école hôtelière, passant avec succès tous les diplômes possibles et imaginables de l'hôtellerie et de la restauration de l'époque, et elle me disait que j'étais destiné à être guérisseur alors que ma « carrière » dans la restauration s'annonçait plutôt bien ! ! !

Néanmoins, ce qu'elle me disait me touchait profondément et j'en étais bouleversé.

Et tandis qu'elle me parlait calmement, des choses étranges se passaient pour moi. Je percevais des couleurs autour d'elle. Elle m'expliqua que c'était son aura et que j'avais moi aussi cette capacité à la voir. *(Pour ma part, je ne l'avais alors encore jamais perçue avec une telle intensité !)*

Après environ une heure d'entretien, elle me laissa quelques temps, alors que les personnes avec qui elle était m'offraient un thé. Eh oui ! Il était 17 heures et je me trouvais en Grande-Bretagne ! Tea Time oblige...

J'étais abasourdi et bouleversé par tout ce que je venais d'entendre.

Alors que Vicky quittait la pièce pour aller chercher des biscuits, un sentiment de panique m'envahit. Je me tournais brutalement vers elle, croyant qu'elle partait « pour de bon » et lui demandais :

-*« Vais-je vous revoir ? »*

Ce à quoi elle répondit avec certitude :

-*« Oh oui !... Tu me reverras... »* puis, alors qu'elle partait, elle se retourna pour me dire :

-« *Patrice, tu as de grandes capacités d'enseignant... et tu aideras de nombreuses personnes...* » Puis elle disparut dans la pièce voisine.

Je ne savais que dire. J'étais abasourdi.

Toujours est-il qu'en la quittant, ce jour là, alors que j'étais dans le train qui me ramenait à Londres, j'avais d'étranges perceptions visuelles.

Je regardais les gens assis près de moi dans le train, les trouvant beaux, lumineux et par moment voyant des couleurs autour d'eux. Je ne comprenais pas ce qui se passait mais je me sentais bien. Très bien.

Arrivé dans ma chambre d'hôtel, je réécoutais attentivement l'enregistrement de ma lecture d'aura.

J'étais bouleversé alors que j'entendais à nouveau ce qu'elle m'avait dit.

Au moment où finissait l'enregistrement de l'entretien avec Vicky, un phénomène à la fois bizarre et magnifique se produisit.

Maintenant, du fait que je ne crois plus au hasard ni à la coïncidence, j'aurais plutôt tendance à appeler cela une synchronicité. En effet, la cassette sur laquelle j'avais enregistré l'entretien avec Vicky avait déjà été utilisée. Et au moment où l'enregistrement de la lecture d'aura prenait fin, le musique de la chanson de Ray Ventura préalablement enregistrée sur la cassette, reprit.

C'était la chanson qu'il chantait avec ses collégiens : « Qu'est-ce qu'on attend pour être heureux ? »

Qu'est-ce qu'on attend pour être heureux ?, la... la... la...

Qu'est-ce qu'on attend pour faire la fête ?...

La vie est belle !... C'est merveilleux !...

Qu'est-ce qu'on attend pour être heureux ?...

Et tandis que ces mots si justes remplissaient ma petite chambre d'hôtel, je fondais en larmes, rempli de gratitude en constatant la perfection de l'instant.

Ce n'est que trois ans jour pour jour après cette expérience que je devais réellement comprendre que ce 14 février 1987 avait été un moment décisif de ma vie. C'est comme si, avant cette date, ma vie allait vers une carrière de restaurateur et qu'après cette date, elle avait été réorientée pour de bon vers une toute autre forme de restauration.

De restaurateur du corps, j'allais devenir peu à peu un restaurateur de l'Âme...

Toujours est-il que suite à cette rencontre avec Vicky, je décidais d'aller régulièrement participer aux stages de thérapie par la couleur qu'elle animait.

Et c'est grâce à cette femme exceptionnelle que je recevais les premiers « outils » de ma transformation.

Un merveilleux processus d'ouverture et de transformation venait, à mon insu, de débuter...

CHAPITRE 5

De découvertes en découvertes...

Parallèlement aux stages de formation à la thérapie par la couleur, je continuais évidemment mon activité de gérant de restaurants d'entreprise tout en m'enhardissant à imposer les mains lorsque des personnes me faisaient part de leurs douleurs ou bobos !

Les séances de thérapie avec Jean-Marc se suivaient et je constatais en moi des changements notables qui me semblaient à l'époque incompréhensibles.

Les séances étaient très souvent pénibles et les douleurs physiques à la limite du supportable.

Mais j'étais sur le point de découvrir quelque chose de troublant.

Il y avait toujours un très joli bouquet de fleurs dans le cabinet de Jean-Marc. Ces fleurs étaient situées près de la tête de la table de massage.

Un jour, alors qu'il me massait de manière particulièrement « puissante » et que je me débattais sur la table, il se trouva que ma main vint à être en contact avec une fleur.

Au moment où le contact avec la plante s'est établi, j'ai immédiatement senti la douleur quitter mon corps. Elle allait de ma main directement dans la plante comme si la plante l'absorbait. C'était comme si je me vidais de la souffrance dans la plante qui la prenait. Je ne comprenais pas ce processus... mais je le vivais. Et quelle aide ce fut !

Je n'en ai évidemment pas parlé à Jean-Marc ce jour là, pensant qu'il me prendrait pour un fou !

Cependant, dès la séance suivante, alors que la douleur commençait à devenir trop intense, je m'arrangeais pour bouger discrètement mon bras, *(pensant peut-être que Jean-Marc ne le verrait pas !)* et saisir doucement une fleur ou une feuille.

En moi, je demandais alors au végétal :

-« S'il te plaît, aide-moi, prends cette souffrance. ».

Et il la prenait !

Je ne comprenais pas le processus mais quelle aide ce fut durant plusieurs séances ! Qu'est-ce que j'aimais ces plantes qui m'aidaient ainsi !

Mais il semble que j'étais maintenant prêt pour passer à une autre étape.

En effet, au cours d'une séance, je vis d'un seul coup ce qui me paraissait être trois êtres flottant au plafond. Je décidai de m'en ouvrir à Jean-Marc, en lui disant, d'une voix un peu inquiète :

-« *Jean-Marc, il y a des êtres au plafond !* »

Il me répondit en souriant :

-« *Bien sûr, il y a souvent plein de monde ici ! ! !* »

De quoi parlait-il ? Il faut dire qu'il n'était généralement pas causant ! Par contre, je constatais au fil des séances que si je posais des questions, il me répondait toujours très précisément, semblant en connaître bien plus qu'il n'en disait.

C'est ainsi qu'il m'expliqua que, de la même manière que moi, Patrice, je suis un esprit dans un corps, il se produit au moment du processus appelé la mort, une séparation de l'esprit et du corps qui le contient. Il m'expliqua que cet esprit sans corps continue néanmoins à exister, qu'il nous est possible de communiquer avec lui et éventuellement de lui demander de l'aide. Il m'expliquait peu à peu le monde des esprits hors des corps. Je découvrais progressivement, grâce à lui, une toute autre réalité.

J'ai donc commencé, lorsque la douleur devenait trop intense à me tourner vers ces « êtres », leur demandant de l'aide. Et ça marchait ! ! ! Comme avec les plantes, je pouvais sentir nettement l'intensité de douleur diminuer alors que je les invoquais !

Hasard, coïncidence ou s'agissait-il d'autre chose ?

Par ailleurs, un autre événement surprenant se produisit.

Je comprends maintenant qu'en fait, tout cela faisait partie du merveilleux processus, enclenché des années auparavant et qui, inexorablement, me rapprochait de ce que je perçois à ce jour comme étant Dieu.

Je dois dire que bien qu'ayant été baptisé catholique, ayant poliment suivi mon catéchisme et étant sagement allé à la messe le dimanche durant mon enfance, j'en étais venu à la conclusion que finalement, « tout cela », c'était un beau conte pour des gens un peu faibles d'esprit et ayant besoin de se raccrocher à ces « sornettes » pour faire face à leurs tristes vies !

Toujours est-il que je me surpris un jour à regarder toutes ces églises, et à me demander :

> -« *Il doit bien y avoir* « quelque chose » *pour que, depuis des siècles, tous ces bâtiments aient été construits.* »

Poussé par la curiosité et aussi par le besoin de me rapprocher de plus en plus de cette « force » appelée Dieu, je m'enhardissais de temps en temps à pénétrer dans des églises, le plus souvent, lorsqu'elles étaient vides.

Un jour, j'y vécus une expérience que je peux maintenant qualifier de «formatrice», même si sur le moment, elle fut plutôt « choquante ».

C'était peu de temps avant Pâques et je rentrais dans cette église dans laquelle j'étais déjà allé à plusieurs reprises.

Il y avait ce jour là une « cérémonie » que je ne connaissais pas et qui m'intrigua. Il y avait un peu partout dans l'église des prêtres assis à intervalles réguliers et je voyais les gens faire la queue pour les approcher un par un.

Curieux de ce que cela pouvait bien être, je me mettais dans une file et attendais mon tour.

Arrivé devant le prêtre, je lui dit bonjour et je restais silencieux.

> -« *Alors ?...* » me dit-il après un moment.
>
> -« *Alors quoi ?...* » répondis-je.

-« *Depuis combien de temps ne vous êtes-vous pas confessé ?... »*

C'était donc ça cette cérémonie ! Des confessions avant la Pâques... Je bredouillais alors :

-« *Oh... me confesser... il doit bien y avoir dix ou quinze ans que je ne me suis pas confessé... »*

Je vis alors ce prêtre prendre une mine déconfite, réfléchir un peu, puis me dire d'un air presque malheureux :

-« *Quinze ans... ? Euh,... écoutez, ... là, je ne peux rien pour vous maintenant... je vous conseille de rentrer chez vous, de réfléchir et de faire une liste puis revenez et demandez un entretien avec le père Untel... »*

Je dois dire que je sortais de l'église un peu remué...

Si c'était ça, je ne pouvais pas avoir envie de me rapprocher du Dieu que ces prêtes présentaient ! Il faudrait que je me souvienne des « péchés » commis il y a quinze ans pour que ce Dieu là me pardonne ?

Je ne pouvais y croire, d'autant plus que l'expérience que j'avais de cette énergie d'amour qui m'emplissait maintenant, de temps en temps, me faisait pressentir que cette douce force, que je ressentais confusément comme étant l'Amour Divin, ne pouvait pas fonctionner ainsi.

Ayant ressenti en moi cet Amour tout puissant, je ne pouvais concevoir Dieu comme étant tel que ce prêtre me le présentait implicitement.

Aujourd'hui, en repensant à ce que ce prêtre me dit ce jour là, je lui suis reconnaissant de m'avoir présenté une telle image de Dieu.

Elle était si loin de ce que je commençais à expérimenter en moi que je ne pouvais l'accepter.

Il me fallait trouver par moi-même ce qu'était ce Dieu qui semblait se manifester à moi de temps en temps.

Par contre, ce qui m'attriste parfois, c'est de penser que ce prêtre et bien d'autres encore continuent de présenter aux fidèles l'image d'un Dieu vengeur, accusateur, punisseur qui n'a rien d'autre à faire que de m'observer pour me punir au premier faux pas que je fais, à moins que je ne me repente.

Pourtant, au-delà de tout cela et au vu de mes expériences actuelles, je reconnais qu'il fallait à nouveau que cela se passât ainsi pour moi.

Il fallait que cette image grotesque me soit présentée afin que je fasse le choix de la refuser et que je découvre par cela même un autre visage de Dieu, qui, je le sais maintenant, prend pour moi, pour nous, la forme que nous croyons qu'il a...

L'univers dans sa perfection nous donne parfois l'opportunité d'expérimenter le contraire d'une chose pour voir si, par nos choix, nous lui donnons vie.

Et si c'est le cas, nous lui permettons ainsi de continuer à exister pour nous. Dans le cas contraire, si nous choisissons consciemment de ne pas accepter ce modèle comme étant réellement « réel » afin de consciemment en choisir un autre, ce nouveau modèle deviendra alors pour nous notre nouvelle réalité et notre nouvelle expérience.

C'est là je pense un des grands cadeaux de l'univers. Il nous permet de Le déterminer à notre guise et accepte alors sans condition de devenir pour nous ce que l'on croit qu'il est...

C'est un processus finalement extrêmement simple mais que l'on ne peut réaliser que « de l'intérieur », en le vivant et en le mettant en pratique dans sa vie de tous les jours.

Il est néanmoins important que vous réalisiez que ce processus extrêmement simple peut, dans votre expérience, être perçu comme une « bénédiction » ou une « malédiction »...

C'est là où une certaine maîtrise de vos pensées, paroles et actions pourra s'avérer nécessaire afin de vous extraire d'un cercle « apparemment » infernal et de vous précipiter dans un cercle magnifiquement « Divin »...

Mais, retournons pour l'instant à l'époque où ma transformation débuta.

Je commençais parfois à entendre en moi une petite voix qui, à chaque fois qu'elle me parlait, me remplissait de joie.

Je me souviens d'un événement qui s'est passé alors que venait de s'achever une séance de thérapie particulièrement pénible. Je sortais du métro, retrouvant au dehors la pluie fine et grasse qui tombait sur Paris. Dans le triste état dans lequel je me trouvais, je me souviens avoir regardé le terne ciel parisien et m'être dit :

> -« *Et en plus, il pleut ! ! ! Il ne manquait plus que ça !* ».

Comme si la vie s'acharnait de nouveau sur moi !

C'est alors que regardant le ciel d'un gris uniforme, j'ai vu un très beau triangle d'un ciel d'un bleu parfait se découpant de la grisaille. Au même moment, cette voix dans ma tête, à la fois forte comme pour me rappeler à l'ordre, et douce pour m'apaiser, me dit :

> ***-« Patrice, il y a toujours un coin de ciel bleu quelque part. Seulement, il te faut parfois le chercher ! »***

Cette déclaration m'a instantanément rempli d'une joie qui débordait de moi par tous les pores de ma peau et je me souviens être rentré chez moi, sous la pluie, rendant grâce au ciel pour cette pluie bienfaisante.

Et les modifications continuaient ...

Une autre fois, toujours en route vers mon petit studio, je vis une femme à l'air triste qui passait à côté de moi et, rempli de compassion alors qu'en un instant, il me sembla connaître sa vie, je m'entendis spontanément penser :

> -« *Mon Dieu, faites quelque chose pour cette femme. Qu'elle puisse s'en sortir !* »

Et à l'instant même où j'ai eu cette pensée, je fus rempli d'une vague d'un amour immense que je n'avais encore jamais ressenti.

Quand j'en parlais à Jean-Marc, lors de notre séance suivante, il me dit simplement:

-« *Bien sûr, tu as reçu un retour de Karma immédiat !* »

Qu'est-ce que c'était que ça maintenant ! Le Karma !... et puis quoi encore ?...

Il m'expliqua alors les lois de causes à effets. Une action amène une réaction. Tu récoltes toujours ce que tu sèmes... Nous aurons j'en suis sûr l'occasion de parler de cela un peu plus tard.

Je voulais vraiment en savoir plus car ces expériences que je venais de vivre me montraient par l'expérience directe indéniable la validité de certains principes auxquels, à l'époque, je ne croyais absolument pas. Pour Jean-Marc bien sûr, tout ça semblait évident.

Je commençais alors à m'intéresser de plus en plus à « ces choses ». Un jour, je trouvais un livre sur la pensée positive. Ça me semblait fascinant, même si une partie de mon esprit me disait :

-« *C'est trop beau pour être vrai. Trop facile pour que ça marche vraiment !* »

Ce livre expliquait, entre autres choses, que si je me répétais régulièrement et suffisamment longtemps des phrases positives, je pouvais m'amener à y croire.

C'était nouveau maintenant !

J'allais vraiment de découvertes en découvertes...

Mais après tout, vu l'état dans lequel je m'étais trouvé à l'époque et me disant que je n'avais rien à perdre, je commençais à me répéter, bêtement, simplement, sans y croire vraiment je dois dire, vu la pauvre image que j'avais de moi :

-« *Patrice, tu es génial... Patrice, tu es génial... Patrice, tu es génial...* »

Et encore... et encore...

Souvent, dans le métro, je profitais de la durée du voyage pour pratiquer ces techniques d'affirmations[1]. Et après tout, comme je peux le dire maintenant, au vu de mes propres expériences :

> ***-« Avec le temps et l'énergie passés à renforcer une croyance limitative, nous pouvons tout aussi bien « énergétiser » une croyance qui reflète plus notre VRAIE nature illimitée. »***

Et bien croyez le ou non, mais à peine une semaine après avoir commencé à pratiquer ce petit exercice si simple en apparence, une amie me dit textuellement :

> *-« Patrice, tu es génial ! »*

Quelle surprise pour moi ! Jamais auparavant on ne m'avait dit cela !

Je ne comprenais pas trop comment tout cela fonctionnait mais je ne pouvais que constater une chose : ça fonctionnait ! ! !

Peu à peu, mon scepticisme vis-à-vis de tout cela disparaissait pour faire place à de plus en plus de confiance en moi et en l'univers et je décidais de m'intéresser encore plus à ce monde de la métaphysique[2].

Je commençais aussi à remarquer l'effet de mon état d'esprit plus positif sur ma vie. Alors qu'auparavant, je m'attendais à vivre régulièrement des problèmes puisque cela avait été mon

---

[1] Une affirmation est une phrase, une croyance que l'on va se répéter arbitrairement jusqu'à ce qu'elle devienne notre nouvelle expérience. La méthode d'Emile COUÉ suggère par exemple cette affirmation : *« Chaque jour, à tous points de vue, je vais de mieux en mieux... »*. De nos jours, les techniques utilisant des affirmations sont parfois appelées *« Techniques de reprogrammation mentale »*, techniques par lesquelles nous pouvons ainsi changer la nature des croyances avec lesquelles nous avions fonctionné.

[2] La Métaphysique explore le monde qui est au-delà de la physique *(Méta signifie « au-delà » en Grec)*. La physique nous dit qu'une cause extérieure amène un effet extérieur *(un germe venant de l'extérieur amène une maladie...)* La métaphysique nous dit que tout ce qui se passe au dehors de nous est un effet d'une cause qui est en nous... Cette vision du monde nous sort d'un rôle de victime de l'Univers et nous permet de reprendre le contrôle de notre vie. En effet, si la cause est extérieure à moi, je ne peux pas nécessairement la changer. Par contre, si elle est en moi, en changeant quelque chose en moi, je pourrais me libérer de l'effet que cette cause avait créé.

expérience, je trouvais que les choses devenaient subitement plus faciles.

Dans ce livre sur la pensée positive, j'avais appris, en gros, que si je vivais un problème dans ma vie, c'était que je l'avais créé. En d'autres termes, si je me prenais une « tarte » dans la figure, c'était moi qui l'avait créée...

Cette idée me paraissait inacceptable au début mais, ayant choisi de mettre ces principes en action, je décidais de les accepter comme vrais, même si mon expérience semblait me prouver le contraire. Après tout, je n'avais rien à perdre...

Ainsi, peu à peu, j'acceptais l'idée que je créais ma réalité.

Peu de temps après, sur mon lieu de travail, je me suis pris ce que je considérais alors être une tarte dans la figure. Sur le coup, je ne me sentais pas très bien. C'est alors que j'ai repensé à cette idée :

> -*« Patrice, rappelle-toi... **TU CRÉES TA RÉALITÉ**. Cette tarte que tu t'es prise dans la figure, c'est TOI qui l'as créée. »*

L'effet a été surprenant. Ce problème que je venais de vivre m'est apparu instantanément comme n'en étant plus un... Il devenait mineur. Le simple fait d'avoir accepté ma part de responsabilité dans cet événement suffisait à me le rendre acceptable. J'allais de révélations en révélations.

Je réalisais aussi de plus en plus que, penser positif, ça fait du bien. Et comme j'avais choisi d'aller de mieux en mieux, je faisais en sorte de maintenir le plus souvent possible des pensées positives dans ma conscience.

Par exemple, lorsque je prenais le métro, j'imaginais que j'envoyais une pluie d'or sur les gens. Je me souviens qu'il me semblait difficile d'imaginer simultanément cette pluie d'or tombant sur chaque personne présente dans la voiture dans laquelle je me trouvais. Aussi, pour me faciliter la tâche, j'imaginais qu'elle tombait dans la voiture dans laquelle je me trouvais et était retenue par un drap immense situé au-dessus de la tête des passagers. Au bout d'un moment, le drap était tellement rempli de pluie d'or qu'il se rompait et toutes les personnes étaient alors baignées de cette pluie bénéfique.

Et à chaque fois que je faisais cela, adossé dans un coin de la voiture, je me sentais merveilleusement bien alors qu'en fait, je ne faisais « que » souhaiter du bonheur aux passagers se trouvant avec moi.

Penser au bien des autres me fait du bien à moi ! Quelle révélation pour moi à l'époque.

Lors d'une de mes « douches dorées », pendant que j'imaginais cette pluie bénéfique s'abattant sur chacun des passagers voyageant avec moi, je fus simultanément rempli d'une véritable douche d'extase liquide, mon cœur débordant d'un amour d'une pureté incroyable, comme s'il explosait d'Amour.

J'entendis alors en moi cette voix si douce me dire :

-« Par Toi, le royaume des Cieux viendra sur la terre...»

Et au même moment, je comprenais que la vraie signification de ce message ne concernait pas simplement ma propre personne physique.

Ce dont il était réellement question, c'était de la transformation personnelle de chacun qui permettra à ce « Royaume des Cieux » de s'établir sur la terre.

C'est j'en suis sûr notre tâche à chacun ici bas.

Je pense que nous sommes ici, sur terre, pour d'abord, réaliser notre nature divine et pour, ensuite, la manifester.

CHAPITRE 6
Groupe de Chakras...

Au fil des séances avec Jean-Marc, je continuais à me transformer lentement mais sûrement. Un jour, il m'a proposé, si je le désirais, de participer à ce qu'il appelait un « Groupe de *Chakras* »[1].

Apparemment j'étais mûr pour passer à une autre étape...

Il s'agissait de soirées de travail sur les *Chakras*, ces centres d'énergies régulant le flot d'énergie dans notre corps.

À cette époque, j'avais fait le choix de devenir végétarien, pensant qu'un changement d'alimentation ne pourrait qu'être bénéfique. Ayant par ailleurs entendu Jean-Marc parler des bienfaits du jeûne, je décidais de me préparer à ce premier « Groupe de *Chakras* » en jeûnant à l'eau durant les 3 jours précédant cette soirée.

Je découvrais que ce premier jeûne, bien qu'un peu éprouvant, surtout du fait que je travaillais dans un restaurant d'entreprise et voyais des centaines de plateaux repas me passer devant les yeux chaque jour, affinait étrangement mes perceptions.

Je devenais extrêmement sensible aux odeurs, m'en nourrissant. Je percevais mon aura plus précisément, surtout tactilement. En rapprochant mes doigts l'un de l'autre, je sentais nettement ce « petit nuage énergétique » autour de mes doigts.

Au cours de ce premier « Groupe de *Chakras* », Jean-Marc nous guida à travers un exercice fort intéressant, qui pourra peut-être vous aider vous aussi.

Le but de cet exercice est de nous libérer des liens subtils qui peuvent nous empêcher d'expérimenter notre liberté totale.

---

[1] *Chakra* est un mot sanscrit signifiant soit une roue, un disque ou un vortex d'énergie. Les *Chakras* sont les centres d'énergie situés le long de la colonne vertébrale. Ils font partie du système énergétique humain et régulent le flot de l'énergie dans les canaux énergétiques subtils, parfois connus sous le nom sanscrit de *Nadi* ou de Méridiens en acupuncture.

Il nous proposa de visualiser ces centres d'énergies, nous informant qu'il serait possible que sur certains de ces centres, nous ressentions ou imaginions des liens ou des cordes s'y attachant. Si c'était le cas, il nous demandait d'imaginer qui était la personne située à l'autre extrémité de ce lien. Une fois la ou les personnes identifiées, il s'agissait de reconnaître de quelle manière cette personne nous avait « vampirisé » ou contrôlé. Une fois ce processus réalisé, il s'agissait de remercier cette personne pour l'interaction qu'il y avait eu entre nous par le passé et de couper mentalement ce lien avec des ciseaux d'or, sans aucune agressivité envers cette personne. Nous pouvions alors imaginer ce lien retournant à la personne qui s'était « accrochée » à nous pendant que nous l'encouragions mentalement à reprendre, elle aussi, sa liberté et son autonomie.

Alors que Jean-Marc nous guidait et que je faisais mon examen intérieur, je sentais au niveau de mes deux premiers *Chakras, (situés au niveau du sacrum et du plexus lombaire)* deux liens me reliant à ma mère.

Comme le prévoyait l'exercice, j'ai remercié mentalement ma mère pour les interactions passées en lui expliquant que, pour elle comme pour moi, il était maintenant nécessaire que je reprenne mon autonomie et elle la sienne.

Je lui expliquais que quelles que soient les énergies dont elle avait eu besoin et qu'elle me prenait par ces liens, elle devait maintenant les chercher en elle-même ou ailleurs.

Je l'informais également mentalement qu'à partir de ce moment, je me libérais de son contrôle ou de ses pressions mentales.

Prenant mentalement les ciseaux d'or, je coupais alors consciencieusement ces liens et les lui retournais avec beaucoup d'amour.

Ce qui se passa par la suite me permit de valider la réalité du travail subjectif qui s'était passé.

À cette époque, ayant mesuré l'importance de l'éducation reçue par mes parents dans mon état de mal-être, j'étais passé, comme beaucoup sans doute, par une période de rejet des parents.

Après tout, si j'allais si mal, c'était de leur faute, pensais-je...

Ce n'est que quelques années plus tard que j'ai compris comment j'avais en fait moi-même choisi ces parents dans le cadre de mon évolution spirituelle. Et même si tout ne me semblait pas parfait, je devais réaliser par la suite que c'était néanmoins nécessaire à mon évolution.

Toujours est-il qu'à l'époque, je parlais peu à mes parents en raison de ce ressentiment. Je les voyais aussi très rarement.

Et alors que je les avais laissé sans nouvelles pendant un long moment, le lendemain matin suivant le processus de libération des liens effectué, je recevais un coup de téléphone de ma mère.

-*« Allô, c'est maman... »*

-*« Bonjour, comment ça va ? »*

-*« Ça va... En fait, j'ai fait un rêve bizarre cette nuit... Avec tes couleurs... » (Mes parents étaient au courant de mon intérêt pour la symbolique des couleurs et de la formation que je suivais en Grande Bretagne.)*

Je lui demandais :

-*« Ah oui ? Quelles couleurs ? »*

-*« Le rouge... »*

Je n'en revenais pas ! La synchronicité était trop grande. Pour votre information, le rouge est la couleur associée, entre autres choses, au premier *Chakra*, à l'énergie vitale et à la Mère...

-*« Et à part ça, autre chose ?... »*

-*« Pas vraiment ... »* répondit-elle... *« En fait, si ..., hier, il m'est arrivé un truc bizarre. J'étais en train de laver une salade dans la cuisine et sans savoir pourquoi, d'un seul coup, je me suis mise à pleurer. Papa était avec moi dans la cuisine et il n'a pas compris pourquoi... »*

Comprenant ce qui c'était passé, je lui demandais :

-«Ah oui ? Il était quelle heure quand ça t'est arrivé ? »

-« Environ huit heures du soir... »

C'était l'heure exacte à laquelle j'avais coupé les liens ! Je trouvais cela **vraiment** très intéressant.

Sur la fin de la conversation téléphonique, ma mère m'annonçait qu'ils allaient venir me rendre visite ce week-end.

Là, c'était VRAIMENT fort !

J'avais emménagé dans mon nouveau studio des mois auparavant, et, « comme par hasard », mes parents décidaient justement de venir me rendre visite quelques jours après ce travail sur les liens énergétiques ! ! !

Le scénario devenait clair !

Ma mère vivait en partie par mon énergie vitale. Ayant coupé les liens qui lui permettaient de se nourrir, elle ressentait le manque et peut-être une forme de rejet de ma part, d'où la crise de larmes. Du coup, pour pouvoir connecter à nouveau les liens que j'avais coupés la veille, elle décidait de venir me rendre visite, à peine quelques jours plus tard ! ! !

C'était limpide ! Ce type d'expérience vous montre clairement qu'il n'y a ni hasard, ni coïncidence.

Ayant maintenant conscience du vrai but de sa visite, au-delà du fait de voir mon nouvel appartement, il s'agissait simplement pour moi de m'assurer qu'elle ne se « branchait » pas à nouveau sur moi.

CHAPITRE 7

Les souvenirs reviennent...

Grâce aux stages que je suivais parallèlement en Grande Bretagne, je comprenais un peu mieux le fonctionnement de l'être humain.

Ces nouvelles connaissances me permettaient aussi de mieux comprendre ce qui se passait lorsque j'imposais les mains sur les gens.

En effet, à l'époque, lorsque j'imposais les mains sur les personnes me demandant de l'aide, j'avais toujours de très violentes nausées, avec l'impression que j'allais vomir. Je comprenais, grâce à ces stages, que j'étais alors comme un réceptacle dans lequel se déversaient les énergies « négatives » du patient avant que je ne les redonne à la terre. Je pouvais donc accepter plus facilement ce processus, même s'il était pour moi très désagréable. De plus, je devais souffrir à l'époque du CBS ou « Complexe du Bon Samaritain », et j'acceptais avec joie cette souffrance, sachant qu'au moment où je la ressentais, elle quittait la personne que je guérissais. C'est un peu comme si j'acceptais de porter leurs valises pendant quelques temps, puisque je savais m'en libérer à la fin de la séance.

De ce fait, je prévenais chaque personne en début de séance :

> -« *Ne vous inquiétez pas si j'ai des réactions violentes durant l'imposition de mains, c'est simplement un transfert des énergies négatives qui s'effectue...* »

Un jour où j'étais en train de traiter le pied d'une personne qui souffrait beaucoup, je fus à nouveau pris de ces violentes nausées. Mais cette fois-ci, elles étaient vraiment TRÈS violentes... Quelle ne fut pas alors ma surprise de voir spontanément ma main droite se mettre à faire des « passes » bizarres sur le pied de cette personne. Et fait surprenant, alors que ma main faisait ce « geste» bizarre, les nausées s'atténuaient...

Super ! Je venais de trouver un truc qui marchait !

Dès la séance suivante avec une autre personne, lorsque je commençais à ressentir les désagréables nausées, je m'empressais de bouger ma main tel qu'elle « l'avait fait » auparavant.

Et ça marchait ! Les nausées s'atténuaient pour moi.

C'est en en parlant quelques jours après avec Jean-Marc qu'il m'expliqua que ces « gestes » de ma main étaient en fait des « *passes de dégagement énergétique* », utilisées par les guérisseurs pour libérer leurs patients de leurs énergies négatives.

J'étais abasourdi car je n'avais jamais appris cela.

Ainsi, mes mains « se souvenaient » de ce qu'elles savaient faire et de ce qu'elles avaient déjà fait par le passé !

Je réalisais aussi pourquoi, avant même la toute première imposition des mains sur mon grand-père, j'avais un jour observé mes mains, les trouvant subitement très belles et me disant en moi-même, *« Je ne sais pas quoi, mais il y a quelque chose à faire avec ces mains... »*. La boucle se bouclait.

Et alors que je continuais à travailler dans mon restaurant d'entreprise, je pratiquais de plus en plus d'impositions de mains. Tantôt sur le lieu de travail *(brûlures, coupures, maux de têtes...),* tantôt à la maison.

C'est lors d'une guérison que je pratiquais sur une amie anglaise que je devais vivre une expérience qui bouleversa à jamais mes croyances envers cette énergie communément appelée Dieu. Elle m'avait demandé de l'aide, m'expliquant qu'elle se sentait fatiguée, dépressive, au bout du rouleau...

Je commençais donc le « travail » qui finalement, fut plus une sorte de prière.

Après lui avoir demandé de s'allonger sur le sofa, je commençais la séance.

À l'époque, je n'osais pas toucher les gens pour les guérir, aussi, je mettais mes mains à distance de leurs corps, à environ 30 centimètres. Je travaillais de manière intuitive et selon le « rituel » suivant : je plaçais ma main gauche, dans l'air, au-dessus du premier *Chakra (c'est-à-dire un peu en-dessous du sexe)* et ma main droite au-dessus du deuxième *Chakra (c'est-à-dire au-dessus du pubis).* N'oublions pas qu'à cette époque, je savais que les *Chakras* existaient ! Avant cette époque, une guérison se résumait plus à une prière dans laquelle je demandais simplement et intensément au grand Être de guérir la personne en question.

Enfin… toujours est-il qu'après être resté en contact avec les deux premiers *Chakras*, le rituel consistait à « balayer » le premier *Chakra* dans le deuxième, comme pour envoyer par des mouvements de ma main gauche, les énergies « négatives » du premier *Chakra* dans le deuxième. Ensuite, je plaçais ma main gauche au-dessus du deuxième *Chakra* et la droite au-dessus du troisième, au niveau du plexus solaire. Et à nouveau, après un moment d'harmonisation, je « balayais » à nouveau les énergies négatives du premier et du deuxième *Chakra* dans le troisième... Et ainsi de suite. J'avais constaté que souvent, alors que j'en étais au cinquième *Chakra* situé au niveau de la gorge *(celui qui s'occupe entre autres choses de l'expression),* les personnes avaient généralement des réactions très violentes. Souvent, alors que je faisais mes « passes de dégagement énergétique » sur ce *Chakra*, les personnes se mettaient à tousser ou à pleurer. Le rituel se finissait généralement, après avoir travaillé sur le sixième et le septième *Chakra*, par une imposition des mains directement sur le crâne de la personne pendant quelques minutes. Après quoi, je demandais à la personne de rouvrir les yeux quand elle le désirait.

Mais revenons à cette amie anglaise. Dès que je suis entré en harmonie avec son premier et deuxième *Chakra*, je fus rempli d'une grande tristesse que je ne comprenais pas au début. Très rapidement, je compris que j'étais en empathie avec Rose. Alors que je « balayais » son premier *Chakra* dans son deuxième, elle commença à tousser, puis à pleurer. Je la rassurais en lui disant :

-« Tout va bien, reste ouverte... »

Mais au fur et à mesure que le travail progressait, je me sentais de plus en plus mal, pleurant avec elle, sentant sa terrible souffrance.

Bicn que le processus fut très pénible, je l'acceptais néanmoins, sachant que pendant que moi j'allais mal, elle allait mieux. J'acceptais de « porter ses valises ». Cependant, au bout d'un certain temps, j'allais tellement mal, que je ne pouvais plus que prier.

D'une manière très intense, en empathie totale avec Rose, je priais Dieu de lui venir en aide. En moi, c'était :

> *-« Mon Dieu, aide-la s'il-te-plaît, qu'elle puisse aller bien, qu'elle soit guérie... Mon Dieu, aide-la s'il-te-plaît, qu'elle puisse aller bien, qu'elle soit guérie... Mon Dieu, aide-la s'il-te-plaît, qu'elle puisse aller bien, qu'elle soit guérie... »*

Et alors qu'il n'y avait plus en moi que cette mélopée, une espèce de douche d'un amour incroyable me remplit littéralement en un instant.

C'était d'une telle intensité que j'eus alors l'impression d'être instantanément chassé de mon corps par cet Amour immense. Et je pouvais me voir en train d'imposer les mains sur cette fille, alors que j'étais en fait sur ma droite à environ cinquante centimètres de moi. En même temps, je sentais en moi une présence ou plutôt un regard d'une intensité et d'une beauté incroyable qui ne pouvait être que celui de Jésus.

Je sentais en moi Ses yeux bénis d'une incroyable clarté qui regardaient cette fille avec une telle intensité d'Amour et de Compassion ! Il n'y avait en moi en ce moment béni qu'Amour et Compassion.

Jamais auparavant je n'avais ressenti cela : Amour et Compassion … Amour et Compassion … encore et encore, Amour et Compassion.

J'aimais cette fille de toute mon Âme et je comprenais sa souffrance.

Ce moment sacré dura quelques minutes ou quelques secondes, je n'en ai aucune idée.

Toujours est-il qu'au bout d'un moment, je savais que la guérison était achevée. Sans aucun doute possible, le miracle avait eu lieu, je le savais. Il y avait autour de moi une telle transparence, une telle pureté que je me sentais incapable de parler. Je savais que, si je parlais, cette espèce de bulle cristalline de pureté volerait en éclat. Les yeux remplis d'Amour, je regardais Rose allongée sous mes mains. Elle était maintenant paisible. Alors, je pensais simplement : *« C'est fini, tout va bien maintenant, tu pourras ouvrir les yeux quand tu voudras... »*.

À ma grande surprise, au moment où je finissais de « simplement » penser cette phrase, elle ouvrit les yeux. Ce qu'elle me dit alors me toucha profondément. Elle me dit :

-*« C'est comme si tu me souriais de l'intérieur... »*

Le plus étonnant est que, le lendemain, alors qu'elle logeait chez une amie commune, cette amie qui ne savait pas ce qui s'était passé, lorsqu'elle la vit au réveil la trouva tellement changée physiquement qu'elle lui en fit la remarque.

Ces phénomènes me fascinaient.

Cependant, en même temps, j'étais bouleversé par cette expérience. En effet, je commençais à cette époque à revoir mes croyances par rapport à Dieu mais, cette expérience de Jésus en moi m'obligeait à tout repenser car bien qu'ayant été relativement brève, cette expérience avait été si intense et si « réelle » que je ne pouvais en nier la réalité.

Non seulement Dieu existait mais maintenant, c'était Jésus et sa réalité qu'il me fallait intégrer dans mes systèmes de croyances.

Par ailleurs, d'autres types de phénomènes étranges se produisaient pour moi. Une chose m'a particulièrement surpris la première fois où elle s'est produite.

J'étais un jour dans le métro et soudainement, je me suis mis à regarder bizarrement une jeune femme assise en face de moi. Elle me semblait mignonne, et, le plus surprenant pour moi, attirante. Je me suis mis à la désirer, m'imaginant ayant un rapport sexuel avec elle ! ! ! Mais que se passait-il donc en moi ? Auparavant, je n'avais pas ce genre de pensées en regardant les femmes ! Je les voyais bien évidemment exister à côté de moi mais ça ne me faisait jusqu'à là, ni chaud ni froid. Je me sentais plutôt indifférent et surtout sans aucun désir sexuel pour elles.

Et ce qui devait arriver arriva. J'avais fait la connaissance d'une jeune femme lors des groupes de *Chakras*. Ayant appris que je pratiquais des lectures d'aura par l'intermédiaire des flacons colorés, suite aux stages que je suivais en Grande Bretagne, elle m'exprima son désir d'en savoir plus.

Je l'invitais donc à dîner un soir dans mon studio. Après le dîner et après lui avoir présenté les flacons de couleurs, alors que nous étions sur le sofa, Myriam me dit abruptement :

-« Patrice, j'aimerais mieux te connaître... »

J'étais paniqué... Après tout, j'étais homosexuel... et je m'empressais de le lui dire :

-« Tu sais, je suis homo... »

-« Je sais. Il n'y a pas de problème... »

Sur le moment, la panique a fait place à la stupéfaction. J'avais bien conscience que j'avais eu une image particulièrement peu attirante de la femme à cause du modèle maternel que j'avais eu et je pouvais concevoir, au moins intellectuellement parlant, que toutes les femmes ne pouvaient en aucun cas être toutes « comme ma mère » ou, pour être plus précis, telles que je la percevais alors...

J'avais eu par le passé quelques rares expériences sexuelles avec des femmes, mais elles m'avaient semblé si frustrantes que j'avais décidé de m'en tenir aux hommes. Au moins, avec eux pensais-je, je peux me sentir libre d'être ce que je suis et de plus, avec un homme, le sexe n'est pas une expérience tabou mais plutôt une vraie expérience libérée de plaisirs partagés. Il est vrai que les quelques expériences sexuelles que j'avais eues avec des femmes s'étaient passées de manière peu excitantes. En effet, ces personnes probablement très complexées ou ayant eu honte de leurs corps, avaient fait en sorte que cela se passât dans le noir.

Je comprends évidemment maintenant que je ne pouvais pas à l'époque créer autre chose. C'était nécessaire à mon évolution. Néanmoins, avec les hommes, je trouvais le sexe bien plus fun, bien plus libre, bien plus simple, et en fait, bien plus naturel et bien plus agréable.

Cependant, sur le moment, alors que j'étais avec Myriam, je choisis de laisser de côté mes préjugés vis-à-vis des femmes et de vivre l'expérience qui m'était offerte afin de me faire une idée plus objective de la relation à la femme.

Je ne regrette absolument pas ce choix. En fait, avec elle, c'était quand même très différent de tout ce que j'avais vécu par le passé ! Elle était très douce et nullement inhibée comme celles que j'avais connues auparavant. Nous nous sommes d'ailleurs installés ensemble peu de temps après et avons passé plus d'un an ensemble.

Grâce au travail que je poursuivais avec Jean-Marc, j'avais de plus en plus confiance en moi et voyais ma vie s'améliorer sur de nombreux plans.

Je faisais aussi des rencontres étonnantes. Je me souviens particulièrement ici de Lili. Cette charmante vieille dame, décédée aujourd'hui, était une habituée du restaurant que je gérais à l'époque. Beaucoup de clients la côtoyant semblaient ne pas toujours l'apprécier. C'est vrai qu'elle avait l'habitude de parler assez fort et qu'elle portait toujours des tenues et des chapeaux très colorés, tenues que je trouvais personnellement « intéressantes ». Je lui trouvais un dynamisme et une joie de vivre peu commune pour une personne de son âge et elle me retournait l'affection que je lui portais. J'avais beaucoup de plaisir à la servir ou à discuter un peu avec elle chaque fois qu'elle venait déjeuner.

Un jour, alors que j'allais encaisser son repas, elle me demanda mon signe astrologique. Je savais bien que j'étais Balance mais j'étais encore très sceptique par rapport à tout cela. Elle me demanda alors ma date, mon lieu et l'heure de ma naissance, pour faire faire mon thème natal. Après tout, pourquoi pas ?

Quelques jours plus tard, elle revint avec une série de pages dactylographiées et un livre qu'elle m'offrit.

Alors que je parcourais mon thème natal, j'étais assez étonné des correspondances que j'y voyais avec ma vie. Le plus étonnant fut cependant l'étude de mon thème grâce au livre qu'elle m'avait offert. Je réalise maintenant à quel point ce livre n'était pas anodin. Il s'agissait de « L'Astrologie Karmique » de Dorothée Kœchlin de Bizemont[1]. Ce livre permettait, en étudiant les positions des planètes à la naissance d'un individu de comprendre les vies antérieures de l'âme incarnée et son chemin de vie avec ses points forts et ses points faibles amenés dans cette vie de ses incarnations précédentes.

Et alors que, très simplement, j'analysais mon thème grâce à ce livre, j'y découvrais des choses très intéressantes. Vu les positions des planètes à ma naissance, ce livre m'expliquait que l'âme que j'étais avait été prêtre dans des vies antérieures, s'était « égarée » dans ses dernières vies et que des « femmes sages ou âgées » *(ceci du fait de la triple conjonction Lune – Saturne - Nœud sud en Verseau)* me remettaient sur le chemin et que la guérison était très importante dans mon chemin de vie.

Jusqu'alors, je n'avais jamais vraiment cru en l'astrologie mais là, je ne pouvais nier qu'il devait bien y avoir « quelque chose de vrai » derrière tout ça.

[1] Publié chez Robert Laffont.

En effet, lors de ma rencontre avec Vicky Wall, je me souviens avoir été surpris de découvrir une femme âgée et il était clair aussi que cette rencontre avait été déterminante pour ma vie…

D'autre part, ce que Vicky m'avait dit en lisant mon aura m'était maintenant confirmé par ce thème. Et je peux honnêtement dire aujourd'hui que ma rencontre avec Lili fait partie des rencontres que je considère majeures dans mon processus de transformation. C'est grâce à elle que je commençais à étudier sérieusement l'astrologie, en apprenant d'abord à monter un thème natal, puis en abordant un peu l'interprétation des planètes, etc...

C'est en étudiant mon thème que je réalisais de plus en plus la perfection des expériences que j'avais vécues par le passé. Je comprenais que ma rencontre avec Jean-Marc, rencontre éminemment importante, avait eu lieu exactement au moment où le soleil passait sur mon soleil natal. De la même manière, des configurations astrologiques exceptionnelles en résonance avec mon thème natal s'étaient produites le 14 février 1987, jour où je rencontrais pour la première fois Vicky Wall en Grande-Bretagne.

C'était fascinant !...

Et alors que je comprenais de plus en plus l'influence des planètes, je me posais des questions. Comme certains d'entre vous qui se sont peut-être intéressés un peu à l'astrologie, j'ai très vite entendu parler du fameux « retour de Saturne ».

Il est en effet généralement accepté que le retour de cette planète lente sur sa position natale *(il lui faut 28 ans pour parcourir le zodiaque !)* amène souvent des changements profonds pour l'individu. Ces « retours de Saturne » se produisent donc à 28 ans, 56 ans, 84 ans. Ma vie s'était tellement améliorée entre 24 et 26 ans que j'avais du mal à imaginer comment j'allais être affecté par « mon » retour de Saturne. J'avais été si mal et je me sentais si bien déjà. J'étais souvent rempli de gratitude pour ce que je vivais et me demandais très souvent :

-« Mais qu'est-ce que ça va être pour mes 28 ans ?... ».

Je réalise maintenant comment cet état d'expectative positive entretenu pendant près de deux ans m'a permis de créer la magnifique transformation qui devait se mettre en place à cette datc.

CHAPITRE 8
Martin...

C'est grâce à Myriam avec qui je vivais que je rencontrais en mai 1988 un homme qui allait me permettre de changer radicalement ma vie.

Un jour, elle me fit part de son désir d'assister à une conférence animée par un guérisseur américain nommé Martin Brofman[1].

Il disait s'être guéri d'un cancer ainsi que de problèmes de vue et se proposait d'enseigner aux gens à faire de même. Il présentait un outil de connaissance de soi et de guérison.

L'idée maîtresse de cette conférence était que notre corps est un miroir de notre conscience et que, en conséquence, si nous avons un problème dans une partie spécifique de notre corps, cela reflète une tension spécifique dans une partie bien précise de notre conscience.

Alors que j'entendais ces idées pour la première fois, j'étais fasciné à la fois par la simplicité du système et par l'ampleur de son potentiel.

Afin d'en savoir plus, je décidais alors de participer à des réunions au cours desquelles des personnes ayant suivi les stages partageaient leurs expériences.

C'est ainsi que je rencontrais la personne traduisant à l'époque les stages de Martin Brofman. Lors de ces soirées informelles, il m'arrivait d'aider ce traducteur lorsqu'un mot lui échappait puisque je parlais correctement l'anglais.

Après plusieurs réunions auxquelles j'avais assistées, il m'aborda un jour. Il souhaitait cesser de travailler avec ce guérisseur et me demanda si j'accepterais de le remplacer.

J'étais enchanté. En effet, j'avais très envie de participer aux stages mais le prix relativement élevé de la formation me le rendait inaccessible. Le traducteur de l'époque me fit part du

---

[1] Martin Brofman a écrit deux livres : *« Mieux voir sans lunettes »* et *« Tout peut être guéri »*.

désir de Martin de me rencontrer peu de temps avant la conférence pour faire plus ample connaissance.

C'est ainsi que je rencontrais cet homme fascinant. Je découvris un homme précis, rigoureux, exigeant et profondément respectueux des gens qui venaient le voir. Il m'expliqua que chaque mot qu'il utilisait l'était dans un but spécifique et qu'il tenait absolument à ce que la traduction fut la plus précise possible.

Bien que paniqué à l'idée de faire face dans quelques minutes à des dizaines de personnes, Martin sût me mettre en confiance. Travailler avec lui ce soir là fut une expérience enrichissante et constater sa présence avec chaque personne une grande leçon.

Le lendemain matin débutait un stage appelé « L'Atelier de la Vue » dont je me souviendrai toujours.

Ce fut un peu comme si mes yeux s'ouvraient sur une autre réalité, déjà existante, mais que je n'avais pas encore perçue.

Il faut dire que j'avais été myope depuis l'âge de 15 ou 16 ans, époque à laquelle j'avais été mis en pension. Et tandis que j'entendais pour la première fois ces idées expliquant pourquoi quelqu'un peut développer une myopie suite à certaines expériences, je comprenais comment, vu ce que j'avais vécu à l'époque, les agressions et les humiliations répétées avaient amené en moi la perception qu'il valait mieux que je reste caché en moi. Il fallait que je me protège du monde extérieur que je percevais menaçant. Je comprenais aussi que la difficulté à accepter mon homosexualité avait accentué ce processus de repli sur moi-même. Et à ma grande surprise, je réalisais qu'il était donc « normal » que j'ai développé ce symptôme.

Martin avait une manière claire et limpide d'expliquer le processus de somatisation : soit, comment notre corps développe des symptômes suite à des tensions maintenues dans notre conscience. Tout semblait si simple.

Je comprenais aussi, que, grâce à cette méthode, j'avais la possibilité de me débarrasser de ce problème de vue. Il suffisait que je choisisse de voir clairement, que je croi**es** qu'il était possible pour moi de voir clairement sans lunettes et que je me voi**es** dorénavant comme étant capable de voir clairement. Je devais aussi choisir de me regarder moi-même, ainsi que le monde, de manière totalement différente.

Lorsque je rentrais retrouver Myriam après ce premier stage, je me souviens que j'étais dans un état que je percevais vraiment comme « extra-ordinaire ». Mon corps était parcouru par une énergie que je sentais vibrer et pétiller sur mes mains, mes bras, mon visage...

J'avais l'impression que tout redevenait possible.

En fait, mes expériences me l'ont prouvé par la suite.

J'étais comme un aveugle qui retrouvait la vue. Grâce à la compréhension que m'avait apporté ce stage, je prenais réellement conscience du pouvoir créateur resté plus ou moins dormant au fond de moi. Je comprenais aussi comment j'allais pouvoir transformer radicalement ma vie.

Quelques semaines auparavant, l'ampleur des améliorations que j'obtenais dans ma vie, grâce à la thérapie que je suivais avec Jean-Marc, me poussait à m'interroger et à me demander pourquoi certaines personnes pouvaient arrêter leur propre thérapie et « quitter » Jean-Marc.

Et pourtant, je réalisais simultanément que je devais, moi aussi, à mon tour, arrêter cette thérapie au plus vite.

Après le stage auquel je venais de participer *(pourtant simplement en tant que traducteur)*, je réalisais que pour aller voir un thérapeute, il fallait bien que je me perçoive comme étant « malade ». Si je voulais vraiment aller bien, il allait bien falloir qu'un jour ou l'autre, je me perçoive comme allant bien.

Mais quand ?

J'avais compris grâce à Martin que ce n'était en fait qu'une décision à prendre et à maintenir.

Je me sentais tellement bien suite à ce stage que je décidais que le moment était venu pour moi d'arrêter ma thérapie.

Ce que je fis avec la bénédiction de Jean-Marc dès la séance suivante qui avait été prévue pour quelques jours plus tard.

Une nouvelle vie s'ouvrait à moi...

CHAPITRE 9
Ça marche...

Après ce premier stage d'amélioration de la vue, je devais traduire la semaine suivante un stage plus spécifiquement orienté vers la guérison.

Au cours de ce stage, j'allais à nouveau de découvertes en découvertes. Je comprenais mieux maintenant comment fonctionnait ce que j'avais fait pendant plus de deux ans de manière totalement intuitive en imposant les mains.

Je découvrais avec ce stage le potentiel de la méthode que Martin avait mis au point et je me disais : *« Mais c'est vrai, Tout peut* ***réellement*** *être guéri. »*. Et du fait de ma sensibilité envers les homosexuels, je pensais aussi : *« Plus tard, je serai spécialiste de la séropositivité et du Sida.»*.

Fait étonnant, une ou deux semaines plus tard, je devais passer une visite médicale. Je m'y suis rendu avec mes lunettes en me disant, alors que j'étais sur le point d'être testé pour ma vue :

> -« *Patrice, tu viens de participer à un stage d'amélioration de la vue, tu sais que tu peux voir clairement...,* ***tu SAIS que tu peux voir clairement !***»

Ayant pris une forte inspiration et fermé les yeux pendant une seconde afin de me concentrer, je débutais les tests. Je lisais sans problèmes tout ce que je devais lire ! Le médecin conclut le test par un :

> -« *Parfait, tout va bien...* » .

Je me souviens avoir dit à ce médecin :

> -« *Mais Docteur, ce n'était pas comme ça au dernier test, je pense. J'avais eu un problème de vue, non ?* ».

Étudiant mon dossier, elle me dit alors :

> -« *En effet, vous aviez 5 et 7 Dixième l'année dernière.* »

Je lui expliquais alors que je venais de suivre un stage d'amélioration de la vue, que tout était en fait dans la conscience et que c'était là qu'il fallait chercher la solution de nos problèmes. Elle montra un certain intérêt à ce que je lui disais mais, très vite cependant, me renvoya à mes activités.

Sur le moment, j'étais quand même surpris. Bien sûr, j'avais « participé » à un stage d'amélioration de la vue, mais en tant que TRADUCTEUR ! Je n'avais même pas pu faire tous les exercices que Martin Brofman suggérait, je ne les avais que traduits ou entendus ! Néanmoins, je peux comprendre maintenant ce qui c'était passé.

Je crois que tout démarre dans notre conscience et que tout n'est qu'un état de conscience.

Vous pouvez bien comprendre que la différence entre quelqu'un d'heureux et de malheureux, c'est un état de conscience. Et bien, je pense que la différence entre quelqu'un qui a de la « chance » ou pas, c'est aussi un état de conscience. La différence entre quelqu'un en bonne santé ou pas..., toujours un état de conscience. La différence entre quelqu'un qui voit clairement ou pas..., encore un état de conscience.

Un état de conscience peut s'atteindre en une seconde. Il suffit de changer sa conscience. C'est simple, non ?

Bien sûr que c'est simple. Par contre, s'il est sûr que le processus est simple, est-il pour autant facile ?

Pas nécessairement. Cependant, ce qui est sûr, c'est qu'il est possible.

Et c'est le plus important.

Rappelez-vous toujours **qu'il n'y a rien que vous ne puissiez faire, qu'il n'y a que des choses que vous n'avez *pas encore* appris à faire.**

Et, quoi que vous vouliez faire, vous allez vous aussi maintenant pouvoir *choisir* de le faire puis apprendre à le faire.

Je réalisais a posteriori ce qui s'était passé pour moi et ma vue.

Alors que je traduisais ce stage et que j'entendais en anglais pour la première fois ce qui fait que l'on peut devenir myope, alors que je comprenais mieux le fonctionnement de ma conscience, j'allais de prises de conscience profondes en découvertes sublimes... et de découvertes sublimes en illuminations... Tout était si simple...

En moi, c'était une suite de réalisations du type :

-*« Bon sang, mais c'est bien sûr ! ! ! ».*

Je comprenais qu'il était « normal », compte tenu de mes expériences passées d'avoir développé cette myopie.

En même temps, je comprenais aussi qu'il était <u>nécessaire</u> que je me transforme, qu'il était <u>nécessaire</u> que je choisisse de regarder ces situations vécues différemment et qu'il était <u>nécessaire</u> que je choisisse de percevoir mon futur d'une autre manière. En fait, c'était la seule chose nécessaire à ma guérison. En guérissant, mon corps n'avait fait par la suite que « s'aligner » sur ma nouvelle décision, sur ma nouvelle conscience.

Beaucoup de personnes croient que la guérison est un état physique, mais pour moi, ce n'est pas vraiment le cas. La guérison est d'abord un état de conscience. C'est la base des stages que j'anime régulièrement et c'est ce qui me permet, parfois, de voir des choses apparemment miraculeuses se produire au cours de ces stages.

Ayant vu par la suite ce même processus se produire pour d'autres personnes, j'explique toujours au début de ces stages que la guérison n'est pas un état physique mais plutôt un état de conscience et qu'elle peut donc, à ce titre, être très rapide. Je dois cependant reconnaître qu'il est vrai que parfois, elle prend plus de temps. Ceci est alors dû au degré auquel la personne se laisse se transformer ou **<u>qu'elle choisit consciemment</u>** de lâcher ses croyances limitatives du type « je ne mérite pas » pour **<u>choisir encore consciemment</u>** de développer, à la place, de nouvelles attitudes et habitudes du type « je mérite » !

Il est vrai néanmoins que même si la guérison peut être très rapide, beaucoup de personnes préfèrent souvent un processus plus lent, plus « rassurant ».

Pour moi au final, l'important n'est pas la rapidité avec laquelle une personne guérit mais simplement, qu'elle guérisse.

J'aime à dire que s'il a fallu à Dieu lui-même six jours pour faire le monde, alors, si notre guérison prend un peu plus de temps pour se manifester, ce n'est finalement pas bien grave.

L'important par contre est de toujours se souvenir d'abord d'où nous venons *(par exemple : la maladie, la vision floue, la dysharmonie, la tristesse...)*, ensuite de savoir vers où nous sommes en train d'aller *(la santé, la vision claire, l'harmonie, la joie...)* enfin, il s'agit de constater là où nous nous trouvons **maintenant**, relativement à ces deux points. Ceci nous permet alors de prendre conscience du mouvement et de la transformation que nous avons initiée. Une fois ces progrès constatés, il ne nous reste qu'à **accepter** cet état comme étant **naturel** pour nous.

Pour ma part, s'il est vrai que je réalise que ma vie peut encore grandement s'améliorer, au vu de ce que je sais être mon potentiel, j'ai conscience de là où je me trouvais lorsque j'avais 20 ans. Je sais également là où je suis maintenant. Et même si je sais que je ne suis pas encore arrivé là où je sais aller, je sais que là où je suis maintenant, c'est malgré tout BIEN MIEUX que là où je me trouvais à l'époque.

Et c'est ce qui m'incite à chercher toujours plus à me transformer.

L'important n'est pas nécessairement une transformation rapide *(bien qu'elle puisse l'être).*

L'important est d'avoir conscience que nous sommes en mouvement.

L'important est de prendre conscience **qu'en ce moment même**, nous sommes déjà plus proche de là où nous voulons être, même si nous reconnaissons en même temps que nous n'y sommes pas encore.

Une transformation lente et durable est bien plus intéressante qu'une transformation rapide mais éphémère. Car vous devez bien comprendre que si tout est un état de conscience, il ne s'agit pas pour guérir de « simplement » développer un nouvel état de conscience.

Il s'agit <u>en fait</u> de développer un nouvel état de conscience et de le <u>MAINTENIR</u>... C'est là où une maîtrise consciente de vos pensées peut s'avérer nécessaire.

Est-ce facile ?... pas nécessairement

Est-ce possible ?... OUI, de manière certaine.

Ce qui est sûr, c'est que ça vaut <u>VRAIMENT</u> la peine de le faire.

La seule question que vous pouvez vous poser maintenant est : *« Quand vais-je choisir de le faire ? »*

Est-ce que je vais choisir de changer **<u>maintenant</u>**, pour le simple plaisir d'expérimenter et de manifester **<u>maintenant</u>** une version plus grandiose de ce que je peux être ? Ou alors, vais-je attendre que la vie me pousse à changer, suite à une pathologie ou à des événements durs et/ou déplaisants, comme je l'ai d'ailleurs fait moi-même à l'époque?

Je sais maintenant qu'il n'est <u>pas besoin</u> d'attendre une telle intensité pour changer.

Je sais maintenant qu'avant d'attirer à moi et de manifester un événement ou une pathologie intense, l'Univers me donne des « signes » attirant mon attention sur le fait que quelque chose en moi doit changer... Quelque chose qui n'est pas juste pour qui je suis...

Cependant, est-ce que je perçois ces signes ? Est-ce que je les vois ?

Et même si je les vois, est-ce que je choisis pour autant d'en tenir compte et de changer ?

Le changement, la transformation ne sont finalement qu'un choix profond, sincère et déterminé.

Et je pense qu'il est bon que ce soit MAINTENANT que je décide de changer.

Vous pouvez vous aussi décider de changer **<u>MAINTENANT</u>**...

CHAPITRE 10
Et si je changeais, maintenant...

Les effets « secondaires » des stages auxquels j'avais participé ne tardèrent pas à se faire sentir. J'avais, au cours de ces stages, demandé profondément des changements dans ma vie. Martin m'avait bien prévenu que, bien que la forme extérieure du « travail » utilisée soit très douce, les effets en étaient néanmoins très puissants. Cependant, je ne soupçonnais pas à l'époque à quel point il avait raison ! ! !

Comme par « hasard », dans les deux mois qui ont suivi mes premiers stages, des bouleversements positifs majeurs se mettaient en place dans ma vie. J'arrêtais du jour au lendemain la thérapie débutée deux ans auparavant avec Jean-Marc. J'obtenais une promotion au sein de la société de restauration pour laquelle je travaillais avec augmentation de salaire et je déménageais avec Myriam pour emménager dans une petite maison que nous achetions ensemble.

Et tout cela n'était qu'un début.

Lors des premiers stages avec Martin, je l'avais entendu présenter une idée sur l'argent qui me semblait révolutionnaire. En fait, elle l'était vraiment car elle transforma ma vie à jamais.

Le processus que je vais vous expliquer maintenant se déroula en fait sur une période d'environ 18 mois au total.

Martin expliquait que nous ne devrions **JAMAIS** accepter de faire quelque chose pour de l'argent, à moins que nous n'acceptions de le faire gratuitement. Il disait que faire une chose simplement parce que nous allions être payés pour la faire n'était pas une raison suffisamment valable pour la faire. Nous devions faire les choses parce que nous avions envie de les faire et alors seulement, nous pouvions accepter d'être payés pour les faire.

Et tandis que j'entendais cette idée pour la toute première fois, j'étais profondément remué.

Il est vrai que j'aimais beaucoup mon travail dans la société de restauration pour laquelle je travaillais mais je réalisais que cette activité de traducteur me remplissait de joie et me faisait me sentir vraiment utile. En plus, on me payait pour faire cela ! C'était une activité tellement plaisante pour moi que j'aurais même accepté de payer pour pouvoir la faire ! Pourtant, on me payait à l'époque mille francs par jour pour ce « travail » qui était pour moi un vrai plaisir !

Ayant compris grâce aux stages auxquels j'avais participé que je pouvais créer ce que je voulais dans ma vie, je comprenais que, dans la vie, j'avais le choix.

J'avais le choix de faire, soit quelque chose qui ne me plaisait pas vraiment et d'accepter d'être payé pour la faire ou bien j'avais le choix de faire quelque chose qui me plaisait vraiment... et d'accepter d'être payé pour pouvoir la faire.

Je dois vous dire que mon choix fut vite fait ! Je décidais de créer un changement dans ma vie.

Je me livrais ainsi à une petite série de calculs : Martin enseignait à l'époque des stages de deux jours et parfois de quatre jours principalement dans la région Parisienne, en Suisse, dans le Sud de la France et en Belgique. Il avait à son service trois interprètes pour traduire ses stages. L'un d'eux travaillait sur la région parisienne *(c'était moi),* un autre, Yves, traduisait les stages se déroulant en Suisse et dans le sud de la France et un troisième, Pierre, qui s'occupait des stages donnés en Belgique.

Mes petits calculs m'amenaient à une conclusion bien simple. J'adorais traduire ces stages *(je l'ai déjà dit, je l'aurais fait gratuitement)* **donc**, selon les principes proposés, c'était une activité que je pouvais choisir de faire en acceptant d'être payé pour cela. Par contre, il y avait peu de stages en région parisienne et ça n'aurait pas été suffisant pour en vivre ! Cependant, si je devenais le seul interprète de Martin Brofman, cette activité pourrait être suffisante pour assurer mon train de vie.

Je décidais donc, à l'insu de Martin, puisque selon lui, tout était possible, de devenir son « unique interprète ».

J'étais persuadé que les principes qu'il enseignait étaient justes et il ne me restait plus qu'à les démontrer...

Cependant, un petit problème de conscience se posait pour moi : Si je devenais l'interprète unique de Martin, cela voulait dire qu'Yves et Pierre se retrouveraient « au chômage » et j'étais mal à l'aise avec cette idée.

Je décidais donc, puisque tout était possible, que tous les deux allaient trouver une autre activité, plus agréable pour eux, mieux payée et qu'ils allaient de ce fait me demander de les remplacer.

Je pense que lorsque vous voulez créer une modification de situation dans votre vie qui implique des changements pour d'autres personnes, il est toujours judicieux de souhaiter que cette transformation pour ces autres personnes soit aussi à leur avantage. Je sais bien sûr maintenant que ce n'est pas réellement nécessaire mais lorsque vous aurez réalisé que TOUT ce que vous pensez, dites ou faites vous revient tôt ou tard, je pense que très rapidement, vous souhaiterez vous aussi pour les autres des changements positifs.

À toute situation, il y a toujours une solution par laquelle tous les protagonistes peuvent sortir gagnants. C'est celle qu'il me semble personnellement préférable de choisir.

Quand je reçus un coup de fil d'Yves un ou deux mois à peine après avoir pris cette décision, je restais ébahi.

Il me téléphonait pour me dire qu'il avait rencontré une charmante jeune femme, qu'il voulait pouvoir passer plus de temps avec elle et me demandait si je pouvais dorénavant traduire les stages en Suisse à sa place ! ! !

Vous pensez si j'étais d'accord ! Tout ça marchait vraiment alors !

La bonne surprise pour moi était que les stages en Suisse avaient lieu sur quatre jours, ce qui signifiait pour moi une double paye...

C'est ainsi que progressivement, je commençais à gagner de plus en plus d'argent à faire ce que j'aimais vraiment. Bien sûr, au début, ces petits « extra » ne représentaient qu'à peine un quart de mes revenus de formateur, mais peu à peu, les rapports changeaient.

Je remarquais que, suite aux stages auxquels j'avais participé, les personnes que je recevais en séances individuelles me donnaient dc plus en plus d'argent alors que je les laissais libres de donner ce qu'elles voulaient. Au tout début, avant que je n'aie rencontré Martin, on me donnait généralement entre 50 et 100 francs pour une guérison. Puis, progressivement, le gens me donnèrent 200 à 400 francs. Puis, un jour, trois personnes que je recevais m'ont successivement fait la même remarque. Et pour moi, il était clair que c'était un signe auquel il fallait que je fasse attention ! Elles étaient mal à l'aise parce que je les laissais libres de me donner ce qu'elles voulaient et elles me demandaient de fixer un prix. Je leur expliquais donc, qu'à cette époque, les gens me donnaient généralement entre 200 et 400 francs et que, si elles le voulaient, 300 francs pouvaient être une base, même si je leur laissais la possibilité de donner ce qu'elles voulaient ou ce qu'elles pouvaient. C'est ainsi que je vis alors par la suite des personnes me donner bien plus que je ne leur demandais..., et cela me surprenait au plus haut point.

En fait, j'apprenais ainsi que, comme je ne me sentais pas vraiment à l'aise d'être payé pour ces séances individuelles, en raison du plaisir évident que j'y prenais, je ne reconnaissais de ce fait, ni la valeur du service que je rendais aux gens, ni ma propre valeur.

Par contre, les gens venant me voir reconnaissaient la valeur de mon « travail » et le symbolisaient par l'argent qu'ils me donnaient, m'obligeant ainsi à reconnaître moi-même ma propre valeur.

Ce processus était merveilleux à découvrir...

Quand vous commencez à voir comment l'Univers fonctionne, vous ne pouvez que vous émerveiller des moyens qu'Il utilise pour vous faire évoluer !

Au fil du temps, les sommes que je touchais soit en faisant des guérisons, soit des traductions, prenaient une proportion de plus en plus importante dans mes revenus globaux. Alors qu'au début ils ne représentaient qu'à peine un quart de mes revenus mensuels, progressivement, ce ratio devenait un tiers, puis la moitié, puis deux-tiers pour atteindre finalement trois-quarts de mes revenus mensuels.

C'est le moment où j'ai su que je pouvais arrêter mon activité salariée pour vivre dorénavant de ce qui me rendait pleinement heureux. Mais de ceci, nous en reparlerons par la suite.

Néanmoins, grâce à ces expériences, j'apprenais quelque chose de très important concernant l'argent.

Nous avons tous, pour la plupart d'entre nous, été élevés avec l'idée suivante :

> -« *Tu gagneras ton pain à la sueur de ton front* »[1].

Cette idée, même si j'ai conscience qu'elle peut être perçue comme étant vraie pour beaucoup d'entre vous implique que travailler doit être quelque chose de pénible, de déplaisant. Mais je réalise maintenant qu'il existe d'autres réalités toutes aussi vraies.

Des réalités toutes différentes.

Des réalités qui, selon moi, reflètent plus ce que je pense être les vraies valeurs spirituelles.

Jésus ne nous disait-il pas :

> -« *Regardez les oiseaux du ciel : ils ne sèment ni ne moissonnent ni ne recueillent en des greniers, et votre Père céleste les nourrit ! Ne valez-vous pas plus qu'eux ? Qui d'entre vous d'ailleurs peut, en s'inquiétant, ajouter une seule coudée à la longueur de sa vie ? Et du vêtement, pourquoi vous inquiéter ? Observez les lis des champs, comme ils poussent : ils*

[1] Dans la Genèse 3:17-19, la formulation exacte est : *« ... A la sueur de ton visage tu mangeras ton pain, jusqu'à ce que tu retournes au sol, puisque tu en fus tiré. »*

ne peinent ni ne filent. Or, je vous dis que Salomon lui-même, dans toute sa gloire, n'a pas été vêtu comme l'un d'eux. Que si Dieu habille de la sorte l'herbe des champs, qui est aujourd'hui et demain sera jetée au four, ne fera-t-il pas bien plus pour vous, gens de peu de foi ! Ne vous inquiétez donc pas en disant : qu'allons-nous manger ? qu'allons-nous boire ? de quoi allons-nous nous vêtir ? Ce sont là toutes choses dont les païens sont en quête. Or votre Père céleste sait que vous avez besoin de tout cela. Cherchez d'abord son Royaume et sa Justice, et tout cela vous sera donné par surcroît. Ne vous inquiétez donc pas du lendemain : demain s'inquiétera de lui-même. À chaque jour suffit sa peine.»[1].

Il nous disait aussi par ailleurs :

-«*Car l'ouvrier mérite son salaire...* »[2].

Il est vrai que souvent, dans notre société, nous pensons que travailler doit être quelque chose de pénible et de déplaisant mais je pense sincèrement que c'est faux.

Ce n'est qu'une perception qui évidemment, par le processus créateur des mots utilisés deviendra notre expérience par la suite.

Pourtant, chacun de nous est libre de changer ses propres perceptions pour changer ses propres expériences. Et quand vous choisissez de le faire, un tout nouveau monde s'offre à vous. Un monde dans lequel vous pouvez faire ce que vous aimez faire et en vivre. Un monde qui vous permet d'être la plus belle expression de ce que vous pouvez être.

La seule difficulté qui peut se présenter alors pour vous est d'accepter d'être payé pour faire ce que vous aimez faire.

En effet, beaucoup de gens ont du mal à accepter de recevoir de l'argent en prenant du plaisir. Il ne leur semble pas « normal »

[1] Matthieu 6:26-34 ; Luc 12:22-31
[2] Luc 10:7 ; Matthieu 10:10

d'être payés pour être heureux. Mais je crois que le Grand Être ne nous a pas placés sur Terre pour que nous souffrions.

Je pense qu'Il nous a placés sur Terre afin que nous choisissions de devenir ce que nous voulons être, ceci en utilisant le pouvoir créateur qu'Il a placé en chacun de nous. Et c'est ainsi que nous nous définissons chaque jour, à travers les paroles, pensées ou actions que nous projetons vers l'extérieur comme autant de signaux nous déterminant dans l'Univers, comme autant de messages que nous envoyons à l'Univers alors qu'inlassablement, nous lui disons à travers nos pensées, paroles et actions :

-« Voilà qui je suis et qui je choisis d'être »

Pour ma part, je crois que si ce que je fais est utile et « organique » à l'intérieur de « l'organisme », de la société dans laquelle je me trouve, ça fonctionnera toujours. Je suis « condamné » au succès. Par contre, si ce que je fais menace l'équilibre de « l'organisme », de la société dans laquelle je me trouve, mon action est par nature vouée à l'échec.

En effet, dans la nature, un processus « organique », c'est-à-dire encourageant la survie de l'organisme est toujours encouragé alors qu'un processus « inorganique », c'est-à-dire menaçant la survie de l'organisme est toujours découragé, l'organisme tout entier se mobilisant alors pour lutter contre ce processus non-organique.

Il est vrai que la relation avec l'argent peut être fascinante à étudier mais ce n'est pas l'objet de ce livre.

Sachez simplement que si, par vous-même, vous ne réalisez et n'acceptez pas votre propre valeur, l'Univers lui-même vous la reflétera.

Et vous avez tous une grande valeur...

Réalisez la, tous, au plus vite... et commencez à la manifester...

Choisissez de la manifester !

Choisissez de devenir **plus** que ce que vous aviez pensé être !

Et sortez de la prison mentale dans laquelle vous vous êtes soit enfermés vous-mêmes, soit dans laquelle vous vous êtes laissé enfermer.

Reprenez dès maintenant en main les rênes de votre vie et voyez-vous dès maintenant plus grands, plus puissants, plus heureux, plus aimants, plus patients, en meilleure santé et **AUTORISEZ –VOUS** à le devenir !

CHAPITRE 11
FAIS CE QUE TU AS ENVIE DE FAIRE...

Après près de six mois passés à travailler pour Martin, je réalisais de plus en plus que le « modèle » de guérison qu'il avait mis en place était vraiment merveilleusement bien pensé.

Bien que Martin n'ait réellement rien inventé de nouveau, il s'était inspiré, pour mettre au point ses stages, de techniques déjà existantes et les avaient combinées d'une manière originale. Il avait aussi réuni des connaissances déjà existantes des philosophies orientales, étudié le système énergétique humain et en avait compilé une espèce de synthèse très complète. Cette synthèse était simple et facile à comprendre pour les occidentaux peu familiarisés aux concepts orientaux.

Par exemple, pour mettre au point « L'Atelier de la Vue », il avait judicieusement combiné des outils directement inspirés de la méthode Silva[1] de contrôle mental dont il avait été instructeur et des outils directement inspirés de la méthode Bates[2]. Cette manière originale de combiner des outils à la fois physiques et mentaux rendait ainsi sa « méthode » plus globale. En y ajoutant des outils faisant référence au système énergétique humain *(les centres d'énergie ou Chakras)*, il en faisait un outil très complet travaillant simultanément sur les trois principaux aspects de notre être : le corps, le mental et l'esprit.

Avec des mots simples, il était capable de faire comprendre des concepts spirituels généralement très hermétiques.

---

[1] La Méthode Silva est une méthode dite de contrôle mental dans laquelle les participants apprennent à utiliser leur mental comme un outil pour changer des situations dans leurs corps ou dans leurs vies. Cette méthode a été mise au point par José Silva, un américain d'origine mexicaine après près de vingt ans de recherche. Elle a vu le jour en 1966 et s'inspire entre autre, des travaux d'Emile COUÉ. Des livres existent sur cette méthode, en particulier *« La méthode Silva, La réussite à la portée de tous »* de José Silva et Philippe Miele, préfacé par Lee Pascoe et paru aux Editions Hélios ou en version de poche chez Marabout.

[2] La Méthode Bates, mise au point par le Docteur William Bates propose différents types d'exercices physiques pour stimuler et re-dynamiser les fonctions oculaires. Cette méthode s'inspire entre autres choses d'exercices tirés directement du Hatha-Yoga. Ces exercices sont communément appelés « Exercices de mobilité oculaire » et ont été adoptés par les Optométristes.

Alors que je commençais à comprendre de plus en plus les principes de la guérison et de la transformation, je me disais qu'un jour, il serait très utile d'adapter ces outils pour aider plus spécifiquement des gens atteints de la séropositivité ou du Sida, sujet pour lequel je me sentais naturellement concerné.

Je ne savais pas encore à quel point j'étais concerné par ce sujet ! ! ! Je ne devais le découvrir que quelque temps plus tard.

À cette époque, je continuais évidemment à travailler dans la restauration durant la semaine, traduisant périodiquement des stages de guérison durant le week-end.

Alors que Martin et moi finissions d'animer la première journée d'un stage de deux jours, nous venions de recommander aux participants de se donner du bon temps ce soir là.

Il me semble maintenant évident qu'il est vraiment d'importance CAPITALE que chacun d'entre nous fasse ce que nous savons devoir faire pour pouvoir rester heureux et en bonne santé le plus longtemps possible. En effet, je crois sincèrement que si nous ne sommes pas heureux, nous ne pouvons pas espérer rester en bonne santé, très… très longtemps.

La recette du bonheur est après tout, si simple.

Pour être heureux, il suffit de faire ce qui nous rend heureux et d'arrêter de faire ce qui nous rend malheureux.

À nouveau, simple n'est-ce pas ? Mais il est vrai que ce n'est pas toujours facile à mettre en pratique !

Tout ça en fait n'est qu'une question de motivation. Mais je peux vous dire que si vous le mettez en pratique, vous ne le regrettez pas car ça en vaut vraiment la peine.

Toujours est-il que pour ma part, j'avais très envie ce soir là de vivre à nouveau une expérience sexuelle avec un homme. Je vivais avec Myriam depuis plus d'un an, n'ayant durant cette période jamais vraiment eu de désir pour un homme. Cependant, ce soir là, le désir était très présent et je décidais de m'accorder un « extra ».

Je me dirigeais donc, dès le stage fini, vers un lieu de rencontre « réservé aux hommes qui aiment les hommes ». J'y rencontrais un garçon charmant avec qui je passais un très agréable moment, très « safe sex »[1].

Je me sentais en pleine forme, heureux, comblé, alors que je rentrais rejoindre Myriam à la maison.

Le fait d'avoir côtoyé Martin durant quelques mois m'avait appris que la clarté est quelque chose de primordial. Clarté vis-à-vis de soi même, Clarté vis-à-vis des autres.

Je décidais donc de ne rien cacher à Myriam et de lui dire tout simplement, alors que j'arrivais à la maison :

> -*« Myriam, je viens de passer un moment avec un homme. »*

Ce à quoi, Myriam me répondit :

> -*« Écoute Patrice, tu peux faire ce que tu veux, par contre, si tu as envie de le refaire, je préférerais ne pas le savoir... »*

Et bien qu'avec ces mots, elle me prouvait son amour et son acceptation, ce n'était pas du tout ce que je ressentais.

Ce que je ressentais, c'est que j'avais fait quelque chose de mal, puisqu'elle préférait ne pas le savoir. Ainsi que le dit si bien Jacques Salomé[2]:

> -*« Ce n'est pas la personne qui parle qui fait la communication mais celle qui la reçoit. »*

Je décidai de ne pas en dire davantage sur l'instant. Cependant, un certain sentiment de culpabilité commençait à m'envahir. Je n'arrêtais pas de me dire, *« Tu n'aurais pas dû..., tu n'aurais pas dû... »*.

---

[1] Le « Safe-sex » est une expression anglo-saxonne signifiant littéralement « Sexe sans risque ». Il correspond à des pratiques sexuelles dites « sans-riques de contamination » ou, comme préfèrent le dire maintenant les médecins, à risques de contamination réduits *(Safer-Sex)*.

[2] Jacques Salomé est l'auteur de nombreux livres sur la communication et les relations.

Je réalise maintenant que cette culpabilité entretenue maintenait en moi ce désagréable sentiment, mais, en plus, elle me remémorait sans cesse l'agréable moment vécu avec ce charmant jeune homme. Ce qui fait que le désir de revivre à nouveau une telle expérience s'imposait de plus en plus en moi.

La culpabilité est une émotion intéressante à étudier. Elle semble venir de l'intérieur de nous-mêmes alors qu'en fait, elle vient d'abord de l'extérieur. Elle nous vient de nos parents, de notre société qui nous projette une image « dite » bonne. Si ce que nous souhaitons ou ressentons au plus profond de nous n'est pas en accord avec ce « bon modèle », alors, nous ressentons cette culpabilité.

C'est un des problèmes que notre société judéo-chrétienne a souvent envers la sexualité, qu'elle soit d'ailleurs hétérosexuelle ou homosexuelle. Pendant longtemps, la sexualité a été plus ou moins présentée comme quelque chose de tabou, voire sale, dégradant ou « mal ». Et il est clair que pour l'homosexualité, c'est malheureusement encore pire. D'où le conflit qui peut surgir lorsqu'une personne découvre sa sexualité.

Comment quelque chose de « mal » peut-il me faire du « bien » ? D'où les cortèges de culpabilités qui peuvent alors assaillir la personne, si bien sûr, elle les laisse rentrer en elle.

Je passais les quinze jours suivants déchiré entre, d'une part, mon désir d'être à nouveau avec un homme, et d'autre part, ce sentiment de culpabilité que j'avais accepté et créé, je dois bien maintenant le reconnaître.

Finalement, je décidais de m'autoriser à nouveau ce « petit extra » si plaisant.

Cependant, je dois dire que cette « foutue » culpabilité rendit l'expérience totalement inintéressante. Elle me minait.

Je la ressentais donc avant de rencontrer cet homme, pendant que j'étais avec lui et évidemment après.

De ce fait, autant l'expérience vécue deux semaines auparavant m'avait semblé riche et pleine, autant cette seconde expérience me semblait vide et dénuée de sens.

Évidemment, je ne disais pas à Myriam que j'avais eu cette nouvelle aventure « extra-conjugale », gardant en moi seul toute cette culpabilité, ne pouvant pas m'en « décharger » ainsi sur elle et lui permettant ainsi, à mon insu, de me miner encore plus...

CHAPITRE 12

Un voyage instructif...

C'est quelques jours plus tard que je devais aller en Grande Bretagne pour un week-end qui allait s'avérer extrêmement instructif.

En effet, il y avait à Londres une exposition Body-Mind-Spirit[1] sur laquelle Vicky Wall avait un stand pour présenter ses produits Aura-Soma. J'avais à l'époque l'occasion de l'aider régulièrement lors de telles manifestations où toutes les bonnes volontés sont les bienvenues.

Je me souviens que ce voyage me posait problème. En effet, pour cette même date, trois projets possibles s'offraient à moi.

Je pouvais soit aller en Belgique sur un salon du même type que celui se déroulant en Grande Bretagne pour y faire des guérisons avec d'autres amis guérisseurs, soit aller « soutenir » moralement une amie qui allait animer dans le Sud de la France son tout premier stage de guérison, soit donc aller voir Vicky à Londres.

Les trois options me tentaient toutes également et je ne savais que faire.

C'était jeudi soir et le lendemain matin, je devais prendre mes bagages pour partir dès ma journée de travail achevée, vers l'une des trois destinations. Que faire ?

Grâce à Martin Brofman, j'avais rencontré peu de temps auparavant des personnes charmantes, Lee Pascoe et Michael Dodson, enseignants de la méthode Silva dont nous avons parlé précédemment. Ils m'avaient à l'époque gracieusement invité à participer à leurs stages afin de me former à cette méthode. En effet, ils pensaient pouvoir avoir besoin de mes services d'interprète dans le futur et préféraient que je connaisse la méthode afin d'être plus performant dans la traduction.

---

[1] Il s'agit d'une exposition annuelle présentant une approche alternative et holistique à la santé. Différents exposants y présentent leurs méthodes ou produits. En France, les salons équivalents sont par exemple Marjolaine, Vivre et Travailler Autrement, Santé Autrement etc...

C'est d'ailleurs en suivant ces stages que je découvrais à quel point Martin s'en était inspiré pour mettre au point ses propres formations. Il ne s'en était par ailleurs pas caché ayant lui-même été par le passé instructeur de la méthode Silva, grâce à laquelle il s'était guéri de son cancer en phase terminale.

Alors que je participais à ces stages, j'y découvrais de formidables outils de transformation. De plus, ces outils étaient simples, pratiques, concrets et facile à pratiquer par n'importe qui.

Ayant ce choix Cornélien à faire entre Londres, Bruxelles et le Sud de la France, je pensais alors à une technique très simple de résolution de problèmes que j'avais appris dans les stages de la Méthode Silva : « La technique du Verre d'eau ».

Cette technique s'utilise lorsque vous ne savez pas quelle décision prendre à un moment donné de votre vie. Peut-être vous aidera-t-elle vous aussi.

Voici comment cela fonctionne. Cette technique en deux étapes se pratique généralement le soir au coucher. Si vous avez un choix à faire, un problème à résoudre, prenez un verre que vous remplissez d'eau. Puis, juste avant de vous endormir, relaxez-vous en prenant au moins trois respirations lentes et profondes et en vous sentant vous détendre de plus en plus à chaque expiration. Normalement, après 3 respirations profondes de ce type, vous êtes au « niveau » idéal pour pratiquer cet exercice.

Prenez alors votre verre d'eau et fermez les yeux. Levez-les intérieurement et buvez la moitié de l'eau alors que vous vous dites mentalement :

> -« *Voilà, c'est tout ce que j'ai à faire pour trouver la solution de mon problème qui est* :... ici, vous formulez mentalement votre problème... ».

Rouvrez vos yeux et reposez alors le verre sur votre table de nuit.

Vous pouvez alors vous endormir.

Le lendemain matin, dès que vous vous réveillez, vous pouvez à nouveau prendre 3 respirations profondes bien que, généralement, vous soyez naturellement calme au réveil, et passer à la deuxième phase de cette technique.

Prenez à nouveau votre verre d'eau resté sur la table de nuit, et, à nouveau, fermez les yeux, levez-les intérieurement et buvez le reste de l'eau en vous disant mentalement :

> -« *Voilà, c'est tout ce que j'ai à faire pour trouver la solution de mon problème qui est* :... ici, vous formulez à nouveau mentalement votre problème... ».

Avec cet exercice, dans les 24 heures suivant le début de la technique, vous devez obtenir la réponse à votre question. Cette réponse peut d'ailleurs vous être parvenue durant la nuit par un rêve, elle peut tout aussi bien vous apparaître dans la journée sous forme d'une idée qui s'impose à vous, d'un message entendu, d'un mot lu sur un panneau publicitaire ou un magazine, d'une question qui s'impose à vous et qui vous donne simultanément la réponse ou que sais-je encore...

Je devais partir le vendredi soir pour l'une des trois destinations. Ne sachant pas ce que j'allais faire pour ce week-end, je pratiquais donc cette technique le jeudi soir, me répétant mentalement alors que je buvais la moitié du verre d'eau :

> -« *Voilà, c'est tout ce que j'ai à faire pour trouver la solution de mon problème qui est de savoir où aller ce week-end, à Bruxelles, à Londres ou dans le Sud de la France* ».

Lorsque je me réveillais le lendemain matin, je ne savais toujours pas quoi faire.

Je buvais donc à nouveau le reste du verre d'eau en me répétant ma petite phrase « magique ».

Je préparais mon sac de voyage, le chargeais dans ma voiture, ne sachant pas si, le soir même, j'irais à Londres, à Bruxelles ou dans le Sud.

Durant la matinée, alors que j'étais affairé au travail, une idée puissante me traversa l'esprit :

> ***-« Patrice, si tu devais mourir après ce week-end, qu'aurais-tu aimé faire parmi ces trois options... avant de mourir ? »***

J'étais émerveillé de voir comment la technique du verre d'eau m'apportait ainsi la solution de mon problème...

Sur le coup, tout devenait d'une extrême simplicité.

Il me semblait évident, que si ce week-end devait être mon dernier sur terre, je voulais revoir Vicky une dernière fois avant de partir. Elle m'avait tellement apporté ! ! !

Je me dis donc :

> *-« OK, Patrice, tu vas à Londres ce soir... »*

À peine m'étais-je formulé cette pensée que je me suis dis :

> *-« Mais tu ne peux pas aller à Londres, ça coûtera trop cher et tu n'as pas assez d'argent ; il te faut prendre le bateau, c'est cher, et puis, il te faudra un hôtel, encore plus de frais... »*

Heureusement que j'avais déjà en moi tous ces outils. J'avais à nouveau un problème, je me suis dit alors :

> *-« Fais à nouveau la technique du verre d'eau !».*

Du fait que nous étions en pleine journée et que j'avais besoin d'une réponse très rapide, j'adaptai la méthode en buvant cette fois le verre d'eau d'un seul trait, ne pouvant me permettre d'attendre le soir pour la pratiquer.

> ***Et mentalement, je me disais:***

> *-« Voilà, c'est tout ce que j'ai à faire pour trouver la solution de mon problème qui est de savoir comment aller à Londres sans argent ».*

Rassuré et faisant confiance à la technique, je reprenais mes activités.

Au début de l'après-midi, un flash me traversa l'esprit. On me disait :

> -*« Patrice, c'est simple d'aller à Londres sans argent ! Voilà ce que tu vas faire : Tu n'as qu'à te rendre avec ta voiture à Calais. Sur le port de Calais, là où se présentent les véhicules pour la Grande Bretagne, tu feras du stop. Un camionneur te prendra dans son camion et t'emmènera avec lui à Londres. »*

C'était si simple ! Comment n'y avais-je pas pensé avant ! Merci le verre d'eau ! ! !

C'est ainsi que je me rendis le soir même à Calais.

Une fois sur place, ainsi qu'« une petite voix intérieure » me l'avait fait ressentir, je fis du stop et un camionneur me prit à son bord pour rentrer dans le bateau.

J'ai même eu mon repas offert, les camionneurs bénéficiant de repas gratuit ! Et ainsi que cette « petite voix » m'en avait informé, ce camionneur me véhicula jusqu'à une station de métro à l'entrée de Londres. Je trouvais facilement un petit hôtel et c'est ainsi que le samedi matin, je retrouvais avec beaucoup de joie sur le salon *« Body, Mind and Spirit »,* cette femme étonnante qu'était Vicky Wall.

Je m'installais donc sur son stand, expliquant aux gens les principes de la thérapie par les couleurs et des produits Aura-Soma, faisant parfois de lectures d'Aura aux personnes passant sur le stand.

Après une journée bien remplie, j'étais invité à loger chez une amie travaillant elle aussi sur le stand et je pensais, à nouveau, que j'avais bien eu tort de m'en faire pour les frais d'hôtel.

L'Univers me prenait en charge à nouveau.

Merveilleux Univers...

Le lendemain, je profitais de prendre un peu de temps pour visiter l'exposition car la veille, j'avais été tellement occupé sur le stand que je n'avais rien pu voir.

Alors que je me promenais au fil des allées, je découvris un stand qui présentait la photographie Kirlian. J'avais bien sûr déjà entendu parler de l'aura et de ce processus d'électro-photographie permettant de la représenter sur papier mais je n'avais jusqu'alors jamais vu cette machine.

Je décidai donc de m'offrir une photo de mon aura. D'autant plus qu'il y avait ce jour là sur le stand de Vicky une femme maîtrisant l'interprétation de ces photos. Elle animait d'ailleurs des stages sur la photo Kirlian et son interprétation.

C'est donc tout fier que je retournais sur le stand Aura-Soma et que je présentais à cette amie la photo de mon Aura.

Alors qu'elle la regardait attentivement, elle me dit :

> -« *Dis donc Patrice, tu as l'air fatigué en ce moment,... et... oh..., tu n'as pas beaucoup d'énergie,... et puis, il y a quelque chose de bizarre qui se passe pour ton sang... et alors, ton immunité,... elle semble bien basse...* »

Imaginez un peu ce qui a pu se passer en moi sur le moment.

Ok, j'avais eu des relations homosexuelles.

Ok, j'avais eu des pratiques à risques, mais ce n'était pas arrivé souvent et surtout, il y avait si longtemps,

Ok, j'avais parfois des coups de fatigue. Mais quand même !

J'avais l'impression qu'elle m'annonçait que j'avais le Sida... J'étais bouleversé.

Je restais sur le stand jusqu'à 15 ou 16 heures puis, je pris congé de Vicky. Il fallait après tout que je retourne à Calais en stop, pour être à mon poste à Paris lundi matin...

Ce n'était pas la grande forme je dois dire. L'idée du Sida me hantait.

Je montais dans un bus sensé me sortir de Londres et m'amener à Greenwich où je pourrais faire du stop pour Douvres et y prendre un bateau.

Au bout d'un long moment de détour dans la grande banlieue londonienne, je commençais à m'inquiéter. De manière évidente, je n'allais pas vers Greenwich, j'en étais certain, connaissant bien Londres et sa périphérie.

Après avoir reçu confirmation du chauffeur, je descendais du bus et me retrouvais dans une petite ville de banlieue, sans aucune indication pour aller vers Greenwich, dans une zone paumée où il y avait à peine trois pelés et un tondu.

Après les avoir chacun questionnés en vain, je me sentais vraiment mal.

Le temps passait, j'allais manquer les bateaux, comment allais-je rejoindre Paris... Tout allait mal !

Et soudainement, dans un accès de colère-prière, j'invoquai ce que j'appelais les forces « d'en haut ».

Je leur dis :

> -« *Ecoutez, j'ai vraiment besoin d'un coup de main MAINTENANT. Envoyez-moi* ***MAINTENANT*** *quelqu'un pour m'indiquer la route pour aller à Greenwich.* »

À peine avais-je fini cette pensée qu'une personne tournant le coin de la rue venait droit sur moi. En moi, je me disais :

> -« *Ça marche ! ! !* »

Je la questionnais et elle me dit :

> -« *Je ne sais pas, mais allez voir ce monsieur qui est là-bas, lui, il saura* »

À nouveau, je me disais,

> -« *Finalement, tout ça, c'est des conneries... Tu vois, tu « leur » demandes de l'aide et « ils » t'envoient un incompétent...* »

En fait, je m'en repentis bien vite, car la personne qui m'avait été indiquée me fournit toutes les informations nécessaires pour accéder rapidement à Greenwich !

Comme quoi, il faut parfois tourner sept fois sa langue dans sa bouche ou plutôt dans son esprit avant de PENSER quelque chose...

Toujours est-il que je me retrouvais à faire du stop et très rapidement, dès la deuxième voiture en fait, je trouvais un chauffeur.

Malheureusement, ce monsieur n'allait pas jusqu'à Douvres et il me laissa au bord de la route, à 20 ou 30 kilomètres environ de Douvres.

Me revoilà donc en train de lever le pouce.

Et devant moi les voitures passaient, passaient, passaient...

Et en moi les idées négatives affluaient, affluaient, affluaient...

> -« *Mais comment veux-tu qu'une voiture te voit, elles vont bien trop vite ici !..., Elle n'ont pas la place pour s'arrêter !... À cette heure ci, tu n'auras plus de bateau !... Tu as perdu trop de temps avec le mauvais bus !...* »

J'étais très énervé car ça faisait maintenant près d'une heure que je poireautais au même endroit et le temps passait, limitant mes chances d'avoir un bateau à temps.

Au bout d'un moment, il était VRAIMENT nécessaire que je mette de l'ordre dans ma tête.

J'avais en effet appris à devenir observateur de mes pensées pour pouvoir en reprendre le contrôle si je réalisais qu'elles ne m'aidaient pas.

Et à ce stade, il était plus que nécessaire que je me remette en ordre !

Je commençais à me demander :

-« Patrice, pourquoi as-tu créé cette situation ? »

Je réalisais tout d'abord que la confusion mentale dans laquelle je me trouvais pouvait en être une cause. D'autre part, je prenais conscience aussi de toutes les croyances limitatives

que j'entretenais par rapport au fait qu'il était « impossible » que les voitures me voient et me prennent.

Et tandis que je continuais mon analyse, je réalisais SURTOUT que je REFUSAIS TOTALEMENT la situation telle qu'elle était.

Or, j'avais appris qu'il ne sert à rien de résister à une circonstance. Après tout, c'est vrai, que ça me plaise ou non, cette circonstance existe, ici et maintenant.

Je savais ce qu'il me restait à faire.

Après avoir respiré calmement, profondément, je commençais à nouveau une conversation avec mes amis « d'en haut ».

Elle était de ce style :

> -« *Bon, c'est vrai, je reconnais ne pas avoir accepté et même avoir résisté à l'expérience que vous m'avez envoyée. Alors voilà, je veux bien rester ici une heure ou même deux de plus s'il le faut, mais j'aimerai* ***VRAIMENT*** *avoir une voiture* ***MAINTENANT*** *pour avoir un bateau avant qu'il ne soit trop tard.* »

À peine avais-je fini ma phrase qu'une voiture s'arrêta et me prit en stop. Non seulement le conducteur allait à Douvres mais, en plus, il était commandant de navire et il me laissa donc juste devant la porte de l'embarquement pour les ferries !

Coïncidence me direz-vous ? Peut-être... mais très honnêtement, j'en doute, même si, à l'époque, c'est vrai que je me posais souvent cette question.

Cependant, à ce jour, j'en ai tellement vécu, de ces hasards et de ces coïncidences, que je SAIS que ça ne peut pas en être.

Et ainsi que j'aime parfois à le dire dans les stages :

> -« *Un jour, vous devrez quand même* ***OUVRIR*** *vos yeux pour voir et réaliser que M. Hasard et Mme Coïncidence n'ont pas les épaules assez larges pour supporter tout ce que vous y mettez... Réveillez-vous enfin... Le plus vite sera le mieux.* »

Arrivé dans le hall d'embarquement, je me ruais vers le bureau d'enregistrement, constatant qu'un bateau partait dans moins d'une demi-heure. Je me disais : *« À cette heure-ci, plus le temps de faire du stop pour trouver un camion, il faut que je sois à Paris au plus vite »,* d'autant que le bateau suivant était deux heures après.

Alors que je commandais mon billet, la personne me fit savoir que le bateau était complet et que je devrais prendre le suivant. Et pas moyen de lui arracher une dérogation.

Évidemment, alors que je retournais m'asseoir dans la salle d'attente, je lui en voulais personnellement à ELLE, <u>ELLE</u> qui me faisait rater <u>MON</u> bateau ! ! !

Instantanément, après un court instant de colère / panique / refus de cette situation, je réalisais subitement que tout ça en fait, c'était un « test ».

Bon sang, mais c'est bien sûr !... C'est un test !...

Un test que mes amis « d'en haut » étaient en train de me faire passer. Ils voulaient voir si à nouveau, je résistais à ce qui est ou si j'acceptais ce qui est.

En un instant, je fermais les yeux, je me remplissais d'amour et je leur parlais à nouveau de cette manière :

> -*« Ok les gars..., je comprends votre petit jeu. C'est vrai que je refusais de devoir prendre le bateau suivant... , c'est vrai que je refusais de devoir rester ici deux heures de plus alors ok,* ***J'ACCEPTE****, je veux bien rester ici deux heures de plus s'il le faut, mais j'aimerai* ***<u>VRAIMENT</u>*** *pouvoir monter sur le premier bateau qui me permettrait de rentrer plus tôt sur Paris. »*

Une fois ma « conversation » achevée, je me sentais calme, paisible et confiant alors que je rouvrais les yeux.

Je me levais calmement, rempli d'amour, et m'adressais à la caissière qui m'avait éconduit quelques minutes auparavant, tandis que je m'imaginais lui envoyer plein d'amour :

> -« *Bonjour, vous m'avez dit que le bateau partant maintenant était plein... (et en moi, je pensais : Amour, Amour, Amour...) mais peut-être pourriez vous vérifier... (Amour, Amour, Amour...). Peut-être pourriez-vous appeler à bord... (Amour, Amour, Amour...) car il y a peut-être eu des désistements de dernière minute... (Amour, Amour, Amour...)»*

Elle prit son téléphone, je l'entendis dire quelques mots, alors que je me répétais comme une mélopée :

> -« *Tout va bien,... Tout va bien,... Tout va bien,... Tout va bien,... Tout va bien,... Tout va bien,... Tout va bien,... Tout va bien,... Tout va bien,... Tout va bien,...* »

C'est alors que sans un mot pour moi, continuant sa conversation téléphonique, elle me tendit une carte d'embarquement, m'indiquant par un geste rapide de la main le chemin à suivre...

Je la remerciais et me ruais vers le bateau en explosant de joie, espérant ne jamais oublier cette magnifique leçon d'acceptation...

L'univers était vraiment merveilleux, tellement merveilleux...

CHAPITRE 13

Bienvenue au Club !

Une fois rentré sur Paris, je reprenais mon travail et mes habitudes.

La relation avec Myriam avait grandement changée. Je nous trouvais plus distants qu'auparavant.

D'autre part, j'étais soucieux de ce que m'avait dit cette amie en interprétant la photo de mon aura. La peur du SIDA me hantait et les mots qu'elle m'avait dit me revenaient souvent dans la tête.

> -« *Dis donc Patrice, tu as l'air fatigué en ce moment, et... Oh, tu n'as pas beaucoup d'énergie ! De plus, il y a quelque chose de bizarre qui se passe pour ton sang... Quant à, ton immunité,... elle est bien basse...* » ...

Finalement, n'en pouvant plus, je décidais d'aller passer un test de dépistage dans un dispensaire anonyme et gratuit du 20ème arrondissement.

Il fallait que je sache. Ne pas savoir devenait insupportable.

Je me retrouvais donc dans cette salle d'attente, en train de remplir un questionnaire, alors que les personnes présentes se dévisageaient du coin de l'œil.

Je voyais une femme, probablement venue chercher des résultats de tests, qui sortait du cabinet du médecin les yeux rougis par les larmes.

L'ambiance était lourde et pesante.

Quand vînt mon tour, je donnais mon questionnaire pendant qu'une infirmière souriante me faisait une prise de sang.

> -« *Jusque là, ça va...* » pensais-je, tel l'optimiste en train de chuter du haut de son immeuble...

Elle colla une série d'étiquettes sur les flacons, une autre sur une carte qu'elle me tendit en m'informant que je devais repasser 15 jours plus tard pour les résultats. Avec cette carte précisa-t-elle ! C'était en effet mon « sésame » pour gagner le droit d'avoir mes résultats !

Il est vrai qu'à cette époque, nous étions en mai 1989, les laboratoires étaient très lents à délivrer les résultats. Heureusement, de grands progrès ont été réalisés depuis, permettant de réduire considérablement cette très pénible période d'attente et de doute.

Ces 15 jours me semblèrent longs, très longs, trop longs.

Quinze jours à penser inlassablement :

> -« *Je le suis ou je le suis pas ?... Mais, oui, bien sûr que tu l'es... mais non, ce n'est pas possible, ça ne peut pas t'arriver à toi... Mais non, tu ne l'es pas... arrête de flipper pour rien Patrice,... Ce qu'elle a vu dans ton aura, c'était juste quelque chose de passager... Tout va bien... Oui mais quand même, tu es homo, tu as pris des risques par le passé... Mais oui, mais j'avais à peine 18 ou 19 ans à l'époque, c'était trop tôt pour pouvoir être contaminé... Non, non, NON, ... tu te fais des idées,... tout va bien... tout va bien... Mais oui, mais si tu l'avais quand même... Oh oui, c'est sûr, avec la chance que j'aie, je l'ai, c'est sûr... Mais non, non, non... je ne l'ai pas, c'est pas possible... pas moi... pas maintenant, je suis trop jeune... !!!*»

Quinze jours à devoir faire face à la clientèle, et avec le sourire s'il-vous-plaît :

> -« *Bonjour Madame, , vous allez bien aujourd'hui ? ... Oui, oui... ça va... Et qu'est-ce que vous prendrez aujourd'hui... un petit steak comme d'habitude... avec des frites ou des haricots verts ?... D'accord... Merci et bon appétit... Bonjour Monsieur, ça roule pour vous ?... Oui, oui... ça va...* »

Et en moi, je pensais en voulant leur hurler à tous :

> -« *Ça va, ça va, ça va... non !... Ça ne va pas !..., Ça ne va pas !..., Ça ne va pas ! ! !... j'ai peur !... j'ai peur !... j'ai peur !... Peur d'avoir peut-être le sida,... Peur d'être malade,... Peur de crever,... Peur de mourir tout*

> *seul dans une chambre d'hôpital,... Peur de me faire rejeter par Myriam,... par mes parents,... par mes amis,... par mes frères et sœur... par mes collègues... par mon patron... par vous !... J'ai peur de me retrouver seul, rejeté, malade,... Peur de souffrir,... Peur de me voir maigrir et pourrir de l'intérieur,... Peur d'avoir peut-être contaminé quelqu'un... j'ai peur ! Merde alors ! Ça ne va pas !... Non, Ça ne va pas !...»*

Mais que pouvaient-ils y faire ?... Rien.

Ils ne pouvaient pas savoir... et probablement pas comprendre.

Alors, il me fallait patienter... patienter... patienter avant de recevoir le verdict final.

Le jour J étant finalement arrivé, je me rendis au dispensaire avec mon « sésame » en main.

Je fus reçu assez rapidement par une femme médecin qui me fit asseoir et, baissant la tête sur mon dossier, m'annonça la terrible nouvelle.

Elle me disait que, pour plus de sécurité, ils allaient me refaire un prélèvement qui serait à nouveau analysé afin d'avoir une confirmation.

Ce fut un peu comme si le sol se dérobait sous mes pieds.

Elle parlait, parlait, parlait ... mais c'était comme si je ne l'entendais pas vraiment... Elle me semblait si lointaine... si lointaine...

En moi, je me disais : *« Et bien voilà, tu voulais aider les gens en te spécialisant sur la séropositivité et le Sida, et bien, Bienvenue au club ! ! ! ».*

Je ne réalisais évidemment pas à l'époque la perfection du moment.

Dans l'état de torpeur dans laquelle je me trouvais, j'allais comme un zombie me faire prélever quelques tubes de sang puis je sortais dans la rue.

J'entrais dans une cabine téléphonique pour appeler une amie et après quelques mots, je m'effondrais en larmes en lui annonçant la nouvelle.

Elle avait suivi des stages et sût trouver des mots apaisants.

Après tout, c'est vrai, dans mon apparent « malheur », j'avais de la chance. Je n'étais pas tout seul, j'avais à ma disposition des connaissances et des outils de transformation très puissants.

Il ne me restait plus qu'à les utiliser.

Lorsque Myriam rentra le soir, je lui annonçais la nouvelle.

Elle prit la chose calmement, avec sa sagesse naturelle. Pour ma part, des vagues de larmes m'emportaient régulièrement alors qu'il me semblait que pour moi, tout était fini...

Et puis, comme d'habitude, le temps fit son effet.

L'Univers est fait de telle manière qu'il y a toujours deux extrémités à un tunnel. On rentre dedans à un moment, mais de toutes manières, on en ressort à un autre moment.

Très rapidement, je repris mes esprits, réalisant que toutes les expériences que j'avais vécues jusque là l'avaient été pour me donner des outils et la force de me sortir de cette situation.

Lorsque j'informais Martin de l'annonce de cette séropositivité, il réagit de manière formidable car immédiatement il me dit :

> -*« Ecoute Patrice, je t'invite à participer au prochain stage que j'anime. Tu devais le traduire, je sais, mais ne t'inquiète pas,...Je vais demander à Yves de le traduire à ta place et tu vas te donner ces quatre jours pour travailler sur ta guérison. »*

Lorsque je retournais au dispensaire quelques temps plus tard chercher les nouveaux résultats, je dois dire que je me sentais bien plus fort.

Le médecin m'ayant reçu deux semaines plus tôt m'annonça que les tests étaient malheureusement confirmés. Elle commenta alors les analyses plus précises qu'ils avaient pratiquées.

Il semblait que j'étais déjà, selon elle, dans un stade assez avancé de la maladie, mes T4 étant quand même bas, selon les normes médicales puisque je n'en avais qu'environ 180. Elle m'expliquait qu'on définissait généralement différents stades d'évolution et que j'étais en phase 3 ou 4, phase de « pré-Sida ». Elle m'annonçait qu'à ce stade, il était très important que je commence un traitement et commença à rédiger une ordonnance afin que je me rende dans un hôpital parisien pour y recevoir de l'AZT. *(C'était le seul « traitement » proposé à l'époque.)*

Je lui expliquais alors calmement que ce n'était pas la peine. Que je n'irai pas chercher cette médication.

Comme je savais que rien n'arrivait par hasard et que tout démarre dans notre conscience, je lui demandais aussi s'il était possible de savoir à peu près quand j'avais été contaminé. Cette information me paraissait très utile afin que je puisse faire mon introspection et voir dans ma conscience le facteur ayant pu déclencher cette contamination. Après un petit soupir, elle me dit :

> -« *Vous savez, c'est assez difficile d'évaluer avec précision, mais au vu du peu de T4 que vous avez... (Merci Docteur, c'est rassurant !), je dirais qu'il y a probablement au moins six à huit ans...* »

Je commençais alors à lui expliquer certains principes de guérison, l'approche par la pensée positive que je voulais mettre en place pour parvenir à ma guérison et elle eut une très belle réaction.

C'est comme si elle me rassurait en me disant combien elle était sûre que cette approche pouvait m'aider. Elle m'expliqua comment des personnes qu'elle suivait depuis des années pouvaient avoir des évolutions remarquables dès qu'elles avaient une passion qui les animait. Elle me disait :

> -« *Même si c'est la culture des petits pois, je vois que ça aide les patients à stabiliser l'évolution alors que d'autres s'effondrent en quelques mois...* ».

Elle me raconta aussi l'histoire de couples hétérosexuels ou homosexuels « serodiscordant[1] » n'utilisant pas de préservatifs après en avoir discuté entre eux et dont le partenaire « sain » n'était jamais contaminé.

À ce sujet d'aillcurs, Myriam n'avait, Dieu soit loué, pas été contaminée. Je peux évidemment comprendre maintenant pourquoi. Elle n'avait tout simplement pas décidé de mourir. Mais de cela, nous allons en reparler.

Cette femme médecin m'expliqua ainsi qu'elle constatait par son expérience que les attitudes positives étaient déterminantes dans l'évolution ou la non évolution de la maladie.

Elle me montra alors une revue médicale, dans laquelle une histoire surprenante était rapportée.

C'était l'histoire d'un jeune homme ayant développé un Sarcome de Kaposi[2]. L'article expliquait comment il avait un jour « décidé », que ces horribles taches sur sa peau n'étaient en fait que des taches d'encre et comment, chaque fois qu'il se lavait, il imaginait que l'eau les faisait disparaître progressivement. Au bout d'un certain temps, elles avaient disparu ! Malheureusement, cet article concluait ironiquement avec un « exotique, non ? »

Il semble qu'à ce jour, les choses aient un peu changé et que les chercheurs commencent réellement à s'intéresser aux personnes qu'elles considèrent maintenant comme des « longs survivants du Sida » ainsi qu'à ce qu'ils appellent les « cofacteurs »[3].

---

[1] Un des partenaires est séropositif et l'autre non.

[2] C'est une des maladies associée au Sida, parfois décrite comme une sorte de « cancer » de la peau. Il s'agit d'une prolifération maligne de cellules au niveau la peau, des muqueuses ou des organes internes. Elle se traduit par la survenue de taches violettes indolores.

[3] Un « cofacteur » peut être par exemple une alimentation particulière, des stress particuliers, le fait de pratiquer la relaxation ou la méditation, le fait de fumer, de boire beaucoup de café,... En fait, tout facteur parallèle à la maladie qui pourrait expliquer l'évolution ou la non-évolution de la pathologie.

Et c'est donc avec ses encouragements que je la quittais ce jour là.

Elle me conseillait néanmoins de faire régulièrement des tests afin de pouvoir suivre l'évolution éventuelle de la maladie.

Il ne me restait plus qu'à retrousser mes manches et à me mettre au travail !

CHAPITRE 14
C'est quoi le Sida ?

Il me semble important d'ouvrir ici une parenthèse pour mieux vous expliquer ce que représente pour moi la séropositivité et le Sida ainsi que les différentes approches vers la santé que j'ai pu utiliser.

Ces approches sont basées à la fois sur mes différentes expériences, sur certaines lectures et sur les connaissances que j'avais acquises au fil du temps.

Il vous semblera parfois que j'utilise un ton léger vis-à-vis de cette maladie.

Ce n'est pas un hasard.

Je crois que les mots sont très créateurs. Certains mots sont chargés de peurs et de toute une série d'images projetées. Je sais qu'il est dans ce cas nécessaire d'utiliser un autre mot, moins chargé ou de dédramatiser tout ce qui a été associé ou « mis » autour de ce mot.

Vous devez bien comprendre que quelque chose ne peut avoir du pouvoir sur moi que si je lui donne moi-même ce pouvoir. Si je crois que quelque chose est « grave…grave…grave… », à ce degré là, il me sera difficile de m'en séparer, de m'en détacher.

J'avais donc fait le choix, dès le départ, de voir la Séropositivité ou le SIDA comme une toute petite maladie de rien du tout, comme une espèce de grippe qui arrive un jour et part un autre jour, comme elle est venue.

Une chose était pour moi sûre : **Il n'y a ni hasard, ni coïncidence dans l'univers.** D'autre part, toutes mes expériences accumulées depuis le début de ma transformation me confirmaient une chose : ***« Je crée ma réalité ».***

C'est donc à la lumière de ces idées de base que je vais maintenant aborder le sujet de la Séropositivité ou du Sida.

Cependant, ce livre n'étant pas destiné à une exploration détaillée du processus de guérison, j'essaierai d'être relativement succinct et focalisé sur la Séropositivité et le Sida.

Afin de vous faciliter la compréhension et de rendre mes propos plus précis et compréhensibles, je vais vous expliquer certains principes de base très importants, parfois en faisant le parallèle avec les problèmes de vue.

Si chacun d'entre crée sa propre réalité, nous devons donc, tous, parler ou décrire nos expériences avec des mots qui reflètent cette idée.

Souvent, certaines personnes acceptent cette idée de créer leur réalité mais elles n'intègrent pas réellement cette idée dans leur manière de parler. En effet, elles disent :

> -« *Il m'a énervé..., Elle m'a manipulé..., J'ai eu un accident...* »

Or, si elles « possédaient » réellement l'idée qu'elles créent leurs réalités, elles diraient à la place :

> -« *Je me suis laissé mettre en colère..., Je me suis laissé manipuler..., J'ai créé une circonstance particulière dans ma vie...* ».

En effet, cette nouvelle manière de parler reflète alors VRAIMENT l'idée que ces personnes créent leurs réalités.

J'ai très conscience que cette idée peut sembler très choquante au départ. Elle l'était en tout cas pour moi lorsque je l'entendis pour la première fois. Néanmoins, si vous choisissez maintenant de laisser vos préjugés de côté, vous allez réaliser que lorsque l'on décrit un symptôme[1] avec des mots qui reflètent l'idée que nous l'avons créé nous-mêmes, nous réalisons alors que nous nous faisons alors littéralement, parfois grâce au corps, ce que nous nous faisions de manière figurative dans la conscience.

---

[1] Un Symptôme peut être une pathologie, un état d'être, ou même une circonstance que nous vivons. Voir flou est un symptôme, voir clairement est un autre symptôme. Être en bonne santé ou pas est un symptôme, être heureux ou malheureux, avoir de la chance ou pas sont pour moi aussi des symptômes.

Ainsi, dans les stages d'amélioration de la vue que j'anime, si une personne est myope *(voyant mieux de près que de loin),* je lui explique *(en lui décrivant son symptôme avec des mots reflétant l'idée qu'elle l'a elle-même créé)* qu'elle a, quelque part, « choisi » de voir ce qui est proche d'elle et qu'elle a « choisi » de ne pas voir ce qui est loin d'elle. Ceci implique alors une espèce de repli sur soi, comme si la personne s'éloignait du monde extérieur ou rentrait dans son monde intérieur, ne choisissant de voir prioritairement que ce qui est plus proche d'elle. C'est ce qui nous permet de dire que la myopie est associée à une émotion qui peut susciter un tel mouvement de « contraction » : la peur.

Lorsque j'entendais moi-même cette idée pour la première fois, je réalisais plusieurs choses. Je réalisais comment, à l'époque où j'avais dû porter des lunettes, je vivais d'une part les agressions et humiliations à l'internat et d'autre part, comment je me sentais mal à l'aise avec mes pulsions homosexuelles. De ce fait, je me repliais sur moi-même, pensant du fait de ma perception d'un monde extérieur dangereux, qu'il n'était pas sûr pour moi que je me laisse être à <u>l'extérieur</u> tel que je savais être à <u>l'intérieur</u>. D'où le symptôme que mon corps créait pour attirer mon attention et m'inviter au changement. Mon corps me disait :

> -« *Mais enfin, Patrice, sors de ta bulle, arrête de voir ton futur (au loin) dans le flou, réalise que ton futur est merveilleux, arrête d'avoir peur de l'autre et de l'extérieur...* »

Avec cette manière de voir les somatisations, vous réalisez que l'on peut voir, pour chaque pathologie, une certaine « manière d'être » associée à ce symptôme.

De ce fait, si quelqu'un veut se débarrasser d'une pathologie, il doit <u>d'abord</u> se débarrasser de la « manière d'être » qui a créé le symptôme.

Il doit se débarrasser de ses attitude mentales, de ses croyances, qui ont attiré vers lui, tel un aimant à polarité sélective, la pathologie ou les circonstances ayant permis de les extérioriser physiquement.

C'est pourquoi la guérison ***IMPLIQUE*** une transformation.

Et ainsi que j'aime à le dire :

-« Il y a des miracles... mais il n'y a pas de miracles... »

Si quelqu'un guérit, c'est qu'il s'est transformé, c'est qu'il a changé... et pas seulement physiquement.

Puisque tout est un état de conscience, c'est qu'il a changé dans sa conscience.

Ces bases ayant été expliquées, revenons sur la Séropositivité et le Sida.

Selon les médecins, le Séropositivité et le Sida seraient dus à un rétrovirus s'attaquant, en gros, au système de défense du corps humain, le système immunitaire. Le corps devenant progressivement incapable de lutter face aux multiples agressions du monde extérieur, devient alors la proie de multiples maladies l'amenant généralement à la mort.

Si tout démarre dans ma conscience, si je crée ma réalité, une pathologie pouvant évoluer vers la mort doit donc démarrer par une décision de mourir.

L'étude du système énergétique humain nous explique l'existence de *Chakras* ou centres d'énergies. Selon les modèles étudiés, ils peuvent être au nombre de 7, 9, 12 voire beaucoup plus.

Dans le modèle que j'ai étudié, les *Chakras* sont au nombre de 7. Chacun d'eux régule le flux de l'énergie dans le corps énergétique humain. Bien que n'étant pas physiques, les *Chakras* ont une interaction avec le corps physique par l'intermédiaire des glandes endocrines *(au nombre de 7 elles aussi)* et du système nerveux *(nous avons 6 plexus nerveux plus un cerveau, soit là aussi 7 « centres » nerveux).*

Ces *Chakras* représentent aussi des « aspects » de notre conscience. Et ici, c'est un peu comme si, tout ce qui peut nous motiver ou nous préoccuper sur Terre peut être divisé en sept catégories. Je peux par exemple être préoccupé par ma sécurité, ma sexualité, mon pouvoir, ma liberté, l'amour, etc... Chacun des *Chakras* est responsable pour l'une de ces « catégories ». Si, à un moment donné, je suis préoccupé par rapport à un aspect de ma vie, cette tension se produisant dans une partie de ma conscience amène alors une tension dans une partie de mon système énergétique, c'est-à-dire dans un *Chakra* qui rentre alors en tension.

On peut se représenter les *Chakras* comme des espèces de boules solides d'énergie interpénétrant le corps physique au niveau de chacun des plexus nerveux. Lorsqu'un *Chakra* est en tension, cette tension est alors perçue par le groupe de nerfs avec lequel il interagit et de là, la tension est alors transmise dans le corps par les nerfs, dans les parties du corps gérées par ce groupe de nerfs. C'est pourquoi si quelqu'un développe une pathologie dans une partie particulière de son corps ou avec une fonction particulière de son corps, si l'on connaît la « carte » de la conscience que représente notre corps, nous pouvons immédiatement savoir quelle est la tension dans la conscience de cette personne qui a créé cette pathologie.

Une fois cette tension reconnue et identifiée, le processus de guérison consiste alors à relâcher cette tension afin que l'équilibre *(la santé)* se manifeste à nouveau.

Afin de bien comprendre le processus que je suis en train de vous décrire, voici un exemple plus concret :

Le premier *Chakra*, localisé physiquement au niveau du périnée, entre vos jambes, est associé physiquement, en ce qui concerne les groupes de nerfs, au plexus sacré *(qui contrôle vos sphincters, vos jambes, et schématiquement, la partie inférieure de votre corps.)*. Ce *Chakra* est associé, en ce qui concerne le système endocrinien, aux surrénales. Dans la conscience, ce *Chakra* concerne nos perceptions de la sécurité, de la confiance, de la survie. Lorsqu'il se trouve dans son état naturel ou optimal, vous vous sentez en confiance, en sécurité, solide, stable, présent.

Remarque importante : Selon le « modèle » avec lequel je travaille, je pense que la santé est notre état naturel, avoir confiance est un état naturel, se sentir aimé est un état naturel, voir clairement est notre état naturel, etc...

En ce qui concerne le premier *Chakra*, si la confiance est un état « naturel », l'absence de confiance ou la peur sont donc, vous le comprenez bien, des états « non-naturels ».

Si par exemple, vous avez peur, cette peur se « produit » dans une partie de votre conscience : le premier *Chakra*. Ce centre d'énergie se met alors en tension. Cette tension est alors perçue par le groupe de nerfs avec lequel il interagit *(le plexus sacré)* et de là, elle est transmise dans le corps vers les parties du corps gérées par ce groupe de nerfs.

Que se passe t-il maintenant lorsque vous avez une forte peur ? :

Vos jambes vous « lâchent », elles se mettent à trembler... Parfois, si la peur est vraiment intense, vos sphincters peuvent eux aussi se relâcher *(Ooups...)* et si cette peur était vraiment extrême, vous pourriez en être « paralysé », vos jambes refusant de vous obéir. D'autre part, cette peur déclenche une sécrétion d'adrénaline *(produite par vos surrénales, elles-mêmes contrôlées par le premier Chakra par l'intermédiaire du plexus sacré)* qui vous donne alors l'énergie pour « prendre vos jambes à votre cou » ou faire face au danger et vous battre.

J'espère que ce petit exemple concret vous permet de mieux comprendre l'interaction entre votre conscience et votre corps. Si vous comprenez bien cela, vous comprendrez automatiquement l'importance de changer votre conscience pour amener le changement dans votre corps. Je l'espère de tout mon cœur.

Dans la carte de la conscience que j'ai étudiée, le système immunitaire *(qui « tombe en panne » selon les médecins à cause du V.I.H,*[1]*)* est géré par le thymus, lui-même associé au *Chakra* dit « du Cœur » car situé au centre de la poitrine.

Ce *Chakra* du Cœur gère dans notre conscience, nos perceptions relatives à l'Amour. C'est quelque part notre capacité à aimer ou à nous sentir aimés, notre capacité à être en « relation » avec les autres. Il représente aussi notre capacité à accepter et toutes les notions d'acceptation.

Le sang est, dans cette carte de la conscience que j'ai étudiée, géré lui aussi par le *Chakra* du cœur.

Intéressant non ?

Ce *Chakra* est associé, par ailleurs, au thymus *(qui gère les défenses immunitaires),* aux poumons, au cœur, et en fait, à toute la cage thoracique.

L'élément associé au *Chakra* du Cœur est l'Air. *(Nos poumons sont situés au niveau du Chakra du Cœur.)*

J'espère que vous commencez à voir où je veux en venir.

La séropositivité ou le SIDA affectent l'immunité du patient, le sang.

Selon le modèle avec lequel je travaille, le Sida ou la séropositivité sont donc des dysfonctionnements du *Chakra* du Cœur. Il s'agit d'un dysfonctionnement dans nos perceptions de l'Amour.

La séropositivité ou le SIDA ne sont donc pas des maladies « sexuelles », bien que la sexualité puisse être, selon certains médecins, un des facteurs de contamination. En effet, ni les organes sexuels, ni la fonctionnalité sexuelle ne se trouvent affectés par cette maladie.

---

[1] V.I.H. ou Virus d'Immunodéficience Humaine, considéré par beaucoup de médecins comme « responsable » de la Séropositivité ou du SIDA *(Syndrome d'Immunodéficience Acquise)*. Cependant, il y a d'autres théories soutenues par d'éminents médecins, dont nous reparlerons quelque peu par la suite.

La manière d'être associée à la séropositivité ou au SIDA est donc la suivante :

- ***La personne a la <u>perception</u> que son « style de vie » la <u>sépare</u> des gens qu'elle aime. Et elle se dit alors que, s'il n'y a pas d'Amour, elle préfère mourir...***

À ce sujet, si nous regardons les éléments associés aux différents *Chakras*, nous voyons que la Terre est associée au premier *Chakra*, l'Eau au deuxième, le Feu au troisième et l'Air au quatrième *Chakra*.

Maintenant, réfléchissons un peu ensemble :

Combien de temps pouvons-nous vivre sans nourriture ? *(la Terre , premier Chakra)* : ... Des semaines, voire des mois...

Combien de temps pouvons-nous vivre sans eau ? *(Deuxième Chakra)* : ... Quelques jours seulement...

Combien de temps pouvons-nous vivre sans air ? *(Quatrième Chakra)* : ... Quelques secondes...

Ainsi, l'air, associé symboliquement à la notion d'Amour, nous est indispensable. L'Amour nous est indispensable. Il est à la base de tout.

Il y a toujours de l'air autour de moi... Il y a toujours de l'Amour autour de moi...

Le problème n'est donc pas l'absence d'Amour *(car il est toujours là, présent autour de moi)* mais bien la PERCEPTION de son apparente absence.

Tout est dans nos perceptions à nouveau. C'est une chose que j'aime à dire et redire dans mes stages.

-***« Ce qui ce passe à l'extérieur <u>n'a pas d'importance</u>. Ce qui importe, c'est ma perception, mon regard, ma manière de voir cette circonstance ! »***

Si l'on regarde ce qui se passe avec la séropositivité ou le SIDA, la personne a donc la perception que son style de vie la sépare des gens qu'elle aime.

Elle se dit :

-« *Du fait que j'ai des attirances sexuelles différentes, je ne suis pas aimable ou pas aimé.* »

Ceci soit parce que la famille ou les proches de cette personne la rejettent lorsqu'ils apprennent son orientation sexuelle, soit c'est la personne elle-même qui se perçoit « fondamentalement non-aimable » ou non aimée du fait de sa sexualité différente.

Et si ce n'est pas une sexualité différente, il peut s'agir de pratiques différentes, par exemple l'usage de drogues non acceptables socialement, *(Il s'agit ici rarement de l'utilisation d'alcool ou de café...)* ou encore d'un « style de vie » que la personne perçoit comme « différent », qui font qu'elle a la perception qu'il n'y a pas d'amour, qu'elle n'est pas aimée... Et à nouveau, la personne est soit rejetée par ses proches, par sa famille, par ceux qu'elle « perçoit » comme « source d'amour », soit, elle se coupe elle-même de l'amour, se percevant « fondamentalement non-aimable » ou non aimée du fait de son style de vie différent.

Et sans amour, ou plutôt, sans la « perception » que cet Amour est là, que voulez-vous que nous fassions ? Nous décidons de mourir.

Sans amour, la vie ne peut être vécue. Ou, pour être plus précis, sans amour, elle ne nous « semble » pas valoir la peine d'être vécue.

Et pourquoi donc ? Parce que je pense, au vu de ce que j'ai expérimenté depuis, que l'amour est la base de la vie. Il est la vie même. Il est à la fois cause et effet, il est la force sur laquelle l'Univers s'organise selon nos désirs, par Amour pour nous.

Maintenant que la manière d'être associée avec la Séropositivité ou le SIDA est comprise, qu'en faisons-nous ? Comment changer et inverser ce processus ?

Voici quelques possibilités.

Lorsque j'avais entendu ces idées pour la première fois, je trouvais tout cela « cohérent , logique, rationnel » mais lorsque j'eus reçu mon diagnostic, il fallait que j'intègre ces «idées » dans le contexte de ce que j'avais vécu.

Je commençais à m'interroger méticuleusement et honnêtement.

Si rien n'arrive par hasard, je devais me poser certaines qucstions.

> **-« *Que se passait-il dans ma vie au moment où d'une part, j'avais eu conscience d'être séropositif et d'autre part, que se passait-il dans ma vie au moment où j'avais été contaminé ?* »**

En effet, selon les médecins, j'avais été contaminé à l'âge de 18 ou 20 ans, même si je ne devais le savoir « officiellement » qu'à l'âge de 26 ans.

Il fallait donc que je retrouve des événements, des circonstances que j'avais vécus, à ces différentes époques de ma vie, qui auraient pu me donner envie de mourir, du fait d'une « perception » de ma part de ne pas être aimé.

Les réponses sont venues, l'une après l'autre, pas toutes d'un coup bien sûr et pour certaines pas très rapidement, mais cependant, elles sont venues et peu à peu, au fil du temps, je comprenais comment et pourquoi j'avais créé tout cela.

Lorsque je me demandais ce qui se passait au moment où j'avais eu conscience du symptôme, je ne pouvais penser qu'à l'aventure que j'avais eue avec ce garçon quelques semaines auparavant et la réaction de Myriam à ce sujet. Mais surtout, il s'agissait de MA PERCEPTION de cette situation.

Ok, j'avais eu envie d'un homme... mais je me sentais bien par rapport à cela.

Ok, je l'avais dit à Myriam,... mais la clarté me semblant primordiale, je me sentais bien par rapport à cela.

Ok, Myriam m'avait dit : *« Patrice, tu fais ce que tu veux, mais si tu veux le refaire, je préférerais ne pas le savoir. »*... Et là, par contre, je ne me sentais pas bien du tout par rapport à ça.

Je n'avais pas « perçu l'amour » dans la déclaration de Myriam. J'y avais « perçu » que j'avais fait quelque chose de mal. Après tout, elle avait bien le DROIT de préférer de ne pas le savoir si ça devait se reproduire, et moi, j'avais alors le DROIT d'accepter de le refaire en le lui cachant, ou préférant la clarté, en n'acceptant pas de le lui cacher. Cette perception erronée de ma part avait eu des effets énormes dans notre couple. Je ne me percevais plus aimé, plus accepté tel que j'étais, alors qu'en fait, c'était le cas. Cependant, cette malencontreuse perception de ma part avait suffi pour « fermer » mon *Chakra* du cœur.

Je réalisais maintenant pourquoi, après cet épisode, la relation avec Myriam n'était plus la même. Mon *Chakra* du cœur, qui, lorsqu'il est optimal, me permet de me sentir aimé, en relation avec l'autre et proche les uns des autres, s'était fermé.

Auparavant, lorsque je pensais à Myriam, en moi, je pensais « nous ». Elle et moi formions UNE entité.

Après cet épisode, lorsque je pensais à Myriam, c'était « elle » d'un côté et « moi » de l'autre. Le sentiment de « nous » avait disparu, et à l'époque, je ne comprenais pas pourquoi...

Par contre, je ne me souvenais absolument pas de m'être senti si malheureux de cette expérience pour décider que j'allais mourir.

Sur ce point là, quelque chose ne « cadrait » pas...

Je devais chercher plus profondément.

Les médecins m'avaient dit que j'avais probablement été contaminé 6 à 8 ans auparavant. Il me fallait donc chercher quelque chose s'étant passé alors que j'avais entre 18 et 20 ans.

Il était clair qu'à cette époque, je ne me sentais vraiment pas aimé. Ça, c'était sûr.

Il était clair que c'était aussi l'époque où j'avais clairement décidé de mourir. En fait, pour être plus précis car c'est important, ce n'est pas que j'avais décidé de mourir. J'avais décidé de ne pas vouloir vivre au-delà de 28 ou 30 ans, si la vie devait continuer à être telle qu'elle l'était pour moi *(ou plutôt pour être plus précis à nouveau, telle que je la PERCEVAIS),* c'est-à-dire sans amour.

Mais qui avait bien pu me contaminer à l'époque, en réponse à ma profonde demande ? D'autant plus qu'en 1980, c'était le « début » du Sida en France et que je commençais alors à pcine ma vie sexuelle ! ! !

Et évidemment, de nouvelles réalisations s'imposèrent à moi.

Il ne pouvait s'agir du caissier du cinéma gay avec qui j'avais eu ma première expérience sexuelle, car elle avait été totalement « sans risques ».

Par contre, il n'en avait pas été de même avec le charmant patron de cet établissement que j'avais rencontré par la suite.

Il m'avait invité à venir passer la nuit chez lui, ce que j'avais volontiers accepté. Il était tendre, attentionné et embrassait divinement. Me sentant en confiance avec lui, nous avions eu une pratique à risque. Je l'avais revu à nouveau quelque temps plus tard et là encore, nous n'avions pas utilisé de préservatifs... À l'époque, nous étions alors en 1980, 1981 et tout ça me semblait si loin de moi, si impossible...

Cependant, lorsque environ un an plus tard, je retournais dans ce cinéma revoir cet ami, alors qu'il venait vers moi, je ne le reconnaissais pas au premier abord.

Il avait tellement maigri ! Son visage me semblait creusé, abîmé.

Mais c'était bien lui, néanmoins souriant et attendrissant. Et, bingo, je devais à nouveau dormir avec lui cette nuit là.

Par la suite, nous ne nous étions jamais revus. Ma vie devait prendre une autre direction.

Cependant, alors que je cherchais à « comprendre » comment j'avais été contaminé, tout devenait maintenant clair !

Il est vrai qu'en 1980, c'était encore le « début » du Sida en Europe. Cependant, il tenait un établissement parisien exclusivement fréquenté par des homosexuels. Il se trouvait donc au cœur de la tourmente. Il avait à sa « disposition » pour vivre ses fantasmes une quantité de jeunes hommes fringants et m'avait expliqué qu'il s'en trouvait par ailleurs fort aise...

Et alors que je réalisais qu'il était celui qui m'avait contaminé, je passais par une courte période où je lui en voulais. Cependant, très rapidement, je lui pardonnais, réalisant qu'en fait, tout ça avait débuté en MOI.

Rappelez-vous : j'étais déterminé à travailler sincèrement avec l'idée que je créais MOI-MÊME ma réalité.

En effet, une pathologie peut soit venir de l'extérieur, comme le croient d'ailleurs la plupart des gens, soit elle vient de l'intérieur. Si elle vient de l'extérieur, je suis donc une « victime » de l'Univers, subissant des circonstances sur lesquelles je ne peux pas toujours avoir le contrôle. Si, par contre, elle vient de l'intérieur de moi, c'est-à-dire de mes attitudes et de mes perceptions et réactions, **ALORS**, JE PEUX CHANGER QUELQUE CHOSE.

Je peux reprendre mon pouvoir et CHANGER.

Et ainsi, je ne suis plus une victime... Je suis un CRÉATEUR...et je suis responsable de mon état.

Je suis donc à la fois créateur de mon bonheur **ET** de mon malheur...

Ce qui ne veut cependant pas dire que je doive me sentir coupable de l'état ou de la circonstance que j'ai créé dans ma vie... Je peux simplement reconnaître que c'est moi qui l'ai créé... et DÉCIDER de le changer..

Si ce que j'ai créé ne me plaît pas, JE PEUX CHOISIR de le changer...

Pour ma part, je réalisais ainsi que j'avais attiré cette expérience de la séropositivité vers moi, quelque part pour me « punir » de vivre quelque chose dont la société me disait que c'était « mal ».

Non seulement, la société me disait que c'était « mal » mais, en plus, moi, Patrice, j'avais non seulement envie de vivre cette homosexualité, mais EN PLUS, j'y prenais plaisir !

Il fallait donc que d'une certaine manière, je me punisse de vivre quelque chose dont j'avais envie alors que je culpabilisais en même temps de vouloir le vivre.

J'avais donc attiré vers moi cette personne m'ayant contaminé, comme un aimant, afin que mon corps puisse attirer mon attention, par la maladie, sur le fait qu'il était nécessaire pour ma survie que je change la perception que j'avais de moi-même et que je me sente enfin AIMÉ.

Je l'avais attiré vers moi, au moment parfait où j'avais pris la décision de mourir si la vie devait continuer à être ce qu'elle avait été pour moi. C'est-à-dire une vie de solitude. Une vie sans Amour. Ou plutôt une vie dans laquelle je ne percevais pas l'Amour. Une vie dans laquelle je me sentais si seul et non aimé.

En effet, je crois maintenant que **l'on ne peut pas** développer un symptôme, à moins d'avoir développé d'abord, dans sa conscience, l'état d'être allant de pair avec ce symptôme.

Comme le dit si bien Etienne Daho dans son magnifique dernier album « *Corps et Armes* » :

-« Il *n'est* pas de hasard,... Il est des Rendez-vous,... Pas de coïncidence »

Et même s'il est vrai que c'est dans un tout autre contexte que ce chanteur prononce cette très belle phrase dans le tout premier morceau « *Ouverture* », sachez que de toutes façons, ce qui est vrai, EST VRAI, par nature.

En tout temps, en tous lieux, et dans tous les contextes...

Il était donc venu, parfait, au moment parfait, pour me faire vivre cette contamination parfaite afin qu'à un moment parfait, je puisse prendre conscience qu'il était nécessaire que je change.

En effet, je réalisais la chance que j'avais d'avoir appris la nouvelle de ma contamination à ce moment parfait.

Cela faisait environ 6 mois que je travaillais avec Martin et j'avais à ma disposition des outils magnifiques que j'avais déjà reconnus comme étant très performants en me disant, qu'un jour, je les utiliserai pour aider des personnes atteintes de la Séropositivité ou du SIDA.

Tout était en fait parfait !

Je n'avais maintenant plus qu'à utiliser ces outils pour moi !

Évidemment, j'ai été perturbé quelque temps, mais la raison me permit finalement de m'en sortir relativement facilement.

Aurais-je appris ma contamination quelques mois auparavant, je n'aurais pas eu les connaissances dont je disposais et j'aurais probablement sombré dans le cercle infernal des croyances terribles projetées en permanence par rapport à la séropositivité ou au SIDA. J'aurais probablement accepté de prendre l'AZT, et j'aurais probablement réussi ainsi à remplir mon « contrat », c'est-à-dire à manifester la décision prise alors que j'avais 18 ans. J'aurais probablement réussi à « partir » comme prévu pour mes 28 ou 30 ans, épuisé et affaibli par les nombreux effets secondaires de cette drogue[1].

Je réalisais aussi la perfection de ma rencontre avec Martin.

En effet, je n'avais jamais rien fait pour rencontrer cet être.

Pour moi qui vivais cette situation de l'intérieur, c'était un peu comme si, avec sa grande Main bénie, le Grand Être m'avait saisi par le col de la chemise pour me mettre là où je me trouvais. Il m'avait MIS dans les bras de Nick, afin qu'il me dise

---

[1] Je cite : « … Rappelons que l'AZT n'est pas un nouveau médicament contre le SIDA. Il a été proposé comme chimiothérapie du cancer il y a plus de 20 ans, et a été refusé par la FDA *(Food and Drug Administration)* car il était trop toxique. Comme la médecine est tenue des moyens et pas des résultats, et le SIDA étant considéré comme maladie incurable, l'AZT a été accepté en tant que traitement officiel *(cela s'appelle rentabiliser la mort)*. En effet, l'AZT provoque une immunodépression (*c'est un comble !)* de l'anémie, des lymphomes, des hépatites toxiques... D'ailleurs, l'AZT est remis en question chez nous et de plus en plus abandonné. Mais, on essaye de le revendre au Tiers-monde en soldes...» Fin de citation. Extrait d'un article paru dans Vérités Santé pratique numéro 63 du Samedi 29 Juillet 2000 ***« SIDA, un scandale politique »*** de Alfredo Embid *(rédacteur en chef de la revue espagnole « Medicinas complementarias » qui a consacré un numéro à un dossier intitulé « L'Afrique du sud se révolte contre l'orthodoxie du SIDA »*.

ces quelques mots qui allaient changer ma vie à jamais... Ce qui m'avait fait prendre conscience de mes capacités de guérisseur... Ce qui m'avait fait m'intéresser à la guérison... Ce qui m'avait fait rencontrer Martin, afin que se passât ce qui allait se passer.

Je trouvais le chemin de Martin remarquable. En effet, il était passé par une expérience qui aurait pu être terrible. Atteint d'une tumeur cancéreuse à la moelle épinière, les médecins l'avaient condamné à mort dans les deux mois, n'ayant aucun traitement à lui proposer. Il avait donc cherché la solution en lui, ne pouvant en trouver aucune dehors.

Et il s'était guéri !

Ce qui lui donnait une crédibilité magnifique en tant qu'enseignant de guérison. Non seulement il disait que tout pouvait être guéri, mais il le PROUVAIT.

Je commençais à voir mon propre scénario se mettre en place, lentement mais sûrement...

Ayant rencontré Martin et réalisé le potentiel de sa méthode, je m'étais dit que je serais spécialiste de la Séropositivité ou du SIDA, avant même d'avoir eu mon « ticket d'entrée » dans ce club !

Mon chemin devenait clair.

Comme Martin, le fait d'être passé par l'expérience de la maladie me donnerait une crédibilité bien plus grande lorsque j'aurais à aider les gens suite à ma propre expérience.

Alors qu'environ deux ans plus tard, je commençais à enseigner les stages d'amélioration de la vue, je constatais que le fait d'avoir moi-même porté des lunettes me rendait bien évidemment plus crédible vis-à-vis de personnes naturellement méfiantes vis-à-vis de cette approche alternative à la santé.

Je devais donc changer et vite...

Guérir d'une maladie pouvant évoluer vers la mort nécessite certains ajustements.

<u>Tout d'abord, il peut être important de se souvenir que l'on a décidé de mourir.</u>

Pour cette partie là, pas de problème, c'était facile. Je ne pouvais nier la décision très profonde que j'avais prise à l'âge de 18 ans.

<u>Ensuite, il faut décider de vivre.</u>

Là, déjà, il peut y avoir une difficulté. En effet, si décider de vivre signifie que je vais continuer à vivre dans les mêmes circonstances que celles qui m'avaient donné envie de mourir, je n'aurais donc aucune envie de vivre plus longtemps dans ces circonstances là.

Et c'est ici un point <u>primordial</u>. Je devais pouvoir envisager des <u>CIRCONSTANCES de vie DIFFÉRENTES.</u> Des circonstances de vie dans lesquelles j'aurais envie de vivre.

Et c'est là qu'est le problème pour beaucoup de personnes : Elles se sentent INCAPABLES d'envisager d'autres circonstances de vie. Elles fonctionnent encore avec des programmes <u>si limitatifs</u> qu'il leur semble « inconcevable » qu'il y ait une issue à leur situation.

Et c'est là où je pense vraiment pouvoir aider les gens. C'est ce qui se passe dans les stages que j'anime.

Et comme je suis en train de le faire ici-même, je vous propose une autre manière de voir le monde.

Je vous propose un nouveau regard qui vous permet de percevoir un monde qui existe déjà mais que vos yeux n'avaient peut-être pas encore perçu.

Un monde dans lequel il y a toujours une solution à un problème. Un monde dans lequel je crois sincèrement que si une porte se ferme quelque part, une <u>fenêtre est en train</u> de s'ouvrir au même moment, ailleurs. Il suffit simplement de la chercher et de la trouver...

Et ainsi que le dit merveilleusement Richard BACH[1] dans son livre *« Illusions, le Messie Récalcitrant »* :

-« Il n'est jamais problème qui n'ait un cadeau pour toi entre ses mains. Tu cherches des problèmes parce tu as besoin de leurs cadeaux »

Je devais donc pouvoir envisager de nouvelles circonstances de vie. Des circonstances dans lesquelles je me sentirais reconnu et surtout AIMÉ.

Et je réalisais qu'il allait falloir aussi que je change l'image que j'avais de moi.

Et vite...

En tout cas, si j'avais **vraiment** envie de guérir et de Vivre ! ! !

---

[1] Richard Bach est l'auteur, entre autre, de *« Jonathan Livingstone le Goéland »* paru chez Flammarion ou en format de poche chez J'ai Lu ou Librio. Ce livre raconte l'histoire de ce goéland qui veut voler toujours plus haut, plus loin, plus vite. *« Illusions, Le messie récalcitrant »* est paru chez Flammarion et en format de poche chez J'ai Lu. Tous les livres de Richard Bach sont une merveilleuse source d'inspiration pour quelqu'un voulant se transformer.

CHAPITRE 15

En route vers la Guérison...

Je décidais donc de faire tout ce qu'il me semblait utile de faire pour parvenir à ma guérison.

Il est vrai qu'à l'époque, je me sentais facilement « à plat » et que j'avais souvent des problèmes intestinaux. Je n'avais jusqu'alors pas fait le rapprochement.

Mes nombreuses lectures m'avaient fait découvrir une femme merveilleuse, Louise L. Hay[1]. *(Et oui, encore une femme « sage » de plus qui allait me remettre sur le chemin...)*

Elle avait à l'époque publié un très beau livre « You can heal your life », publié en français sous le titre « Transformez votre vie ». En anglais, la VRAIE traduction de ce titre est « Vous pouvez GUERIR votre vie » *(Il est vrai que la France est un pays particulièrement arriéré en ce domaine et sensible aux mots ou concepts de « guérir », « guérison » ou « guérisseur »)*

Dans ce livre, elle expliquait, entre autres choses, comment elle s'était elle-même guérie du cancer, en utilisant des outils de contrôle mental avec d'autres techniques qu'elle avait mises au point.

Je trouvais qu'elle avait une approche très intéressante de la santé.

Elle disait par exemple qu'une des raisons pour laquelle nous créions nos « symptômes », c'était afin de nous attirer quelque chose, un certain avantage. Je ne pouvais qu'être d'accord avec cette idée. En effet, si je vais mal, le fait d'étaler ma plainte au grand jour va peut être enfin me permettre d'attirer un peu l'amour dont j'ai tant besoin !

Elle travaillait aussi énormément sur la notion du pardon. Il lui semblait en effet nécessaire de pardonner pour pouvoir changer. Au vu de mes propres connaissances, je ne pouvais qu'être à

---

[1] Louise L. Hay est l'auteur, entre autres livres de *« Transformez votre Vie »* et *« L'amour sans condition »*.

nouveau en accord avec elle. En effet, si tout est parfait, comment pourrais-je garder un ressentiment envers une personne ou une situation ?

Une autre notion qui lui semblait très importante était l'amour de soi. Elle encourageait les personncs souhaitant guérir à se répéter, entre autres choses : *« Je m'aime... »*. Là encore, je ne pouvais qu'être en accord.

Je m'étais en effet questionné sur ce que l'on appelle parfois le « pouvoir » de l'Amour.

En particulier, j'avais décidé de remettre en question cette phrase communément acceptée : **« L'Amour guérit »**.

En effet, je crois qu'il ne faut jamais accepter quelque chose simplement parce que quelqu'un nous dit que c'est vrai. Nous devons je pense au contraire en douter. En douter et remettre l'idée en question. Et si au final, nous ne pouvons pas prouver son invalidité, nous devons alors accepter la probabilité qu'elle est peut être vraie. À ce stade, il s'agit alors de l'expérimenter. Je peux vous dire que quelque chose est vrai mais tant que vous ne l'aurez pas vécu vous-même, vous ne pourrez pas savoir que c'est vraiment vrai.

Je me souviens qu'à mes débuts, j'étais TRÈS réfractaire à toutes ces idées. En fait, j'ai même voulu prouver qu'elles étaient erronées. Mais, finalement, n'étant pas parvenu à les invalider, je commençais à y croire VRAIMENT.

C'est pourquoi je dis parfois que les sceptiques font les meilleurs croyants.

Je me demandais donc pourquoi on disait :

« L'Amour guérit ».

C'est vrai qu'après tout, cette phrase n'était finalement qu'une croyance ! Et pourquoi pas *: « La choucroute guérit »* tant qu'on y est ?

Tournant et retournant cette pensée en moi, je me demandais :

Quel est le processus physiologique qui me guérit ? La réponse était simple : le système de défense du corps.

Par quoi est géré le système de défense du corps ? À nouveau, la réponse est simple. C'est le thymus qui gère le système immunitaire.

Maintenant, énergétiquement parlant, à quoi est associé le thymus ?

Réponse : Au *Chakra* du Cœur ! ! !

Et à quoi correspond le *Chakra* du Cœur ? : Aux perceptions d'Amour ! ! ! BINGO ! ! !

Ok maintenant, c'est clair ! Je pouvais accepter l'idée que l'Amour guérissait **vraiment**.

Mon amour pour moi me guérit ! L'amour que j'ai pour quelqu'un d'autre le guérit *(à condition évidemment que l'autre l'accepte ou perçoive cet amour, bien sûr !)*

Mais revenons maintenant à Louise Hay. Elle proposait ainsi à ceux qui voulaient VRAIMENT changer de suivre une espèce de rituel, une succession de phrases à se répéter comme un *Mantra*[1]. Une phrase de ce style :

> -« *J'ai la volonté de changer, J'ai la volonté de relâcher le besoin de (mettez ici la situation ou les pathologies dont vous voulez vous débarrasser), j'ai la volonté de pardonner, je pardonne, je me pardonne, je m'aime et ...(mettez ici une phrase décrivant ce que vous voulez vivre.)* »

Pour ma part, cette phrase devenait :

> -« *J'ai la volonté de changer..., J'ai la volonté de relâcher le besoin du Sida..., j'ai la volonté de pardonner..., je pardonne..., je me pardonne..., je m'aime et mes T4 sont de plus en plus nombreux ... J'ai la volonté*

[1] *Mantra* est un mot sanscrit. Un *Mantra* est un mot, une phrase, une idée que l'on se répète sans cesse. La répétition est un rituel existant dans toutes les religions. Dans la religion catholique, réciter un chapelet ou un rosaire est une forme de *Mantra*.

de changer..., J'ai la volonté de relâcher le besoin du Sida..., j'ai la volonté de pardonner..., je pardonne..., je me pardonne..., je m'aime et mes T4 sont de plus en plus nombreux.. . J'ai la volonté de changer..., J'ai la volonté de relâcher le besoin du Sida..., j'ai la volonté de pardonner..., je pardonne..., je me pardonne..., je m'aime et mes T4 sont de plus en plus nombreux... »

Comme une mélopée, je me la répétais encore et encore..., et encore et encore... Dans les embouteillages *(super, je vais avoir le temps de penser à ma guérison !)*, en marchant dans la rue *(super, encore une occasion de penser à ma guérison !),* dans une file d'attente *(et youpi, c'est reparti pour un tour !)* et encore, et encore...

Je constatais rapidement une nette amélioration de mon transit intestinal et lorsque je refaisais des tests, ils m'indiquaient que mes T4 avaient presque doublé !

Ce qui m'encourageait évidemment à continuer.

Ayant hautement confiance en Vicky Wall et en ses capacités, je décidais aussi d'aller la voir en Grande Bretagne pour cette fois, lui demander une lecture d'Aura.

Alors que je lui expliquais ce qui m'avait rendu soucieux, elle me regarda longuement, comme si je passais au scanner de ses yeux et me dit calmement :

-« *Ne t'inquiète pas. Il y a bien une petite tache dans ton aura mais je ne vois rien de sérieux, rien de grave pour toi. Par contre, je dois te dire une chose :* ***Ta guérison <u>passe</u> par la guérison des autres****. C'est en les guérissant que tu vas te guérir.* ».

Ce n'est que bien plus tard que je devais comprendre ce qu'elle voulait dire par là.

Parmi les approches que j'ai utilisées, j'apprenais aussi à parler autrement.

J'apprenais à ne pas m'identifier avec le symptôme. En effet, beaucoup de personnes ont souvent tendance à s'identifier avec les symptômes, à les posséder. Elles disent par exemple :

> -« *MA myopie, MON astigmatisme...* »

En utilisant cet adjectif possessif, elles « possèdent » le symptôme.

Il est ainsi plus approprié de dire :

> -« *LA myopie que j'avais eue, ou... L'astigmatisme que j'avais eu,...* »

De cette manière, par les mots que l'on utilise, il est possible de mettre une distance symbolique entre le symptôme et nous, et il est ainsi plus facile de s'en débarrasser. J'apprenais donc moi aussi à dire :

> -« *LA séropositivité que j'avais manifestée ou qui m'avait accompagné...* ».

De cette manière, il était plus facile de m'en détacher, ne m'étant pas identifié avec le symptôme.

C'est d'ailleurs une des idées que j'enseigne dans mes stages :

> **-« *Ne vous définissez pas dans le présent ou le futur, suite à des valeurs passées. Et ceci surtout si vous ne désirez pas garder ou développer ces caractéristiques là dans votre présent ou votre futur !* »**

En effet, nous avons souvent tendance à nous définir dans l'instant présent suite à des expériences passées de nous-mêmes.

Par exemple, une personne dira :

> -« *Je suis timide.* »

En fait, ce qu'elle veut dire réellement c'est :

> -« *J'étais timide.* » ou pour être plus précis :
>
> -« *L'expérience que j'ai de moi est d'avoir été timide.* »

Cependant, en parlant de cette manière, ce qu'elle dit **réellement**, du fait des mots qu'elle utilise est :

-« *J'étais timide, je le suis maintenant et je le serai probablement demain.* ».

Ceci, de manière implicite et aussi en raison des croyances qu'elle entretient par rapport à son état.

En ce qui me concernait, il devenait primordial, **pour ma propre survie**, que je **cesse** de me voir ayant un problème mais plutôt comme en ayant eu un. Si je pensais au symptôme, je m'obligeais à me dire :

-« *J'avais eu un problème avec mon immunité, j'avais eu peu de T4, etc..., mais, à partir de maintenant, tout peut être différent*».

Et même si je ne sais pas exactement comment ça peut être différent, je DOIS croire néanmoins que, d'une manière ou d'une autre, ça peut **vraiment** être différent.

Cependant, ce n'est pas toujours facile, surtout lorsque l'on est en permanence saturé de croyances limitatives... C'est un des problèmes majeurs auxquels doit faire face quelqu'un qui a une pathologie pouvant conduire à sa mort : **Lutter contre la masse de croyances limitatives que nous côtoyons ou qui nous sont imposées chaque jour.**

Ces croyances nous sont parfois présentées par nos médecins *(Il faut leur pardonner, car cela résulte du modèle pathologique*[1] *auquel ils ont été formés.)*. Mais parfois, c'est pire : Ce sont des gens qui disent nous aimer qui nous harcèlent avec des pensées du genre *: « Tu ne crois quand même pas à ces « foutaises » là. » (Eux aussi, il faut leur pardonner, car ils subissent simplement des croyances limitatives qui leur ont été inculquées ou qu'ils ont choisi. Et, pour eux, c'est une expression maladroite il est vrai, de leur amour pour nous !)*

---

[1] Pour un médecin traditionnel il est « inconcevable » qu'un corps reste sain. Ceci est dû au fait que tout ce que la médecine a appris l'a été par l'étude de la maladie. La maladie est donc le « modèle de référence » de la médecine.

Ces personnes là ne réalisent souvent pas qu'en ne nous soutenant pas moralement, elles nous tirent vers le bas... là où, *a priori*, elles ne voudraient pas nous voir aller.

Pour ma part, je n'avais pas le choix. Ou plutôt, puisque j'ai **TOUJOURS** le choix, le mien était simple à faire... Si quelqu'un était incapable de me soutenir dans mon processus de guérison, ne serait-ce qu'en étant **AU MOINS NEUTRE** vis-à-vis de mon approche alternative, cette personne n'avait RIEN à faire dans ma vie.

C'est là où je commençais à réaliser qu'il n'y a pas de pensées neutres.

La personne était AVEC moi ou CONTRE moi.

Jésus le disait d'ailleurs à ses disciples alors qu'ils voulaient empêcher une personne d'« expulser les démons » en Son nom, alors que cette personne ne Le suivait pas :

> -« *Ne l'en empêchez pas ; car qui n'est pas contre vous est pour vous.* »[1]

En fait, c'était aussi simple que ça !

Si la personne était « avec moi », je pouvais lui dire :

> -« *Tu es avec moi,*
>
> *alors BIENVENUE DANS MA VIE ! ! !* »

Si non, c'était plutôt :

> -« *Tu es contre moi, DÉSOLÉ, TU N'AS RIEN À FAIRE DANS MA VIE ! ! ! J'ai à ce jour encore assez de peurs en moi pour devoir, en plus, gérer les tiennes ! ! !*

En effet, s'il est vrai que dans un premier temps, JE CRÉE MA REALITE, dans un second temps, ceux qui m'entourent peuvent participer aussi à la création de ma réalité, ceci évidemment si et seulement si je suis ouvert à leurs énergies créatrices.

C'est un processus que l'on appelle alors la co-création et c'est ce qui se passe lorsqu'un « guérisseur » et un « patient »

---

[1] Luc 9:50

choisissent de s'unir pour créer ensemble un scénario qui leur plaît à tous deux : Voir la maladie disparaître.

C'est pourquoi, pendant de très nombreuses années, je choisissais de ne pas trop parler de mes expériences, préférant les confier à des personnes que je savais être positives. De toutes façons, ces expériences étaient passées et je n'avais aucunement envie de les « ré-énergétiser » dans le présent.

Et j'en avais été bien inspiré. Je me souviens avoir rencontré un jour une femme ayant suivi les stages de Martin me dire d'un air un peu surpris :

> -*« Dis donc, Patrice, tu as l'air en pleine forme ! Untel m'avait dit que tu étais, très, très malade ! ».*

Ainsi, avec ses pensées, ce « untel » me maintenait dans la maladie !

Un vrai guérisseur a pour fonction, je pense, si ce n'est de savoir, d'au moins maintenir dans sa conscience le fait que l'autre va mieux ou est guéri !

Oui, bien sûr, ce « untel » avait SUIVI un stage. Mais son attitude révélait que cette personne n'avait rien compris ni intégré des précieuses idées , c'était sûr.

Je pense qu'il est aussi important de se rappeler souvent que, quel que soit le symptôme que l'on a, eh bien, quelqu'un, quelque part, en a déjà guéri. Ou au moins, quelqu'un, quelque part, n'a pas vu la pathologie dont il souffrait évoluer tel que les médecins le lui prédisaient. Ceci QUEL QUE SOIT le symptôme qu'il ou elle avait !

C'est pourquoi, au fil des ans, je me procurais différents livres racontant comment certaines personnes s'étaient guéries de la séropositivité ou du SIDA, ou rencontrais des gens pour voir comment ils avaient fait. Parfois, je m'en inspirais. Deux livres, dont nous aurons l'occasion de reparler, me semblèrent particulièrement intéressants. Il s'agit du livre *« Du Sida à la santé »*[1] et de *« L'Escroquerie du Sida »*[2], tous deux parus aux Éditions Vivez Soleil.

Après tout, comme je le dis souvent, finalement, ce n'est pas vraiment important comment vous parvenez à la guérison. L'important est d'y parvenir.

De la même manière que nous sommes des êtres physiques, mentaux et spirituels, nous pouvons pour guérir, utiliser des outils physiques *(allopathie, homéopathie, chirurgie, herboristerie, hygiène alimentaire, acupuncture etc..),* mentaux *(relaxation, reprogrammation mentale, etc...)* ou spirituels *(méditation, prière, rituels, etc...).*

En fait, utilisez TOUT ce que vous pensez pouvoir faire pour vous aider. Que ce soient des outils physiques, mentaux ou spirituels ou pourquoi pas, tous les trois ensemble.

Si vous y réfléchissez bien, quel est le lien qui unit un thérapeute à son patient ? *(Quel que soit d'ailleurs le nom que vous donniez à ce thérapeute : Médecin Allopathe ou Homéopathe, Chirurgien, Herboriste, Acupuncteur, Magnétiseur, Sorcier ou Guru, et j'en passe...,).* Le lien c'est « la CROYANCE ».

Le thérapeute CROIT, ou mieux encore, SAIT que sa « méthode » peut aider le patient et le patient CROIT, ou mieux encore, SAIT que CETTE TECHNIQUE SPÉCIFIQUE peut l'aider.

À nouveau, croyances..., croyances..., croyances....

Merveilleuses croyances qui peuvent soit nous libérer, soit nous enchaîner.

Rappelez-vous d'une chose qui m'apparaît maintenant de plus en plus importante : **L'important n'est pas le chemin qui m'amène quelque part mais plutôt la destination finale !**

---

[1] *« Du Sida à la santé, l'histoire de Roger, son combat et sa victoire »* de Bob Owen, publié aux Éditions Vivez Soleil.

[2] *« L'Escroquerie du Sida »* du Docteur Robert Willner publié aux Éditions Vivez Soleil.

Et sans le savoir, je m'en rapprochais grandement, de ma Destination Finale !

CHAPITRE 16

Accepter l'inacceptable...

Parmi les différents processus que je devais traverser, l'un d'eux me paraît suffisamment important pour être brièvement étudié à part.

Pour bien comprendre ce mécanisme, je vais vous présenter certains aspects des principes métaphysiques avec lesquels je travaillais.

Dans le monde physique, on nous enseigne que la cause se trouve dehors et que les effets sont eux aussi visibles dehors. On nous enseigne par exemple qu'un virus ou un germe amène une maladie, qu'une hérédité amène une pathologie, qu'un accident amène une blessure…

Selon ce modèle, la cause de nos problèmes étant dehors, la solution de nos problèmes se trouve elle aussi dehors. Nous devons donc prendre des médicaments, des substances, des conseils à l'extérieur de nous pour changer quelque chose dont la cause serait, selon ce modèle, à l'extérieur de nous.

La métaphysique, à l'inverse de la physique, nous dit que TOUT ce qui se passe au dehors de nous est un EFFET d'une cause qui est en nous...

De ce principe découle une espèce de formule, une loi métaphysique permettant de créer quelque chose.

Cette loi Métaphysique est :

Image + Certitude = Manifestation.

Pour manifester quelque chose, il suffit selon ce principe de créer une image précise de ce que l'on veut et d'y ajouter de la certitude, de la confiance.

Plus l'image est précise, plus grande est la confiance et plus rapide est la manifestation.

Ce principe est très simple et c'est un des outils de base que je décidais d'utiliser pour ma guérison. Je savais que ça marchait puisque j'avais déjà utilisé ce principe pour créer certaines choses dans ma vie.

Cependant, avec la métaphysique, il faut être très précis et faire attention.

Pourquoi ? Et bien parce que lorsque quelqu'un fait face à une pathologie généralement considérée sérieuse, la personne a en elle une image très précise de ce qui pourrait se passer *(les médecins se sont chargés de l'informer de ce qui pourrait se passer !).* De plus, évidemment, elle a peur que cette image se produise.

Or, la peur est une certitude, une confiance, une foi en un futur négatif.

Ce qui fait que métaphysiquement parlant, on peut créer tout aussi facilement ce que l'on veut que ce dont on a peur ! ! !

Et c'est une variable très importante dont nous avons intérêt à être très conscient !

Voici un exemple qui illustrera, j'espère, l'importance de la nécessité d'être « conscient » à la fois, des « images » que nous entretenons dans notre conscience et aussi des « certitudes » que nous entretenons vis-à-vis de ces images. Est-ce que ces certitudes sont positives ou négatives ?

Nous avons tous vécu, je pense, une scène de ce genre : On nous a prêté un magnifique service de verres pour un repas. Tout s'est bien passé et nous sommes maintenant en train de faire notre vaisselle. Et au moment où nous sommes en train d'essuyer ces verres, une pensée traverse notre esprit : *« Oh... Il ne faudrait pas que je casse un de ces verres... »*, et, à ce moment-là, ce verre se brise dans nos mains.

Image + Certitude = Manifestation...

Vous en aviez l'image *(claire, précise...),* vous aviez peur *(confiance, certitude en un futur négatif...),* et BINGO, vous en obtenez la manifestation.

Pour ma part, j'étais déterminé à guérir et donc, je décidais d'utiliser ces principes consciemment. Si je voulais guérir, je devais me voir comme étant guéri et y croire.

Le problème était les peurs. Ces peurs qui, telle une colle émotionnelle, ramenaient constamment certaines images dans ma conscience.

De quoi ai-je peur ?... De ÇA ! ! ! Et je pense que vous pouvez imaginer que j'en avais une image très claire. Et cette image très claire ajoutée à la peur qui est une certitude pouvait me la faire manifester.

Or, pour pouvoir sortir d'une telle situation, il faut passer par un processus particulier.

Un processus d'ACCEPTATION.

Il me faut accepter la probabilité que, parmi les infinités de futurs possibles qui s'offrent à moi à partir de maintenant, et bien, ce futur dont j'ai peur pourrait se produire, car bien sûr,... il pourrait se produire ! ! ! Ce qui ne veut pas dire qu'il VA se produire.

À ce sujet, j'aimerai vous faire comprendre que ce n'est pas parce quelqu'un vous « prédit » quelque chose que cette prédiction est vraie. Et ce, que ce soit un médecin, un astrologue, un « voyant », ou pourquoi pas un météorologiste... qui vous le prédise. La seule chose qui est VRAIE est qu'il vous a dit que ça allait se produire. Ça, c'est vraiment vrai ! La prédiction, quant à elle, peut être erronée et due aux « projections inconscientes de votre devin » ou juste !

Pour ma part, j'aime à voir la conscience comme étant logique, rationnelle, mécanique, la comparant parfois à une voiture avec ses règles, ses mécanismes de fonctionnement.

Ainsi, si quelqu'un se risque à me faire une prédiction, ce que je choisis de comprendre est quelque chose qui ressemble à ceci :

-« *Tu vois Patrice, je crois que ton « véhicule » va ... droit sur un platane... (ça, c'est la prédiction) donc, si tu continues à faire ce que tu as fais jusqu'à ce jour et que tu lâches les mains du volant et les pieds des pédales..., tu vas te retrouver contre ce platane. ».*

Ok, d'accord, MAIS je suis au contrôle de mon véhicule.

Et si je n'étais pas au contrôle de mon véhicule, m'étant confortablement installé sur le fauteuil du passager, c'est-à-dire m'étant positionné comme « victime » de l'Univers, subissant des circonstances extérieures, je peux choisir de reprendre le contrôle de mon véhicule. Je peux choisir de reprendre le contrôle de ma vie et je peux REMONTER sur le fauteuil du conducteur. Et me positionnant ainsi, je peux donc MAINTENANT, changer quelque chose *(freiner, tourner le volant...)* et donner un autre cap à mon véhicule, à ma vie ! ! ! Vous comprenez ?

De toutes façons, je SAIS que quelque part au fond de nous, nous savons TOUS ce qui va pour nous dans notre vie et ce qui ne va pas.

Nous CONNAISSONS toutes les décisions que nous avons prises.

Nous sommes conscients de tous les choix que nous avons, soit faits nous-mêmes, soit laissés faire pour nous. Au final, ça ne change pas grand chose car ça aussi, c'est notre choix.

De ce fait, si quelqu'un me fait une prédiction qui est vraie, je le sais, je la RECONNAIS *(je la re-connais, je la connais à nouveau !),* car il ne fait alors que « confirmer » quelque chose que je sais déjà ! *(Et qu'en fait j'avais déjà décidé !).*

C'est pourquoi il ne me reste plus qu'à changer !

Et à remercier celui ou celle *(que ce soit une personne ou un symptôme)* qui m'a permis de me « souvenir » de cette décision que j'avais prise par le passé et que j'étais en train d'extérioriser.

Un homme averti en vaut deux !

Il faut que je fasse quelque chose différemment ! C'est pour cela que j'ai déjà dit que la guérison IMPLIQUAIT une transformation.

Il me revient ici un proverbe Soufi qui dit :

> ***« Si tu continues à faire ce que tu as toujours fait, tu continueras à obtenir ce que tu as toujours obtenu ! »***

Proverbe à méditer profondément je pense...

Mais revenons maintenant à notre processus métaphysique de transformation :

Image + Certitude = Manifestation.

Généralement, lorsque vous acceptez totalement que cette image dont vous aviez peur puisse se réaliser, vous traversez une période d'intense relâchement émotionnel. Exactement comme si vous étiez en train de la vivre...

Mais une fois que vous avez « **accepté l'inacceptable** », vous êtes libres !

Une fois ce futur possible TOTALEMENT accepté, *(car, de toutes façons, il pourrait bien se produire n'est-ce pas ?),* vous pourrez alors vous focaliser pleinement sur l'image que vous voulez vraiment vivre à la place !

La peur ayant disparue, elle ne fera plus surgir cette image négative dans votre conscience et vous en serez libéré.

Ce processus peut néanmoins prendre un certain temps mais, finalement, vous serez capable de dire, sans réactions émotionnelles :

-« Oui, c'est vrai... Il aurait pu m'arriver de (ici, mettez ce que la médecine, ou qui que ce soit vous ait prédit et que vous ne voulez pas vivre...), mais, pour moi, en fait, ce sera comme ça... (et ici, vous mettez ce que vous préféreriez vivre à la place ! ! !) »

J'espère que la compréhension de ce principe vous aidera vous aussi à changer certaines situations de votre vie, car, en fait, il peut être appliqué pour créer n'importe quoi !

Et rappelez-vous toujours :

> ***« Si quelqu'un l'a fait, quelqu'un d'autre peut le faire... »***

Il s'agit simplement pour vous de décider de le faire, éventuellement, il s'agit pour vous d'apprendre à le faire **MAIS SURTOUT, IL S'AGIT QUE VOUS LE FASSIEZ ! ! !** Car, **PERSONNE** ne peut le faire pour vous.

Plus de limites ici, si ce n'est : vos peurs ou vos croyances!

CHAPITRE 17

Et maintenant, que vais-je faire ?...

Ce qui était malgré tout formidable pour moi, dans cette expérience, c'est que j'avais à côté de moi l'aide précieuse de Martin et de sa propre expérience. La connaissant par cœur, l'ayant déjà si souvent traduite lors de conférences et de stages, je pouvais m'en inspirer.

Suite à l'opération supposée retirer sa tumeur cancéreuse, les médecins expliquèrent à Martin que l'opération avait été un échec. Alors qu'il leur demandait quel type de traitement ils allaient lui prescrire, ils lui expliquèrent qu'il n'y en avait aucun. La chimiothérapie n'était pas appropriée pour une tumeur de la moelle épinière dans cette zone de la nuque, les radiations ne pouvaient pas non plus être employées et la chirurgie avait échoué. Lorsqu'il demanda ce qui allait se passer, les médecins lui firent comprendre que l'issue serait fatale, au vu de la nature et de la localisation de cette tumeur. À la question *: « Dans combien de temps ? »*, ils répondirent que c'était une question de un ou deux mois peut-être, à moins qu'un éternuement soudain ne précipite la chose...

Charmant programme !

Se sentant condamné, Martin se demanda :

> ***-« S'il me reste un ou deux mois à vivre, comment ai-je envie de passer ce peu de temps qu'il me reste ? »***

La réponse fut simple et rapide :

> ***-« À être heureux. »***

Je me posais donc les mêmes questions, même si, *a priori*, je ne faisais pas face à un « calendrier » aussi serré.

Quoi que... Qui peut, ici bas, me dire avec certitude quand il va mourir... ?

À question identique..., réponse identique...

Alors que depuis plus de deux ans, je me formais de plus en plus aux techniques de guérison, je réalisais que transmettre ces idées me remplissait de joie.

D'autre part, j'avais guéri ma vue grâce à cette méthode et je commençais à envisager sérieusement de me mettre « un jour », moi aussi, à enseigner et à transmettre ces techniques d'amélioration de la vue.

Le fait d'avoir appris que j'avais été séropositif ne fit que précipiter ma décision.

Je me suis dit :

> **-« *S'il me reste « x » mois ou années à vivre, je préfère les passer à faire quelque chose qui me rend vraiment heureux.* »**

Je décidais donc que j'allais arrêter mon activité salariée.

Mais quand ?

Afin de marquer mon intention claire de vivre en faisant autre chose, je demandais à Martin quelques mois plus tard l'autorisation de devenir instructeur du stage d'amélioration de la vue qu'il avait mis au point, ce qu'il accepta.

À l'époque cependant, c'était encore le « début » de mon ouverture et j'avais encore de fortes croyances limitatives par rapport à l'argent.

C'est la période de ma vie que j'ai expliquée dans le chapitre 10.

J'avais décidé de m'ouvrir à recevoir de l'argent pour faire ce que j'aimais faire et l'univers commençait nettement à me soutenir dans ma décision.

Chaque mois, la part des revenus provenant de guérisons ou traductions augmentait dans mes revenus globaux. Et je réalisais que même si ces revenus étaient inférieurs à mon salaire de formateur-qualité dans la restauration, ils pourraient néanmoins assurer les frais de base, c'est-à-dire loyer, téléphone...

C'est le samedi 7 juillet 1990 que j'eus « LA VOIX »[1] ! Cette intuition qui me poussa à finalement franchir le pas et à quitter le monde du travail.

J'étais allé en province au mariage de mon amie Françoise, rencontrée quelques années auparavant aux cours de théâtre. Au cours de la journée, cette voix que j'avais déjà entendue par le passé s'imposa à moi pour me dire :

> -« ***Patrice, tu peux arrêter de travailler maintenant. Nous te ferons vivre dorénavant de ce que tu aimes : la guérison.*** »

Cette idée s'imposa à moi avec une telle force, une telle certitude **qu'AUCUN** doute ne pouvait subsister en moi. C'était sûr. Ça allait marcher, L'Univers me **ferait** vivre de la guérison.

Et je réalisais qu'il fallait que je donne ma démission au plus vite...

Je devais quand même faire preuve de patience et attendre le lundi.

Sur mon lieu de travail, je prenais rendez-vous avec mon chef de secteur et lui annonçais mon intention de cesser mon activité et de demander, dans un premier temps, une année « sabbatique ».

Nous étions ce jour le lundi 9 juillet 1990.

L'usage faisait que j'avais un préavis de trois mois à assurer.

La date de ma « retraite » du monde du travail fut donc arrêtée au 9 octobre 1990. Jour anniversaire de mes 28 ans !

Depuis plus de deux ans, date à laquelle j'avais débuté l'astrologie, je me demandais :

> -« ***Mais que va t-il se passer pour mon fameux « retour de Saturne » à 28 ans ?*** »...

---

[1] Synchronicité étonnante à nouveau ou coïncidence : c'est exactement 10 ans après, jour pour jour, le 7 juillet 2000 que j'écris ces lignes !

Et bien j'étais maintenant fixé !

Quel cadeau ! Quelle synchronicité parfaite !

Je réalise maintenant comment tout cela était parfait et néanmoins normal. Depuis plus de deux ans, « j'énergétisais » sans cesse dans mes pensées une transformation forte pour mes 28 ans ! Elle ne pouvait qu'être forte.

C'est à cette époque que j'ai, par ailleurs, commencé à me demander, au vu de la relation que je sentais avec Jésus lors des impositions de mains :

> ***-« Mais qu'est-ce qui va bien pouvoir se passer pour mes 33 ans ? ! ».***

Et c'est ainsi que je commençais à « énergétiser » cette nouvelle date symbolique que j'espérais importante.

Et j'eus, pendant les 5 ans qui suivirent, l'opportunité de la « ré-énergétiser » à maintes reprises !

Une fois le préavis donné à mon employeur, je commençais à organiser ma nouvelle vie de jeune « retraité ».

J'avais été contacté par Daniel, qui organisait des stages en Belgique. Il savait que j'avais envie de commencer à enseigner et il m'a proposé de m'organiser un premier stage. Une première date fut fixée : le 29 et 30 septembre 1990.

Je trouvais cette date « intéressante ».

Encore une de ces synchronicités qui, chaque fois qu'elles se produisaient, me touchaient profondément alors, qu'en même temps, elles me révélaient un peu plus la perfection de l'Univers.

Le 29 septembre était jour de la St Michel, Archange pour lequel j'avais une affection toute particulière. En effet, ce que j'avais appris sur St Michel et qui me le rendait sympathique est qu'il était celui qui « tranchait » entre le bien et le mal, travaillant sur le « Rayon Bleu », celui de l'expression de la Volonté Divine.

Je me sentais honoré d'être ainsi placé sous sa « protection ».

Et tandis qu'approchait la date de ce stage, les doutes me remplissaient :

-« ***Et si j'oubliais quelque chose d'important..., Si je ne savais plus quoi dire... »***.

Il allait falloir après tout que je reste deux jours pleins à parler à ces gens qui avaient une attente légitime...

Finalement, la date du stage arriva et les doutes que j'avais entretenus s'avérèrent totalement injustifiés car le stage se déroula à merveille pour tous les participants comme pour moi.

Le jour J, où j'allais quitter mon travail arriva lui aussi.

Le 8 octobre au soir devait être mon dernier jour de travail.

Ma nouvelle vie de jeune retraité pouvait commencer en ce jour spécial de mes 28 ans.

Je m'étais offert, comme cadeau d'anniversaire, une place pour le spectacle « Le Cirque du Soleil ».

Ce spectacle fut magnifique et vraiment magique ! J'y percevais à nouveau une synchronicité, un signe de l'univers m'encourageant dans ma décision.

Ce spectacle tout en harmonie contenait en effet un message qui pour moi était clair :

-« ***Rêve ta vie et vis ton rêve !... »***

En quelques mots, pour ceux d'entre vous qui n'auriez pas eu la chance d'assister à ce spectacle, en voici le sujet :

Un groupe de « touristes » débarque sur scène. Ils ont l'air un peu lourds, tristes, fades, habillés de leurs imperméables ternes ou de leurs robes aux couleurs délavées.

Soudain, alors qu'une brume envahit la scène, des lutins aux couleurs chatoyantes émergent joyeusement du brouillard et métamorphosent alors le groupe tout entier.

Chacun des personnages se retrouve alors transformé. Un vieil homme courbaturé se retrouve contorsionniste... Un homme devient funambule..., une femme devient clown..., chacun d'eux semblant manifester un potentiel qu'il n'avait apparemment pas encore exploité.

Et alors que le spectacle s'achève dans un tourbillon de couleurs, chaque personnage redevient celui qu'il était avant. Avec cependant une petite différence : Ils peuvent « retrouver » l'état magique qui les avait habité ! Simplement par un petit effort de centrage !

Pour ma part, alors que j'assistais à ce magnifique spectacle hautement symbolique, les yeux remplis de larmes par l'émotion, j'entendais, je voyais l'Univers me dire, alors que je débutais ma nouvelle vie :

> ***-« Bravo, tu as fait le bon choix ! Vis ton rêve et rêve ta Vie car TOUT est possible, si tu y crois ! »***

J'avais en plus l'impression étrange que tout ça n'existait QUE pour moi ! Et quelque part, c'était bien le cas.

Ce spectacle, je devais finalement le revoir 14 fois ! ! !

Il me donna la possibilité, de repousser à nouveau certaines de mes limites.

Un des principes avec lesquels je travaillais *(et travaille encore d'ailleurs)* est le suivant :

> ***-« Il n'y a rien que tu ne puisses faire, il n'y a que des choses que tu n'as pas encore appris à faire ».***

Et tandis que je regardais ce spectacle, voyant un jongleur jouer avec ses balles et une autre personne faisant de « l'unicycle », je m'entendais me dire en moi-même :

> ***-« Ça, c'est quelque chose que je ne peux pas faire »***

Au moment où je pensais cela, l'autre partie de moi me dit :

-« ***C'est faux, tu n'as simplement pas encore appris à le faire Alors, arrête de te plaindre, apprends et fais-le !»***

Comme une sorte de défi, je m'achetais donc un « unicycle », des balles à jongler et me prouvais en quelque temps que cette phrase était vraiment vraie.

« Il n'y a rien que je ne puisse faire, il n'y a que des choses

que je n'ai PAS ENCORE appris à faire »

Cette idée est **fondamentale** dans de nombreux domaines.

Dans le cadre de l'amélioration de la vue par exemple, si une personne dit : *« Je ne peux pas voir clairement. »*, elle se définit donc comme incapable de... et donc, vivra cette expérience.

Si, à la place, elle se dit : *« Je peux voir clairement, même s'il est vrai qu'en ce moment, je n'en fais pas l'expérience.. »*, cette personne pourra alors s'attendre à voir plus clairement, se voyant maintenant comme étant capable de voir plus clairement.

Et c'est ça qui est nécessaire.

Il est nécessaire que nous commencions à nous percevoir capables de bien plus pour commencer à le manifester.

Une fois encore, c'est simple. Pas toujours facile, c'est vrai, mais néanmoins possible.

Je remerciais une fois de plus le ciel pour les expériences qu'il me donnait.

Ce n'est que bien longtemps après que je réalisais l'un des autres cadeaux que m'avait fait l'Univers lorsque j'avais démissionné.

Le fait d'avoir donné ma démission de la « sécurité » que représentait mon travail M'OBLIGEAIT à faire confiance en l'Univers. Je n'avais « plus le choix ».

Auparavant, je pouvais toujours me reposer sur la « sécurité » que représentait le fait que, travaillant ou malade, mon salaire tombait néanmoins chaque mois.

Mais maintenant que j'étais à mon compte, je devais faire confiance en l'Univers.

En effet, mon solde de tout compte s'élevait à environ 2000 francs, du fait que j'avais contracté auprès de mon employeur un prêt pour acheter ma voiture. Je savais que les revenus des stages que j'allais traduire entre octobre et décembre me permettraient de tenir jusqu'au mois de janvier mais après ?... Qu'allait-il se passer ?...

Il existe aux États-Unis un livre qui me marqua profondément, même si je ne l'ai jamais lu. Pour moi, le titre lui-même était suffisant.

> ***« You can't afford the luxury of a negative thought »[1], c'est-à-dire:***
>
> ***« Vous ne pouvez vous permettre le luxe d'une pensée négative »***

Je me sentais exactement dans cette situation. Comme je l'ai dit auparavant, il n'y a pas de pensées neutres.

J'étais soit AVEC moi, soit CONTRE moi par mes pensées ! ! ! Je devais donc les surveiller, comme je dois d'ailleurs encore le faire à ce jour.

Et avec ma manie de vouloir toujours tout décortiquer, alors que j'analysais cette phrase, je me dis :

> ***-« Comment ça, je ne peux pas ? Je suis libre ! Libre de penser ce que je veux penser, libre de dire ce que je veux dire, et libre de faire ce que je veux faire ! »***

Et évidemment que je suis libre de penser ce que je veux ou de faire ce que je veux, y compris avoir des pensées négatives ! ...

---

[1] Ce livre en anglais de John Roger et Peter Mc Williams est publié par Harper Collins Publisher.

Mais je dois être prêt à en supporter les conséquences ! ! ! C'est aussi simple que ça.

Une pensée amène une action, une action amène une réaction. Tout est là.

Ai-je vraiment envie de recevoir en retour le fruit de ma pensée, de ma parole, de mon action ?

Si oui, pas de problème, que je continue...

Si non, pour mon propre confort, j'ai intérêt à arrêter immédiatement...

C'est parfois ce qui me surprend dans le comportement de certaines personnes.

Elles attendent de l'Univers quelque chose de différent alors qu'elles continuent à y déverser leurs peurs et leurs limites, ceci par leurs pensées, paroles et/ou actions.

J'aime parfois à formuler ceci de cette manière :

> ***« Si vous voulez récolter du blé, semez du blé ! Certaines personnes, qui sont probablement folles ou, pour être plus doux, disons endormies, ou qui ont leurs yeux encroûtés, continuent de semer du maïs en espérant faire un jour une récolte de blé... C'est de la folie. Ça ne peut pas marcher. C'est purement mécanique. Aucune notion de jugement ici, comprenez-moi bien. C'est purement mécanique. Ouvrez vos yeux, REGARDEZ et VOYEZ. Réveillez-vous un peu ! Si vous voulez récolter du blé, semez du blé ! »***

Une des transformations qui devait m'apporter le plus fut de « sentir » de plus en plus la présence de cette force bienveillante qui m'accompagnait toujours et vers qui je pouvais me tourner en cas de problèmes. *(Des années après, je réalise maintenant les avantages de me tourner toujours vers elle, même s'il n'y a pas de problèmes !).*

Lorsque, par le passé, j'entendais des gens remercier ce « Dieu » pour ce qu'ils avaient, j'entrais en ébullition intérieure.

En moi, je me disais :

> ***-« Mais arrêtez vos conneries ! ! ! Si moi j'ai de l'argent, c'est parce que je me lève tous les matins à 6 heures pour être à mon travail à 7 heures 30 ! ! ! »***

Et alors que je venais de « si loin » *(comme quoi, rassurez-vous, tout est possible !),* je devenais de plus en plus conscient, m'étant abandonné à la providence, que SI j'avais ce que j'avais, c'était en fait PARCE QUE cette énergie, cette force, ce DIEU que je commençais à percevoir ÉTAIT INTERVENU pour moi.

Je percevais de plus en plus la merveilleuse « Orchestration Cosmique Parfaite » que le Grand Chef d'Orchestre Cosmique dirigeait chaque jour.

CHAPITRE 18

Autour du monde...

Après avoir animé mon premier stage en Belgique, une amie me proposa d'en organiser un autre au mois de février.

J'étais très heureux car je me disais,

> ***-« Tiens, il semble que tu pourras tenir financièrement au moins jusqu'en février ou mars maintenant ».***

Et c'est de cette manière que je vivais au début. J'avais toujours ce dont j'avais besoin mais très rarement avant d'en avoir vraiment besoin... Souvent, je recevais ce que je percevais comme « un miracle » très peu de temps avant d'en avoir réellement besoin.

Au tout début, j'animais des stages à Lille, Paris, Namur ou Bruxelles et en parallèle de mes propres stages, je continuais bien évidemment de traduire les stages de Martin.

À ce sujet, vous vous souvenez peut-être de quelle manière j'avais « décidé » de devenir interprète unique de Martin *(voir Chapitre 10).*

J'eus l'agréable surprise, à peine trois semaines après avoir pris ma « retraite » du monde du travail, de recevoir un coup de téléphone de Pierre, qui traduisait à l'époque les stages de Martin en Belgique. Il me disait ceci :

> ***-« Écoute Patrice, je vais arrêter de traduire les stages de Martin car je vais commencer moi-même à animer les miens. Pourrais-tu dorénavant traduire les stages de Belgique ? »***

Vous pensez bien que j'en avais très envie ! ! !

J'étais si heureux des cadeaux que me faisait l'Univers ! Tout ça marchait vraiment ! J'avais décidé que je serais interprète unique et je le devenais !

En fait, je dois dire honnêtement que je remercie maintenant l'Univers de ne m'avoir jamais donné à traduire les stages dans le sud de la France, « territoire » de Yves. En effet, si j'avais dû traduire ces stages d'été, je n'aurais jamais pu aller enseigner mes propres stages dans les pays lointains que je devais découvrir par la suite.

Et en plus du cadeau que représentaient ces traductions supplémentaires, c'était une leçon magnifique que m'enseignait ainsi l'Univers.

Il m'apprenait que je devais avoir une TELLE FOI EN LUI que je devais agir comme si j'avais déjà ce que je voulais avoir, même si, physiquement, je ne l'avais apparemment pas encore.

J'avais quitté mon travail sans avoir toutes les preuves qui auraient pu me sécuriser sur mon avenir. Cependant, mon expérience me montrait que j'avais eu raison d'avoir eu cette forme de confiance « aveugle ».

À ce sujet, cette phrase nous a déjà été dite, il y a environ 2000 ans, par un certain Jésus. *(Je cite : **« C'est pourquoi je vous dis : tout ce que vous demandez en priant, croyez que vous l'avez reçu, et cela vous sera accordé. »*** [1] *Fin de citation).*

Et si tout ça, c'était pas des conneries finalement ?

Mais redevenons sérieux.

Au moment où j'ai arrêté de travailler, je n'avais aucune sécurité physique à laquelle me raccrocher ! Mon solde de tout compte faisait à peine 2000 francs, je n'avais aucune économie et mes seules « certitudes » de revenus par des traductions ou des stages allaient à peine jusqu'en janvier, soit 4 mois plus tard.

Par contre, j'avais eu « LA VOIX ».

Cette Voix si forte, si sûre, si douce, qui m'avait dit :

---

[1] Marc 11:24

-« Tu peux arrêter de travailler. Nous te ferons vivre de ce que tu aimes ».

En ayant fait confiance à cette voix, en mettant ma sécurité en Elle et non dans les apparences physiques et en donnant ma démission, je démontrais ma foi.

Et Dieu, tenant toujours ses promesses, me le prouvait, mais seulement après que j'eu fait moi-même mon pas dans la foi. J'ai par la suite entendu dire en Inde que, si nous faisons UN pas vers Dieu, il en fera CENT vers nous. Cette phrase me semble maintenant tout à fait juste car je la vis en permanence.

Et en effet, c'est vrai, il en fera cent vers moi, mais après que j'en ai fait un. Et ce pas là, je suis le seul à pouvoir le faire.

Un peu comme Indiana Jones dans « Les Aventuriers de l'Arche Perdue », le héros doit, lors de sa recherche du « Graal », faire son pas dans la foi, faire ce pas dans le vide apparent pour réaliser après, mais seulement après, que le vide n'était qu'une illusion.

Comme je le dis parfois dans mes stages, l'Univers semble par moment nous pousser au bord de ce qui nous semble être un précipice sans fond mais que nous percevons par la suite comme n'étant en fait qu'une petite marche, MAIS SEULEMENT une fois que nous l'avons franchie.

Avant de donner ma démission, cette décision que je savais devoir prendre un jour m'effrayait, de quoi allais-je vivre ?... et si tout ça ne marchait pas ?...

Pourtant, une fois la décision manifestée, je réalisais que le précipice dans lequel il me semblait auparavant devoir me jeter n'avait été en fait qu'une simple marche à descendre *(ou à monter peut-être !).*

En fait, je m'étais souvent fait par la suite la réflexion :

-« Mais pourquoi ne l'as-tu pas fait plus tôt... C'était si facile après tout. »

Je sais maintenant que je ne l'avais pas fait plus tôt simplement parce que le moment n'était pas venu, je n'étais tout simplement pas prêt. Je sais que l'Univers fonctionne de manière ordonnée, avec des rythmes, des saisons, des cycles et que tout se passe toujours au moment juste, jamais avant ! Pourquoi se soucier alors ?

Je me sentais si fortuné de pouvoir vivre ces expériences que je n'osais pas à l'époque demander PLUS à l'Univers.

C'est une leçon que j'ai apprise peu de temps plus tard.

Oser demander plus.

Et alors que je reconsidère maintenant mes expériences avant de vous les raconter, je suis une fois de plus rempli de gratitude envers l'Univers pour « la chance » que j'ai.

Cependant, je sais que cette « chance » que j'ai n'est pas là « par hasard ».

Elle n'est qu'un état de conscience et découle en fait d'une simple décision.

Une décision que chacun peut prendre à tout moment !

Une décision que j'espère, vous prendrez vous aussi !

Alors que mon activité d'enseignant commençait à s'intensifier, je commençais à considérer différemment une idée dont nous avons déjà parlé :

Je me disais :

> ***-« Puisque je suis libre et que TOUT est possible, je peux soit : choisir de faire quelque chose qui ne me plaît pas... et me laisser être payé pour le faire,... soit choisir de faire quelque chose qui me plaît VRAIMENT... et me laisser être payé pour le faire. »***

Pour ma part, j'avais fait mon CHOIX et l'Univers m'avait comblé.

Cependant, j'avais envie de pousser cette idée plus loin... Pour le plaisir... Pour voir jusqu'où je pouvais aller...

Je décidais donc que, puisque j'étais libre, j'avais le choix de faire quelque chose qui me plaisait VRAIMENT... dans un lieu qui ne me plaisait pas vraiment et d'accepter d'être payé pour ça OU, j'avais le choix de faire ce que j'aimais VRAIMENT..., dans un lieu qui me plaisait VRAIMENT et d'accepter d'être payé pour ça.

À nouveau, je faisais mon choix.

Il se trouve que je suis passionné d'Orchidées. Ayant jusqu'alors peu voyagé, je DÉCIDAIS donc que ce serait bien si je pouvais maintenant enseigner mes stages dans des lieux exotiques où poussent les orchidées et où il y a de belles plages ensoleillées...

Quelque temps plus tard, alors que je traduisais pour Martin un séminaire en Belgique, un participant m'aborda durant une pause :

> ***-« Bonjour, je m'appelle Philippe. Je vis à Nouméa et j'ai vu que tu animais des stages d'amélioration de la Vue. Voudrais-tu que je t'organise un stage là-bas ? »***

Au moment où il me parlait, je dois dire honnêtement que je ne savais même pas où se trouvait la Nouvelle-Calédonie ! Par contre, « Nouméa » sonnait exotique à mon oreille et nous sommes tombés d'accord pour fixer une première date.

Lorsque, quelques semaines plus tard, j'effectuais la réservation du billet d'avion, je devais recevoir un choc. Le prix du billet d'avion était de plus de 15.000 francs ! Il est vrai qu'à l'époque, les tarifs aériens sur ces destinations étaient encore très prohibitifs.

Sur le moment, je doutais, me demandant :

> ***-« Vais-je vraiment y aller ? Vais-je investir une telle somme sans savoir à l'avance combien de personnes***

seront présentes et si les frais d'organisation seront couverts ? »

Je décidais néanmoins de faire confiance à l'Univers. De toute façon, c'était ce que j'avais choisi de vivre et de démontrer !

L'Univers me donnait à nouveau une occasion de le tester...

J'achetais donc le billet en demandant à mes amis d'en haut » :

-« Si ce stage me rapporte <u>au moins</u> de quoi payer le voyage et les frais sur place, ça ne sera déjà pas si mal ! ! ! »

N'ayant pas une telle somme disponible, j'achetais mon billet avec ma carte bancaire à paiement différé, faisant confiance qu'à la date du prélèvement, l'argent aurait été crédité sur mon compte...

Et, bien évidemment, je devais revenir de mon premier stage en Nouvelle-Calédonie en ayant gagné 500 francs, une fois le voyage et les frais d'organisation payés.

J'avais reçu **EXACTEMENT** ce que j'avais demandé...

J'avais demandé et j'avais reçu. Oui bien sûr j'avais reçu, mais en accord avec ce que je croyais recevoir !

Cette réalisation est **extrêmement importante**.

Oui, je peux TOUT avoir, Oui je peux tout créer, Oui je peux obtenir ce que je veux en changeant mes croyances.

Cependant, il y a une limite. Une limite qu'il faut connaître si l'on veut la déjouer :

- ***Je dois TOUJOURS m'autoriser à CROIRE que cette nouvelle croyance est VRAIE, que je PEUX RÉELLEMENT obtenir ce que je demande et que je MÉRITE de recevoir ce que je veux.***

C'est une variable **primordiale** dans le mécanisme de la création de notre réalité qui pose souvent problème pour beaucoup de personnes.

Croyez-vous VRAIMENT que vous POUVEZ obtenir ce que vous voulez ?

Croyez-vous VRAIMENT que vous MÉRITEZ d'obtenir ce que vous voulez ?

Si vous réussissez à gérer correctement ces variables, je vous assure que votre transformation sera rapide.

Je pense qu'il y a des règles, des lois, des principes simples qui gèrent l'univers et que lorsque nous commençons à les comprendre, nous pouvons alors les utiliser consciemment à notre avantage.

C'est un peu comme une mécanique précise dont il faut connaître le mode d'emploi.

Malheureusement, nous n'avons pas tous reçu le mode d'emploi à la naissance.

Certaines personnes l'ont d'office, parfois même sans savoir qu'elles l'ont et semblent ainsi réussir tout ce qu'elles touchent.

D'autres, comme moi, ne l'avaient pas. J'ai donc dû chercher... et trouver ce mode d'emploi.

Ainsi par exemple, de la même manière qu'il y a des règles à connaître et à respecter lorsque l'on conduit une voiture, il en est de même pour la conscience.

En voiture, vous savez bien que vous ne POUVEZ pas accélérer et freiner en même temps si vous voulez la conduire de manière optimale.

Vous pourriez évidemment me dire qu'en fait, vous POUVEZ accélérer ET freiner en même temps puisqu'il s'agit de deux pédales différentes et que vous avez deux pieds.

Et évidemment, vous POUVEZ le faire.

Mais, CHOISISSEZ vous de le faire pour autant ? NON

Avec la conscience, c'est pareil.

Je ne peux pas VOULOIR quelque chose et CROIRE, en même temps, que je ne peux pas l'obtenir. C'est purement mécanique.

À nouveau, vous pourriez peut-être me dire :

-« Bien sûr que je peux le faire, puisque je suis libre !... »

Et c'est malheureusement ce que font beaucoup de personnes.

Et il est vrai qu'évidemment, je **PEUX** le faire.

Cependant, est-ce que je choisis pour autant de le faire : **NON**.

Être libre ne veut pas dire pour autant faire n'importe quoi !

Il est parfois triste de voir tant de personnes s'entêter à VOULOIR quelque chose alors qu'elles maintiennent en elles l'idée que c'est soit « difficile » soit « impossible » à obtenir. *(Ce mot « impossible » serait d'ailleurs à bannir de votre vocabulaire dès aujourd'hui si vous avez sincèrement, profondément envie de changer quelque chose en vous ou dans votre vie.)*

Mécaniquement, à moins que ces personnes ne réalisent leurs agissements, à moins qu'elles n'OUVRENT leurs yeux pour voir VRAIMENT, à moins qu'elles ne se réveillent de leur torpeur, elles ne pourront obtenir ce qu'elles veulent.

Ces personnes devraient s'AUTORISER à croire qu'il est possible d'obtenir ce qu'elles veulent et ceci, QUOI QUE CE SOIT qu'elles veuillent.

Ayant pour ma part réalisé de quelle manière j'avais créé l'expérience de Nouméa, je décidais de prendre une nouvelle décision.

Je décidais que, même si les frais pouvaient me « sembler » élevés, dans ma perception encore très limitée, l'Univers ferait en sorte que les rentrées soient toujours plus importantes que les dépenses, pour que non seulement, je couvre les frais de base d'organisation, mais qu'il y ait en plus de quoi payer les frais auxquels je devais faire face avec ma société de formation nouvellement créée.

Si j'avais plus de frais, je décidais que c'était OBLIGATOIREMENT du fait que j'allais avoir plus de revenus.

Et c'est évidemment ce que je devais vivre par la suite.

La clarté est pour moi une valeur fondamentale et j'avais décidé, afin d'être « clair » dans l'organisme dans lequel je vivais, de respecter les « règles » de cet organisme et d'enseigner dans le cadre d'une structure « organique », à l'intérieur de cet organisme.

Si je ne vivais pas de manière « organique » dans mon organisme, il allait me rejeter, j'en étais sûr. C'est ce qui se passait pour beaucoup de « confrères » préférant travailler « au noir ».

Si je veux m'intégrer dans un organisme, soit j'accepte ses lois, soit je change d'organisme.

Sinon, mon fonctionnement « non organique » à l'intérieur de cet organisme fera qu'il se mobilisera tout entier pour me « détruire».

Cette réalisation importante m'obligea d'ailleurs par la suite à revoir mes « croyances » concernant la nourriture.

C'est ce dont je vais vous entretenir maintenant...

CHAPITRE 19

Je mange, donc je suis...

Depuis le début de ma transformation, j'avais décidé de devenir végétarien, mes lectures m'ayant convaincu que ce ne pourrait qu'être bénéfique pour moi.

En effet, ces lectures m'apprirent que les aliments participent à notre état d'esprit et que si l'on ingère d'autres qualités d'aliments, d'autres qualités émotionnelles peuvent se mettre en place dans notre conscience. Une chimie du corps *(par les aliments)* entraîne une certaine « chimie » des pensées, de la conscience.

Ainsi, si vous absorbez beaucoup de café, substance hautement excitante, vous aurez probablement du mal à vous endormir ou à avoir un sommeil réparateur ou serez facilement excité ou peut-être même irritable.

J'avais au début de mon processus été tellement mal que j'étais déterminé à faire tout ce qui pourrait m'aider pour aller mieux.

Je n'avais de toutes façons RIEN à perdre, mais au contraire TOUT à gagner.

Je voulais changer la chimie de mes pensées et donc, je changeais la chimie de mon corps, par une alimentation différente.

Cependant, lorsque quelques années plus tard, je rencontrais Martin Brofman, je devais tout reconsidérer. En effet, il enseignait, entre autre chose, qu'il est important de ne jamais placer le pouvoir en quelque chose en dehors de soi.

Et cette idée me semble extrêmement importante.

En voici un exemple concret, dans le cadre de l'amélioration de la Vue.

Certaines personnes vous disent qu'il faut manger des myrtilles pour stimuler la vision. Même si cela est vrai, d'un point de vue purement physique, je pense que cette affirmation est limitative. En effet, imaginons quelqu'un à qui l'on a dit cela et qui veut guérir sa vue. Malheureusement, cette personne aux revenus réduits ne peut se permettre d'acheter de myrtilles car elles lui semblent trop chères. Elle pourrait donc se dire qu'elle ne peut pas guérir. Et personnellement, je pense que c'est limitatif. Je crois sincèrement que si une personne veut guérir, elle peut guérir, que ce soit avec des « outils » physiques *(les myrtilles par exemple ou le Yoga des Yeux)*, soit avec des outils non-physiques *(la visualisation, la reprogrammation mentale, ou pourquoi pas la prière...)*

Rappelez-vous en effet :

> -*« **Il n'y a rien que je ne puisse faire, il n'y a que des choses que je n'ai pas encore appris à faire** »*

et

> ***« Toute croyance me limitant peut toujours être remplacée par une autre croyance reflétant <u>plus</u> ma vraie nature illimitée. ».***

Selon Martin, ce n'est donc pas vraiment la substance que j'ingère qui est importante mais plutôt ma « relation », mes croyances, envers ce que je mange qui va déterminer les effets de cette substance dans mon corps.

Selon cette théorie, je pourrais donc ingérer n'importe quelle substance sans craindre un effet nocif, si j'en ai décidé ainsi.

Personnellement, je suis persuadé que tout ceci est vrai, avec cependant une réserve : Tout dépend de mon niveau de conscience ou de mes croyances.

J'avais lu en effet un livre fascinant : *« Autobiographie d'un Yogi »*[1] de Paramahansa Yogananda. Dans ce merveilleux livre, Yogananda nous explique comment, un disciple du Maître de

---

[1] Yogananda est un Maître indien ayant introduit le Kriya-yoga aux Etats-unis. Son livre, *« Autobiographie d'un Yogi»*, est publié aux Éditions ADYAR.

son Maître « doutait » de la conscience « réalisée » de son *Guru*[1]. Afin de tester l'état d'éveil de son Maître, il lui offrit un verre de lait de chaux, substance particulièrement toxique. Le Maître prît le verre, le bût sans aucun problème alors qu'au même moment, son disciple se retrouvait « brûlé » de l'intérieur, comme si c'était lui-même qui avait ingéré le poison.

Je suis donc intimement persuadé que la conscience, la perception que j'ai d'une substance est plus importante que la substance elle-même. Cependant, tout dépend de mon niveau de conscience.

Voici à ce sujet un exemple que j'utilise parfois :

Imaginons que ma voiture soit une voiture diesel. Elle a donc certaines règles de fonctionnement et je dois la « nourrir » au gasoil, si je veux qu'elle reste en « bonne santé ». C'est clair ?

Cependant, je SAIS que si Jésus était ici maintenant, il pourrait conduire mon véhicule en y mettant de l'essence, de l'eau, de l'huile ou même rien du tout. Sa conscience lui permet de transcender la matière, qu'il reconnaît de nature divine. Pour Jésus, pour qui TOUT est Dieu, qu'il « nourrisse » mon véhicule avec Dieu sous forme de gasoil, ou avec Dieu sous forme d'eau, ou avec Dieu sous forme d'air, au final, c'est toujours de Dieu qu'il nourrit mon véhicule. Vous me comprenez ?

Le jour où j'aurai moi aussi réalisé et accepté totalement ma VRAIE nature Divine ainsi que celle de l'Univers tout entier, je pourrai alors me permettre de fonctionner avec ou sans nourriture par exemple, comme l'ont fait et le font encore de nombreuses personnes sur terre[2].

---

[1] *Guru* est un mot sanscrit signifiant « maître spirituel ».

[2] Voir par exemple, parmi les mystiques, les cas de Marthe Robin ou de Thérèse Neumann. Dans son *« Autobiographie d'un Yogi »*, Paramahansa Yoganada cite le cas de cette femme, Giri Bala, qui à 68 ans n'avait ni bu ni mangé depuis 56 ans. Il dit d'elle : *« Elle prouve que l'homme est esprit en vérité et que l'homme peut vivre de la Lumière Eternelle de Dieu »*. Dans un domaine plus « profane », Jasmuheen a écrit un livre sur ce sujet : *« Vivre de Lumière »* paru aux éditions L'Age de Lumière.

Ainsi, mon corps fonctionne avec certaines règles. Et tant que ma conscience n'est pas suffisamment « réalisée », je dois « obéir » à ces règles, jusqu'à ce que ma conscience puisse les « transcender ».

Si nous revenons sur le sujet de la nourriture, on sait, par exemple, que pour digérer de manière optimale et faciliter le travail de digestion et d'assimilation, il vaut mieux ne pas mélanger certains aliments entre eux. Cette découverte est à la base de la méthode Shelton[1] dont se sont inspirés par la suite toutes les personnes suggérant les fameux régimes « dissociés ».

Mon corps en tant qu'organisme possède ses règles de fonctionnement propre.

Évidemment, Moi, Patrice, je ne suis pas mon corps, bien que mon corps soit une partie de moi. Je suis d'abord la conscience habitant ce corps.

Malheureusement, je suis au regret de vous dire qu'à ce jour, la conscience que je suis n'a pas encore totalement réalisé et accepté sa nature divine ainsi que celle de l'Univers tout entier. La conscience que je suis peut le SAVOIR intellectuellement mais ne l'a pas nécessairement RÉALISÉ.

Selon les principes dont nous avons parlé auparavant, si je veux vivre en harmonie avec mon corps, je DOIS donc respecter ses règles de fonctionnement. Si je ne les respecte pas, mon fonctionnement « non-organique » à l'intérieur de mon organisme fera que mon corps me rejettera..., pourquoi pas avec une pathologie.

Je décidais donc, jusqu'à nouvel ordre et afin de respecter les règles de fonctionnement de mon organisme et de lui faciliter le travail, de redevenir végétarien.

---

[1] Herbert Shelton était un nutritionniste suggérant une hygiène alimentaire particulière pour être en meilleure santé. Il est l'auteur des livres *« Les Combinaisons Alimentaires et votre santé »* et *« Le Jeûne» (Éditions Courrier du Livre)* où il explique comment un jeûne adapté peut guérir de nombreuses pathologies.

Cette alimentation végétarienne, en parallèle de mes nouvelles décisions et changements de conscience, ont permis à mon corps, j'en suis sûr, de se « détoxiner » et à mon système immunitaire de redevenir plus performant.

Dans le livre paru aux Éditions Vivez Soleil, *« Du Sida à la santé, l'histoire de Roger »,* l'auteur qui est médecin, raconte comment il aida un ami de longue date à guérir du Sida. L'approche de la séropositivité ou du Sida dans ce livre est très intéressante. L'auteur explique que lorsqu'il vit son ami venir le voir dans son bureau, atteint d'un Sida déclaré, avec Sarcome de Kaposi, amaigrissement, etc..., il fut bouleversé. À l'époque, en 1986, rien n'était vraiment connu par rapport à cette maladie. En étudiant les habitudes alimentaires et les comportements de son ami, il comprit comment son système immunitaire était si affaibli que son corps devenait la proie de toutes ces maladies opportunistes. Il comprit que le café, les cigarettes dont il usait et abusait, les drogues légales *(médicaments)* ou illégales, les stress avaient ruiné son système de défense immunitaire. Et en accord avec son ami et patient, il lui prescrivit une diète stricte de jus de fruits frais pendant plusieurs semaines. Après des moments très difficiles d'épuration, de détoxination et de détoxication du corps tels qu'il s'en produit lors de jeûnes de longue durée, la peau de son ami redevint lisse et rose et toutes les pathologies disparurent finalement.

J'avais trouvé ce livre intéressant à plus d'un titre, car, outre le changement alimentaire, un changement plus que notable s'était produit dans la vie de cette personne.

Il se sentait maintenant aimé.

Son ami médecin avait dû, en effet, engager une infirmière à temps plein pour qu'elle puisse s'occuper de son ami, et ils étaient tombés amoureux l'un de l'autre.

Cette histoire ne faisait que confirmer ce que je savais déjà concernant l'importance de se sentir aimé lorsque l'on a été séropositif ou sidéen.

Personnellement, je devais aussi veiller à me sentir aimé tout le temps.

En effet, j'avais décidé de mourir du fait de ne m'être pas senti aimé et, comme j'avais décidé de vivre, je devais pouvoir envisager de nouvelles circonstances de vie dans lesquelles je me sentirai aimé.

De plus, si je m'étais senti coupé de mes « sources d'amour »[1] , je devais en trouver d'autres.

Il était IMPÉRATIF que j'en trouve d'autres si je voulais VRAIMENT guérir.

Dès que je percevais de l'Amour autour de moi, je l'utilisais pour MA GUERISON.

> ***-« Tiens, deux personnes qui s'embrassent dans la rue ou qui se regardent tendrement : c'est de l'Amour, et cet Amour m'aide à guérir. »***
>
> ***-« Tiens, quelqu'un me sourit ou me fait un compliment : Merci, c'est de l'Amour, et cet Amour m'aide à guérir. »***
>
> ***-« Tiens, une personne me fait un reproche ou me juge : Merci, car ça aussi, c'est de l'Amour et cet Amour m'aide à guérir. »***

Comprenez-moi bien : Moi, Patrice, je CHOISIS de voir cela comme étant une expression d'Amour. Car c'en est peut-être une réellement. Certaines personnes ont parfois des manières très « exotiques » de vous exprimer leur amour ! Au final, vous devez comprendre que ce n'est réellement pas important, puisque tout est dans ma perception ! Et si je veux VRAIMENT

---

[1] Voir Chapitre 14

guérir, je dois faire le choix de percevoir de l'amour tout autour de moi.

Non seulement, je devais voir l'Amour partout autour de moi, mais je devais LAISSER cet Amour rentrer en moi.

Cette partie là n'était pas la plus facile à l'époque.

Voir l'Amour était relativement facile.

Le laisser rentrer en moi était plus difficile. J'avais une telle image de moi que je ne me sentais pas le mériter.

À ce sujet, un des effets de la Séropositivité avait été de me permettre de voir clairement une des croyances qui avait été enfouie en moi. En effet, si une croyance amène une expérience, si je vis une expérience particulière, il me suffit d'observer ma perception de cette expérience pour dénicher la croyance qui l'a créée.

Il est intéressant de voir parfois comment cette maladie affecte différemment des personnes différentes. Par exemple, pour certaines personnes, cette maladie n'affecte nullement leurs vies sexuelles. Pour d'autres oui.

Pour moi, ce fut le cas. C'était en fait normal puisque je ne m'autorisais pas à l'époque à vivre pleinement mon homosexualité. De plus, suite à l'annonce du fait que j'avais été séropositif, je m'étais senti réellement « pourri » de l'intérieur.

J'avais développé cette image de moi des années auparavant suite aux humiliations et agressions vécues à l'internat. Je me disais :

> ***-« Patrice, tu dois vraiment être quelqu'un de vraiment, de fondamentalement mauvais pour attirer cela vers toi. ».***

J'y avais tellement cru par le passé que mon corps me permettait maintenant *(Merci mon corps !)* de le manifester physiquement.

J'avais eu une telle image négative de moi que durant longtemps, il m'a été impossible d'envisager être intime avec quelqu'un. Je pensais que j'étais pourri *(littéralement pourri avec ce virus qui grouillait alors dans mon corps)* et que ma simple présence à leurs côtés suffisait à les « contaminer ».

Pourtant, à l'époque, au-delà de ma perception des apparences, mon corps me rendait un GRAND service. Il extériorisait pour moi la croyance que j'avais de moi, afin que je puisse la VOIR clairement, afin que je réalise son invalidité *(puisque manifestement, cette croyance ne me rendait pas heureux)* ET ENFIN, afin que je puisse la changer.

Et il en a fallu des efforts de persuasion, des affirmations répétées pour que progressivement, cette image de moi s'estompe.

Cependant, attention… Je ne suis pas en train de dire ici que ce « schéma » de pensées est le même pour TOUTES les personnes ayant été séropositives ou ayant eu le Sida. Je pense néanmoins qu'il peut être commun à beaucoup.

En fait, chaque personne ayant été concernée par le V.I.H. pourrait s'interroger honnêtement sur la manière par laquelle le fait de connaître sa sérologie a affecté sa vie. Ceci lui permettrait alors de comprendre mieux certaines des croyances ayant généré ces expériences, afin de les changer et d'y mettre un terme.

Pour ma part, je devais donc accepter cet amour que je percevais autour de moi, l'accepter et le laisser entrer en moi pour me nourrir.

Je devais changer totalement l'image que j'avais de moi et me percevoir de plus en plus comme étant une « bonne » personne qui méritait d'être aimée.

Et alors que j'enseignais aux gens à se débarrasser de leurs lunettes et à changer leurs regards sur le monde, je comprenais de plus en plus pourquoi Vicky m'avait dit quelques années auparavant que ma guérison passait par la guérison des autres[1].

Alors que ces personnes, que j'avais pu aider en leur transmettant mes connaissances et mes croyances, me remerciaient pour l'aide que je leur avais apportée, je devais bien ACCEPTER, au fil du temps, que je ne POUVAIS PAS être aussi « mauvais ».

Si tant de personnes me percevaient comme étant une « bonne » personne, je devais accepter qu'elles aient peut-être raison.

Leurs perceptions à mon sujet m'aidaient à créer de moi une nouvelle image.

Et c'est là où je peux à nouveau me sentir rempli de gratitude pour la perfection de l'Univers.

Alors que, dans ma perception, j'étais là, pour les aider ELLES, je réalise maintenant qu'en fait, elles étaient là pour me guérir MOI, en me reflétant « concrètement » cette nouvelle image que je savais devoir développer pour ma guérison. Et je profite de l'occasion qui m'est donnée ici pour remercier toutes les personnes ayant participé à mes stages pour l'aide « discrète » mais néanmoins « extrêmement importante » qu'elles m'ont apportée à leur insu.

Chaque merci, chaque parole de gratitude qu'elles m'adressaient était en fait comme un antidote dissolvant progressivement en moi le terrible poison qui aurait pu me tuer : **« La perception que je n'étais ni aimable, ni aimé...».**

Parmi les livres que j'avais lus, l'un d'eux avait particulièrement retenu mon attention.

Il s'agissait du livre *« L'Escroquerie du Sida »* du Docteur Robert E. Willner paru aux éditions Vivez Soleil.

---

[1] Voir Chapitre 15

Dans ce livre passionnant, de nombreux éminents médecins expliquent l'invalidité de la théorie de VIH comme responsable du SIDA. Dans ce livre, une citation de T.C. Fry, auteur de *« SIDA : Le grand canular »* est particulièrement révélatrice.

> ***-«… la présence de ce qu'ils appellent VIH dans le cadre de la maladie (SIDA) n'est pas plus une preuve qu'il en soit la cause que la présence de mouches dans les ordures n'est une preuve que les mouches soient la cause des ordures. ».***

Dans ce livre, j'apprenais que, ce n'est pas parce que l'on peut parfois détecter le V.I.H. lorsque des personnes développent l'une ou plusieurs des pathologies associées au Sida, que le V.I.H. en est responsable. De nombreuses personnes peuvent d'ailleurs très bien développer l'une ou plusieurs des pathologies associées au Sida sans JAMAIS avoir été en présence du soi-disant « responsable » dont on ne trouve aucune trace dans leurs corps.

Ce livre expliquait que le V.I.H. ne peut en aucun cas créer de telles pathologies. Tout au plus une sorte de petite « grippe », qui se guérit seule en quelques jours.

En apprenant cela, je dois vous dire que j'étais à la fois abasourdi et rempli de gratitude.

J'avais donc eu raison lorsque, des années auparavant et avant même de l'apprendre par ces éminents médecins, j'avais décidé que :

> ***-« la Séropositivité ou le sida n'étaient en fait qu'une toute petite maladie de rien du tout, comme une espèce de grippe qui arrive un jour et part un autre jour, comme elle est venue. »***[1]

Ce livre est vraiment une mine d'informations méritant d'être connues du grand public et je vous le recommande à tous.

---

[1] Voir Chapitre 14

Le vrai problème, selon ces médecins, était l'affaiblissement du système de défense immunitaire.

Cet affaiblissement peut s'obtenir de manière très simple. Il suffit d'une alimentation suffisamment toxique ou suffisamment pauvre pour le déclencher. Rajoutez à cela des stress répétés, de la pollution et vous avez en main tous les éléments nécessaires à un effondrement de votre immunité.

Personnellement, j'ajouterai ceci à ces propos : Rajoutez à cela un désert affectif, un manque de relations à l'autre, une incapacité à communiquer dans des sociétés industrialisées telles que les nôtres, une mauvaise image de soi, une incapacité à se sentir aimé dans une société où chacun vit de plus en plus pour soi, séparé des autres, c'est-à-dire en fait, tout ce qu'une société basée sur la peur excelle à créer, et vous avez maintenant tous les ingrédients en main.

Vous avez là tous les ingrédients permettant d'affaiblir de manière **certaine**, soit votre thymus, soit votre *Chakra* du Cœur, ce qui au final, revient au même.

Rassurez-vous, vous n'avez nullement besoin de V.I.H. pour détruire votre système immunitaire !

Au fil de mes lectures, je trouvais un autre ouvrage particulièrement intéressant qui ne faisait que confirmer tout ce que j'avais déjà lu, bien qu'y ajoutant un autre aspect.

Ce livre *« The cure for H.I.V. and AIDS »* *(Le remède pour V.I.H et le SIDA)* est écrit par le Docteur Hulda, R. Clarck[1].

Cette femme médecin, comme nombre de ses confrères ayant une approche menaçant le commerce des puissants laboratoires pharmaceutiques, a été contrainte de quitter les Etats-Unis où elle exerçait, pour s'exiler au Mexique, plus tolérant.

Voici en quelques mots sa théorie :

---

[1] Le Docteur Hulda, R. Clark a aussi écrit *« The cure for all diseases » (Le remède pour toutes les maladies)* paru lui aussi aux Éditions Mass Market Paperback

Elle nous explique que l'alimentation moderne, chargée de produits chimiques divers, détruit peu à peu notre thymus et donc notre système de défense immunitaire. Elle cite, par exemple, les traces de Benzène contenues dans de nombreux produits laitiers qui s'accumulent au fil du temps dans le thymus jusqu'à atteindre un seuil critique, voire létal, empêchant le thymus de fonctionner normalement. *(Elle explique que le Benzène ou ses dérivés font partie des puissants solvants utilisés dans l'industrie laitière pour nettoyer les différentes machines de stérilisation ou de traitement du lait).*

Elle cite aussi l'effet dévastateur des métaux lourds dans le corps, particulièrement au niveau du Thymus. Ces métaux lourds *(mercure, argent, étain, cuivre, zinc)* présents en grande quantité dans les amalgames dentaires et que le corps ingère en permanence sous forme de vapeurs de métal ou de particules, l'incitent à encourager chacun à retirer au plus vite ces bombes à retardement miniatures implantées à notre insu dans nos dents. Les effets néfastes des amalgames ont depuis lors été confirmés par le Dr Murray Vimy, chercheur à l'Université de Calgary *(Canada)* et expert auprès de l'Organisation mondiale de la santé ainsi que par le Docteur Dietrich Klinghardt[1].

Elle explique aussi que V.I.H *(tiens, ça faisait longtemps que nous n'en avions pas parlé !),* se trouve souvent dans un parasite vivant naturellement dans l'intestin. Ce parasite est théoriquement supposé y rester. Seulement, si le thymus est affaibli par des substances chimiques toxiques, des drogues, des stress, des attitudes, etc.. nous en avons déjà parlé), ce parasite migre alors dans le thymus où sa présence le perturbe encore plus.

En conséquence, elle prescrit avec succès des cures de « déparasitage » extrêmement simples, à base de clous de

---

[1] Le Docteur Dietrich Klinghardt a donné une conférence sur ce sujet. Elle est disponible sur le site internet http://www.amalgames.com

girofles, d'extrait de brou de noix et de racine d'absinthe qui sont tous trois de puissants vermifuges.

Dernièrement, un nouveau traitement de déparasitage à base de Curcuma[1] permet d'obtenir des résultats étonnants, la charge virale[2] du patient diminuant fortement en l'espace de quelques semaines seulement.

Il est parfois attristant de constater que bien qu'il existe de par le monde de nombreux « survivants de longue date »[3], ainsi que de nombreux livres racontant leurs expériences, si peu d'attention semble être apportée à ces personnes.

Il est vrai qu'il y a, pour les laboratoires pharmaceutiques, qui, ne l'oublions pas, vivent de la maladie, un tel enjeu commercial que ces « superpuissances » redoutent que le grand public sache que ces « survivants de longue date » y sont parvenus souvent, sans aucun médicament, et en ayant vis-à-vis de leurs pathologies, une approche soit nutritionniste, soit comportementale, soit les deux ensemble.

De plus, on peut se demander si, dans certains milieux, certaines personnes ne voient pas d'un œil favorable, qu'une « certaine partie » de la population, qu'ils peuvent trouver « gênante » disparaisse de cette horrible manière.

Il est étonnant de constater que, plutôt que de se poser la vraie question sensée vis-à-vis de la séropositivité ou de SIDA qui

---

[1] Le Curcuma, appelé aussi parfois « le safran des Indes » est une épice rentrant dans la composition du curry *(ou cari)*. Elle est tirée du rhizome de la plante. Le curcuma est connu pour avoir une action vermifuges mais il a aussi des propriétés anti-septiques, anti-oxydantes *(anti-radicaux libres...)*, anti-inflammatoires *(Grippe, Rhumatismes, Arthrite, Diabète...)*, anti-virale pour toutes sortes de virus *(Herpes, Zona, Hépatite B et C, Grippe...)*. Il a aussi une action au niveau du Cholestérol.

[2] La charge virale est un des « marqueurs » permettant aux médecins de suivre l'évolution de la maladie. Elle correspond au nombre de « virus » présents dans l'organisme et est mesurée par différentes techniques, à partir de prélèvements de sang ou de plasma.

[3] Les « Survivants de Longue Date » sont des personnes ayant, avec ou sans traitement allopathique, survécu ou continuant à vivre bien au-delà de ce que la médecine allopathique considère « normal » avec une pathologie telle que V.I.H ou le Sida.

est : « Comment renforcer l'immunité du patient ?», beaucoup de chercheurs insistent sur la question : « Comment détruire V.I.H. ? »

Ceci me rappelle une histoire entendue en Inde lors des séjours que je devais y faire par la suite :

Une femme est courbée, sous un lampadaire, apparemment cherchant quelque chose. Un homme passant par là lui propose de l'aide.

-« Que cherchez-vous ? Puis-je vous aider, Madame ? ».

La femme lui répond :

-« Je cherche une aiguille que j'ai perdue. »

L'ayant cherché avec elle en vain, l'homme demande à la femme.

-« Où l'avez vous perdue, cette aiguille ? ».

-« Chez moi, dans ma maison », lui répond la femme.

-« Mais pourquoi la cherchez-vous ici, sous ce lampadaire ? » demande l'homme.

-« Parce que, chez moi, je n'ai pas d'électricité et tout est sombre. »

Ce n'est pas parce qu'il est plus commode ou plus facile de chercher quelque part que j'y trouverai la solution. Je dois chercher mon aiguille là où je l'ai perdue.

Je dois chercher à retrouver mon immunité là où je l'ai perdue.

Mon but n'est pas ici de débattre de ce sujet mais plutôt de vous proposer de regarder parfois « au-delà » des informations qui nous sont données.

Ce que, par contre, je peux vous dire honnêtement, c'est que, toutes ces lectures, toutes ces réalisations ajoutées à ma compréhension métaphysique de la conscience m'ont VRAIMENT aidé et je SAIS que ce n'est pas un hasard, si plus de 20 ans après avoir été contaminé, je suis encore, plus que jamais, en VIE.

CHAPITRE 20

Voyages, voyages...

Les années passaient et je m'amusais à jouer avec l'Univers. Je lui fixais des défis, des buts.

Ayant commencé à enseigner en Nouvelle-Calédonie, je me fixais d'autres objectifs de voyages.

Ne dit-on pas « Les voyages forment la jeunesse... » ?

En ce qui concerne la jeunesse, je ne sais pas... Ce qui est certain, c'est que les voyagent « forment ».

J'apprenais sans cesse...

Grâce à Philippe qui organisait alors mes stages à Nouméa, je remarquais que je faisais de grands progrès dans ma manière de communiquer, d'enseigner.

Philippe avait en effet eu l'occasion de côtoyer longuement Jacques Salomé dont nous avons déjà parlé, et il m'aida grandement à apprendre à être encore plus précis et à mieux comprendre les « protocoles » relationnels afin d'être plus efficace pour les participants.

En tous cas, il était certain que je prenais plaisir à voyager.

Et, puisque tout était possible, j'avais envie de voyager ailleurs, de voir d'autres choses...

J'étais passé au moins deux fois par Tahiti, en chemin vers Nouméa et, au bout d'un moment, je me disais, ainsi qu'à mes amis « d'en haut »,

> ***-« Dites donc, ce serait bien si je pouvais animer des stages à Tahiti ».***

Après tout, c'était sur ma route et j'avais envie de connaître cette île que l'on disait paradisiaque.

Et, comme par « hasard », peu de temps après, une personne ayant fait un stage en région parisienne me dit :

-« Tu sais, Patrice, j'ai de la famille à Tahiti qui pourrait peut-être t'y organiser un stage. »

Je me souviens lui avoir dit :

-« Oh oui, ça me plairait beaucoup ! ».

Mais sans avoir rien fait d'autre que de prendre les coordonnées de ces personnes.

Lors de mon séjour suivant à Nouméa, je m'étais à nouveau fait la réflexion :

-« Tu viens de passer par Tahiti, pourquoi ne pas y enseigner ? »

Et à nouveau, une autre personne me proposa peu de temps après :

-« Tu sais, Patrice, j'ai de la famille à Tahiti qui pourrait peut-être t'y organiser un stage. »

Ce à quoi j'avais à nouveau répondu, mais sans rien faire d'autre :

-« Oh oui, ça me plairait beaucoup ! ».

Et lorsqu'une fois de plus, je passais encore à Papeete en direction de Nouméa, cette fois, je me sentis rempli d'une DETERMINATION très forte.

-« Il y en a marre maintenant ! J'ai VRAIMENT envie d'enseigner à Tahiti ».

Et alors que, le lendemain de mon arrivée à Nouméa, j'allais à l'aéroport de la Tontouta chercher une amie qui venait de France participer à un stage, elle me dit au sortir de l'avion :

-« Bonjour Patrice, c'est super de te voir ! Je viens de m'arrêter à Tahiti où j'ai vécu par le passé. Je vais retourner y vivre et j'aimerai bien t'organiser un stage là-bas. Ça te plairait ?...»

Immédiatement, je lui ai répondu :

-« OUI ! Quand ? »

Et nous avons immédiatement convenu d'une première date.

À nouveau, je venais de recevoir et d'intégrer une magnifique leçon.

L'univers me donne tout, c'est vrai.

Mais je ne dois pas attendre, assis sur mon postérieur, qu'Il me donne tout, tout cuit, dans la bouche.

Je dois être à l'écoute de ses messages et répondre, par une action concrète dans le monde physique, aux signes qu'Il m'envoie.

Même si je dois faire confiance à l'Univers, ce qui pour certains peut ressembler à de la passivité, ce n'est pas de la vraie passivité.

C'est en fait une passivité ACTIVE que l'Univers attend de moi.

Il attend de moi que je sois à l'écoute de ses messages, prêt à y répondre et, **surtout**, il attend de moi que j'y réponde.

Par deux fois dans le passé, l'Univers avait répondu à ma requête.

Par deux fois, j'avais demandé d'enseigner à Tahiti, et par deux fois, des personnes DIFFERENTES m'avaient tendu une perche.

L'Univers m'avait répondu à travers elles en me tendant cette perche. Une perche que je n'avais pas saisie à l'époque.

Et je peux maintenant comprendre pourquoi.

Tout simplement parce que je n'avais pas vraiment envie d'aller à Tahiti ! Mon désir n'était pas assez INTENSE. Je n'étais pas DÉTERMINÉ à aller à Tahiti. Ce n'était qu'un petit désir superficiel.

Et c'est une dimension sur laquelle j'insiste beaucoup dans mes stages.

-« À quel point avez-vous envie de voir clairement ? ».

Avez-vous « envie » de voir clairement ou êtes-vous « DÉTERMINÉS » à voir clairement.

Est-ce un petit désir, comme ça, « gentil », en surface... ou bien est-ce une décision profonde, émanant du plus profond de votre être, comme une espèce de sentiment de CERTITUDE que **rien d'autre** que la clarté ne pourra vous satisfaire ?

Cette notion d'INTENSITÉ du désir est primordiale. À quel degré voulez-vous ce que vous voulez ?

C'est grâce à Gita MALLAZ que je devais vraiment intégrer ce concept. Cette femme que je n'ai jamais connue personnellement mais seulement grâce à un de ses livres et à une émission télévisée a eu un impact très fort dans ma recherche. Elle fait partie de ces « Femmes-Sages » me remettant sur le chemin que me prédisait mon thème natal[1]. Elle fait partie de ces « rencontres » ayant profondément marqué ma vie.

Gita MALLAZ est une des personnes ayant transcrit un livre magnifique : *« DIALOGUE AVEC L'ANGE»*[2] .

Dans une interview qu'elle a donnée peu de temps avant de quitter son corps, cette charmante vieille dame était questionnée par un journaliste qui lui demandait :

> ***-« Vous nous dites, que tous, nous avons un Ange Gardien. Mais pour « Monsieur tout le monde », pour quelqu'un qui n'a pas toutes vos expériences, comment peut-il contacter son Ange Gardien ? ».***

Et ce petit bout de bonne femme, apparemment si frêle dans son fauteuil, se projette alors en avant avec une force impressionnante alors qu'elle s'écrie :

> ***-« Mais parce que vous avez SOIF... Parce que vous avez SOIF... » Et là, elle marque une pause... « Mais si vous êtes satisfaits de votre vie... », dit-elle avec son***

[1] Voir Chapitre 7

[2] *« Dialogue avec l'Ange »* de Gita Mallaz, publié chez AUBIER.

> ***charmant accent slave, alors qu'elle se laisse aller dans son fauteuil de rotin : « Si vous êtes satisfaits de votre vie,... (et là, elle prend une voix nonchalante)... Voilà, je me promène sur les Champs Elysées, j'ai ma voiture, ma femme... ». Et à nouveau, bondissant avec une force incroyable pour un corps apparemment si fragile, elle dit : « Mais si vous avez SOIF, ... alors IL vient .»***

Et je SAIS qu'elle a raison !

Elle ne faisait que de me confirmer ce que j'avais déjà vécu.

Quoi que ce soit que je veuille obtenir, que ce soit un état de santé, quelque chose de physique, un état de conscience, ou pourquoi pas, Dieu, qui n'est finalement je pense qu'un état de conscience, je peux l'obtenir par cette SOIF.

Et si je pense que je n'ai pas assez SOIF de ce que je veux, je PEUX faire grandir cette soif en moi.

C'est une décision.

C'est un choix.

Tout simplement.

Pour ma part, alors que j'animais mon premier stage en Polynésie, je m'étais « prouvé » , une fois de plus, que je pouvais obtenir ce que je voulais.

Par la suite, au fil des ans, je décidais de devenir « spécialiste » des DOM-TOM[1] et, ainsi que je l'avais décidé, je devais être invité à enseigner, outre en Nouvelle-Calédonie et à Tahiti, à la Réunion, puis en Guadeloupe.

Finalement, « j'énergétisais » un jour le désir de connaître l'Australie, Sydney n'étant finalement qu'à deux heures de vol de Nouméa.

---

[1] Départements et Territoires Français d'Outre-Mer.

Après tout, quand on a fait plus de 24 heures de vol pour aller au bout du monde, pourquoi ne pas faire deux heures de plus et découvrir Sydney, les Australiens, les Kangourous et les Koalas ?

Et une fois encore, dans les semaines ayant suivi ma « décision ferme, profonde et confiante », l’Univers répondit favorablement à ma requête.

C’est ainsi que je me « musclais » les « muscles de la tête »...

Et en testant et re-testant l’Univers à travers différents objectifs que je lui fixais, je développais de plus en plus de confiance en moi et en mes capacités créatrices.

D’autre part, je sentais grandir en moi un sentiment de reconnaissance et de gratitude profonde envers ce que je percevais de plus en plus comme une entité bienveillante qui ne cherchait finalement qu’à me faire plaisir et à me rendre heureux.

CHAPITRE 21

Un cadeau magnifique...

Alors que j'écris ce livre, je réalise qu'il n'est pas toujours facile de respecter une linéarité temporelle.

Chaque chapitre me permet de mettre en valeur soit une idée, soit des expériences qui parfois se déroulèrent sur plusieurs années.

Nous allons donc maintenant repartir dans le passé, quelques mois avant que je n'apprenne que j'avais été séropositif.

Je devais me rendre en Belgique pour traduire une conférence animée par Martin Brofman.

Plus de 400 personnes étaient attendues à cette conférence.

Alors que je réalisais que nous étions le 14 février 1990, soit exactement 3 ans jour pour jour après ma première rencontre avec Vicky, j'étais rempli d'un sentiment de joie et de gratitude alors que je réalisais que l'une des « prophéties » de Vicky était réellement en train de se réaliser.

Évidemment, ces personnes venaient écouter Martin mais parallèlement, je voyais bien que mon chemin d'enseignant se mettait progressivement en place.

Et tandis que je pensais à Vicky, je ne pouvais que repenser à Nick. C'était en effet, « à cause » ou plutôt « grâce » à lui que j'étais allé la voir trois ans auparavant.[1]

Ce cher Nick qui, sans le savoir, par quelques mots, avait changé ma vie à jamais.

Il est vrai qu'environ un an auparavant, j'avais cherché à le contacter alors que j'étais à nouveau à Londres. Je réalisais déjà en effet, au vu de l'ampleur de ma métamorphose, l'impact primordial qu'il avait eu dans ma vie, et je voulais pouvoir l'en remercier.

---

[1] Voir Chapitre 3

Et alors que je lui téléphonais, je pouvais entendre qu'il y avait une fête chez lui. Il m'expliqua qu'il ne pouvait me recevoir mais nous nous parlâmes quelques minutes et je pouvais le remercier néanmoins de l'impact qu'il avait eu à son insu sur moi par sa remarque concernant la couleur de mon aura.

Cependant, après cette prise de conscience du 14 février, je souhaitais à nouveau VRAIMENT le rencontrer.

Et alors que j'allais à Londres, je me rendais à Chiswick, la banlieue où il habitait.

Je cherchais en vain son domicile, n'ayant que de vagues souvenirs de là où il habitait, n'y étant allé que deux fois.

Je trouvais finalement une maison qui pouvait être la sienne mais la personne sur place ne le connaissait pas. Dépité, déçu de n'avoir pu le revoir, je rentrais à Paris.

C'était sans compter sur la magie de l'Univers.

Les mois passèrent et je devais apprendre la séropositivité qui m'avait accompagné.

Ainsi que je l'ai expliqué, la relation avec Myriam s'était rapidement dégradée, et nous avions finalement convenu de nous séparer, bien que cohabitant encore dans la même maison.

Dans les mois suivants, je recherchais différentes approches alternatives à la santé et je participais un jour à un groupe de soutien pour séropositifs organisé par l'Eglise Américaine de Paris.

J'y rencontrais un charmant américain du nom de Chris, en vacances à Paris. Nous nous sommes retrouvés plusieurs fois et il m'invita à venir chez lui, aux USA.

Profitant de mes vacances de fin d'année, je partis donc le rejoindre à Seattle, où il résidait.

Je savais que Nick était originaire de Seattle, aussi, à peine arrivé chez Chris, je m'emparais d'un annuaire téléphonique pour y rechercher les coordonnées de la famille de Nick.

Trouvant un nom de famille identique au sien, je téléphonais à plusieurs reprises, en vain.

Finalement, je devais parler à une femme, qui je le sus plus tard, était sa mère.

Je lui expliquais que j'étais à la recherche de ce Nick, photographe de mode vivant à Londres et né à Seattle. Le connaissait-elle ? Était-il de sa famille ?

Après un silence qui me parut bien long, elle me dit finalement « non » alors qu'elle raccrochait sans autre explication.

Je ne sais pas pourquoi, mais l'étrangeté de cet échange téléphonique me laissa quelque peu troublé.

J'oubliais cependant bien vite cet incident en profitant de bien agréables moments avec Chris.

Nous décidâmes par la suite d'aller ensemble passer quelques jours à Los Angeles. Chris y avait des amis résidant à West-Hollywood, le quartier gay de cette mégalopole et qui pouvaient nous recevoir.

J'avais à l'époque lu les livres de Louise Hay, dont nous avons déjà parlé[1], et je savais qu'elle s'impliquait énormément pour aider les séropositifs.

Elle avait en effet créé les « Hay Rides », soirées hebdomadaires de soutien aux séropositifs, aux malades du sida ou à leurs proches. Il est vrai qu'à l'époque, aux USA, rien n'était fait pour les malades et des initiatives telles que celle de Louise étaient vraiment très précieuses.

Je décidais de m'y rendre pour découvrir cette femme exceptionnelle.

---

[1] Voir Chapitre 15

Lors de ces soirées, j'y rencontrais une autre femme charmante, d'un charisme et d'une générosité étonnante, Nadia Sutton[1]. Ayant sympathisé, cette femme aux origines françaises m'expliqua qu'allait avoir lieu sous peu un stage nommé « AIDS Mastery » *(La maîtrise du Sida).* Étant au courant de ma démarche alternative, elle me demanda si j'aimerait suivre cette formation.

Bien sûr, que j'aurais aimé ! ! !

Seulement, son prix, bien que raisonnable, me le rendait inabordable, vu mon budget pour ce séjour.

Alors que je lui expliquais mon « problème » d'argent, elle me dit simplement :

> ***-« Veux-tu le faire ou pas ? L'argent n'est pas un problème... ».***

J'acceptais son offre en lui proposant de régler le prix une fois rentré en France.

Lors de la première soirée de ce stage, au cours du repas, j'engageais la conversation avec mon voisin :

> ***-« Bonjour, comment t'appelles-tu? ».***
>
> ***-« Greg ».***
>
> ***-« Enchanté,... moi, c'est Patrice,... tu connais l'Europe ? ».***
>
> ***-« Oui », me dit-il, « Je travaillais à Londres ».***

---

[1] Nadia SUTTON est une femme accomplissant un travail remarquable. Elle est la fondatrice de l'association *PAWS L.A.* qui existe depuis 1989 *(Paws, qui représente les pattes des chats ou des chiens signifie aussi :* ***Pets Are Wonderfull Support****, c'est-à-dire : « Les Animaux sont un soutien merveilleux ». Cette association a pour vocation de s'occuper des animaux de personnes atteintes de maladies dites graves (Sida, Cancer...). Paws L.A. (L.A. signifie Los Angeles)* les aide en fournissant soit de la nourriture, soit des bénévoles pour s'occuper des animaux, soit des soins vétérinaires gratuits aux animaux des patients. En effet, Nadia avait remarqué que certains de ses amis malades, vu le peu d'aide qu'ils recevaient de l'état, étaient obligés pour pouvoir nourrir leurs animaux, de se priver de leurs médicaments qu'ils ne pouvaient acheter... A ce jour, *PAWS L.A.* s'occupe chaque jour de 2500 animaux appartenant à 1300 personnes malades...

Je lui expliquais que je connaissais bien Londres, où j'étais souvent allé pour mes formations de thérapie par la couleur.

-« *Et où habitais-tu à Londres ?* »

-« *En banlieue...* » *me dit-il,* « *à Chiswick.* »

Là, surpris, je m'exclamais :

-« *Chiswick, c'est marrant, je connais bien. J'ai un ami, que tu ne peux évidemment pas connaître, qui habite à Chiswick. Il s'appelle Nick D…* »

Greg prit alors une expression de surprise avant de me dire :

-« *Mais je le connais ! Il était mon colocataire lorsque je vivais à Londres.* »

Sur le moment, j'étais abasourdi...

Je me souvenais en effet que lors de notre première rencontre, Nick m'avait dit qu'il ne fallait pas que nous fassions trop de bruit, car son colocataire n'appréciait pas trop quand il ramenait quelqu'un chez lui.

Je n'en revenais pas !

J'étais à West-Hollywood, au cœur de Los Angeles, aux États-Unis et voilà que j'étais assis à côté du colocataire de Nick que je recherchais désespérément depuis des années. J'allais donc finalement retrouver sa trace !

Merci, merci, merci « là-haut » !

J'expliquais alors à Greg ma rencontre « magique » avec Nick, ce qu'il m'avait dit, à quel point cela avait changé ma vie, mes tentatives pour le rechercher à Londres et à Seattle... pour finir par lui demander s'il savait où je pourrais le joindre.

D'un air bouleversé, Greg me dit alors que Nick était décédé du Sida quelques mois auparavant.

Le choc fut terrible.

Je fondis en larmes, secoué régulièrement de vagues qui semblaient ne jamais vouloir se tarir. Une vague s'arrêtait pour qu'une autre reprenne.

Après un long moment, je réussis à me calmer et Greg, bouleversé lui aussi, me dit qu'en effet, Nick lui avait parlé de moi.

Et, retirant une des bagues qu'il portait, il me la donna en me disant :

> ***-« Lorsque Nick est parti, il m'a donné ces deux bagues. Je pense que celle-ci était en fait pour toi. »***

Cette bague, je la porte encore aujourd'hui et je ne l'ai pratiquement jamais enlevée, à part pour la faire réparer ou nettoyer. Elle a pour moi une valeur hautement symbolique. Elle me rappelle Nick, notre rencontre mais surtout cette merveilleuse transformation qu'il initia à son insu.

Alors que je demandais à Greg de me parler plus longuement de Nick et des circonstances de son départ, il m'expliqua des choses qui me paraissaient terribles. Il m'expliqua comment il avait été rejeté par sa famille, sa mère lui disant qu'il était « une abomination du Diable ».

J'étais bouleversé d'entendre cela et je me faisais la promesse de faire un jour savoir au monde qu'un être tel que Nick avait vécu sur Terre, et pas en vain.

Et que le « simple » fait que je l'ai côtoyé quelque temps avait radicalement changé ma vie...

J'espère que mon témoignage pourra éviter à d'autres une telle souffrance.

Que des personnes pourront comprendre que, même si leur enfant a des attitudes différentes, il ou elle est néanmoins un être humain et est important en tant que tel.

Et que, surtout, surtout, cet être mérite et a besoin d'être compris et aimé.

Dans les jours qui suivirent, je me trouvais dans un état hyper-sensible et comme pour me rapprocher de Nick, je touchais très souvent la pierre de cette bague que j'avais mise à mon annulaire droit.

Deux jours après que Greg m'ait appris la terrible nouvelle, je me trouvais dans la voiture avec Chris, bloqué dans les embouteillages de la cité tentaculaire.

Je touchais ma bague du pouce, et en moi, je me revoyais avec Nick, lui sur le sofa, moi, allongé à ses côtés, la tête sur son ventre, en train de regarder la télé, tandis qu'il me caressait doucement les cheveux. Il me semblait que je ne m'étais jamais jusqu'alors senti aussi bien, abandonné et confiant dans les bras d'un homme.

Alors que ce doux souvenir m'emplissait, comme sur une impulsion, je mettais en marche l'autoradio.

Quelle ne fut pas ma surprise d'entendre, à ce moment même, la chanson qu'elle diffusait :

> ***« Think of the good time we had together... »***
>
> ***« Pense aux bons moments que nous avons vécus ensemble... »***

Bouleversé par la synchronicité, j'éclatai en larmes, à la surprise de Chris, qui évidemment ne savait pas ce qui se passait en moi.

Et comme si j'avais besoin d'autres « preuves », alors que le lendemain, nous étions à nouveau bloqués, quelque part sur une des gigantesques autoroutes de Los Angeles, je devais vivre un autre moment incroyable *(à moins de l'avoir vécu, bien sûr !)*

À nouveau, j'étais en train de toucher la bague de Nick alors que je la regardais intensément. Je pensais alors à lui qui était maintenant de l'autre côté. Et en moi, c'était comme si je lui parlais. J'étais en train de lui dire :

> ***-« Bien sûr, tu es mort, mais je SAIS que malgré tout, tu es là, quelque part, avec moi, à m'observer... »***

Et à nouveau, mû par une impulsion que je n'ai évidemment « analysé » que par la suite, j'allumai à nouveau la radio.

À ce moment même, l'habitacle de la voiture fut rempli de la merveilleuse[1] chanson de Bette Middler que je ne connaissais pas encore à l'époque :

-« *God is watching us..., from a distance...* »

-« *Dieu est en train de nous observer, se tenant à distance...* », *pour apparemment, nous laisser notre liberté de choix, du moins, c'est ainsi que je le perçois.*

À nouveau, saisi par la puissance de cette synchronicité, je fondis en larmes.

Les événements que je vivais avaient de quoi me bouleverser.

Ok, je savais bien qu'il y avait une vie au-delà de la mort, mais je ne l'avais pas encore expérimenté d'une telle manière !

Une connaissance intellectuelle n'est PAS une expérience directe.

J'avais eu un profond désir de retrouver Nick et, au-delà même de la mort, je le retrouvais et il me faisait ce merveilleux cadeau que je porte maintenant en permanence.

Lorsque je me remémorais les événements et les synchronicités m'ayant mené à rencontrer Greg, il y avait de quoi être bouleversé.

Il avait fallu que, ayant été diagnostiqué séropositif, j'aille à l'Église Américaine afin d'y glaner des informations pour en fait, y rencontrer, Chris, originaire de Seattle qui devait m'inviter chez lui, puis à Los Angeles. Chris connaissant Louise Hay, devait me la présenter afin que je rencontre ainsi Nadia qui devait m'inviter au stage où je devais rencontrer Greg pour

[1] Merveilleuse, pour MOI bien sûr, au vu de mes expériences... Il est évident que cette chanson me rappelle à chaque fois mon histoire avec Nick et ce qu'elle a déclenché...

l'aborder lors du dîner afin qu'il puisse m'offrir cette bague de la part de Nick et que je sache ainsi que Nick savait... et avait bien reçu mon message...

Lorsque l'on pense à la succession d'événements nécessaires pour que, finalement, au-delà de la mort, je me connecte à nouveau à Nick, il y a de quoi s'exploser la tête.

Vous pouvez comprendre pourquoi, je ne peux qu'être en total accord avec Etienne Daho sur le fait qu'il n'y ait PAS de hasard, PAS de coïncidence mais plutôt des merveilleux Rendez-Vous, comme il le dit si bien.

Si j'avais eu besoin de preuves, j'avais été servi !

Mais ce n'était pas encore fini, Nick me réservait d'autres surprises.

Alors que j'allais dans les jours qui suivirent voir Nadia pour la remercier de m'avoir invité au stage et lui faire part de mes expériences, je trouvais sur son bureau un livre présentant le *«Patchwork for Names Project »*[1].

Je l'ouvrais machinalement et comme par « hasard », *(encore un de plus !)*, je tombai sur une page avec une photo d'un patchwork au nom de Nick.

À nouveau, je me mis à pleurer comme un petit enfant, submergé par les émotions.

Pendant plusieurs années, j'ai été totalement incapable de raconter cette histoire sans fondre en larmes, pris par l'émotion des souvenirs.

Pourtant, je devais un jour en être finalement libéré.

---

[1] Le *« Patchwork for Names Project »* regroupe les patchworks réalisés par les amis ou proche d'une personne décédée du Sida en sa mémoire. Ce patchwork appelé aussi *« The AIDS Memorial Quilt »* est maintenant gigantesque.

Alors que, suite à sa demande, je racontais à quelqu'un l'histoire de ma bague porte-bonheur, je commençais à sentir les émotions me submerger.

J'expliquais à cette personne que j'allais me mettre dans un coin pour me laisser évacuer le poids de mes émotions et qu'elle n'avait pas à s'inquiéter pour moi.

Je sais en effet que, si je me laisse me libérer de mes émotions refoulées, au bout d'un moment, même si le processus prend des années, le « sac » les contenant sera finalement vide.

Lors de mes stages, j'explique souvent aux participants qu'il est important de ne pas retenir leurs émotions, si jamais elles devaient remonter à la surface.

En effet, certaines personnes croient qu'elles ont tellement d'émotions refoulées en elles, que si elles les laissaient remonter, ça ne s'arrêtera jamais.

Je leur explique alors de cette manière « légère » et imagée :

> ***-« Mais même s'il était vrai que vous ayez en vous trois tonnes de « merde » ou de problèmes, chaque petite cuillère que vous laissez sortir est une petite cuillère en moins, à sortir ! ! ! »***

Et j'étais bien placé pour pouvoir le dire !

Je m'isolai alors spontanément dans un coin pour libérer les émotions qui montèrent en moi, dans l'instant, alors que je repensais à Nick.

Et soudainement, je fus propulsé dans une expérience étonnante.

Un être, ou plutôt une forme de lumière que je savais être Nick, m'apparut. Cette lumière n'était pas un corps humain mais plutôt une espèce de conscience vivante... Et tandis que j'étais secoué de larmes, en moi, j'entendis Nick me « dire », bien que cela se passât sans mot car c'était plutôt comme des idées, des images qui s'imposaient à moi :

-« Patrice, écoute... il faut que tu me laisses maintenant... Je dois aller plus loin et le fait que tu penses sans cesse à moi me retient ici... »

Il est vrai qu'à cette époque, je me trouvais très souvent en train de toucher sa bague avec mon pouce, comme pour me rassurer.

Je savais bien, intellectuellement parlant, que suite à des décès, les personnes « en partance » pouvaient être retenues sur le plan terrestre par les pensées de leurs proches, mais là, c'était différent, je le vivais de l'intérieur...

À nouveau, une connaissance n'est pas une expérience.

Quelque part, je savais que Nick avait raison.

De la même manière que ma mère s'était accrochée à moi, je m'étais accroché à Nick et je savais que je devais maintenant lui « rendre » sa liberté.

Je m'imaginais alors prendre des ciseaux d'or et, après un moment de « prière de remerciements », je coupais le lien me connectant à Nick, l'envoyant avec beaucoup d'Amour vers sa nouvelle destination.

Au moment où je coupai le « lien », la lumière qu'était Nick commença à s'éloigner.

Le voyant partir et me sentant sur le moment comme abandonné, j'étais à nouveau pris par les émotions et les larmes.

Une chose étonnante se produisit alors.

La lumière qu'était Nick est revenue à nouveau vers moi et ce fut alors comme si débutait entre nous une espèce de « négociation ». J'en connaissais bien sûr déjà l'issue mais Nick, plein d'amour, ne voulait pas me laisser dans cet état.

Finalement, une fois calmé et SACHANT intimement que je DEVAIS le laisser partir, je lui souhaitais un beau voyage en lui disant :

> ***-« Va maintenant là où tu veux aller, et MERCI encore... »***

Cette fois, il partit pour de bon et je me sentis finalement apaisé, serein et comblé de cette ultime rencontre avec lui.

Je fus extrêmement surpris de découvrir le lendemain matin que, la pierre en forme de cabochon recouvrant ma bague était brisée, alors que je ne l'avais même pas quittée.

Gravé au fond de cette bague, il y a un aigle perceptible sous la pierre translucide verte.

Et tandis que je le regardais, étonné de cette nouvelle synchronicité, je savais que cet aigle était maintenant libre, sans la pierre qui le retenait prisonnier, de voler, plus loin, plus haut...

Ce n'est que trois ans plus tard que je devais finalement trouver aux USA un bijoutier capable de me la réparer.

Je pense qu'il n'est pas nécessaire d'en dire plus ici, si ce n'est :

Du fond du cœur :

> ***-« Merci,... Merci,... Merci Nick... Merci de m'avoir aimé et MERCI de m'avoir mis sur le chemin...»***

CHAPITRE 22
Hervé...

Alors que je voyageais de plus en plus dans les Dom-Tom pour y animer des stages, continuant en parallèle à donner ces mêmes formations dans la métropole, je devais rencontrer un être merveilleux qui allait partager ma vie pendant près de 5 ans.

Il se présenta un jour pour participer à l'Atelier de la Vue et il me sembla très attirant.

Afin d'être optimal en tant qu'enseignant, je devais mettre de côté mes préoccupations personnelles durant toute la durée du stage.

Il m'avait bien semblé que je ne le laissais pas indifférent mais je m'efforçais, pour le bien de tous les participants de laisser cela de côté.

Une fois le stage achevé, je pouvais me permettre de poser ma « casquette » de « Patrice l'enseignant » pour me laisser être tout simplement « Patrice ».

Nous allions partir avec un groupe de stagiaires boire un verre après le stage et alors qu'Hervé était dans la salle, attendant apparemment de voir ce qui allait se passer, je l'invitais à se joindre à nous d'une voix la plus « neutre » possible.

Je devais le revoir dans les semaines qui suivirent soit pour aller au cinéma, soit au restaurant.

Peu à peu, nous nous rapprochions l'un de l'autre.

Je lui écrivais de temps en temps, lors de mes séjours dans les îles, mais « rien » de physique ne s'était encore passé entre nous.

Nous avions prévu de sortir un soir voir un film au cinéma, mais, nous devions en fait parler ensemble si longuement que le programme de la soirée se trouva modifié.

J'avais chez moi une vidéo d'un film magnifique, *« Jusqu'au bout du rêve»* [1] avec Kevin Costner, et, en ayant parlé à Hervé, je lui proposais de venir le voir chez moi.

À l'époque, je vivais dans un petit bungalow que nous avions construit dans notre jardin, Myriam et moi, alors que nous vivions ensemble. Au moment de notre séparation, nous avions convenu au départ, de vivre, Myriam dans la maison et moi dans ce bungalow que j'habitais lorsqu'il m'arrivait, entre mes nombreux voyages outre-mer, de rentrer à Paris.

Dans l'espace restreint dans lequel je vivais, nous étions Hervé et moi, allongés sur le lit, en train de regarder ce film.

Bien que très attiré par Hervé, je me sentais dans un état de « panique » alors que nous étions pour la première fois si proches l'un de l'autre. Je me souviens m'être placé sur mon lit, collé contre le mur, comme si je voulais être le plus loin possible de lui, qui était maintenant si proche de moi.

Hervé était au courant du fait que j'avais été séropositif et, bien que je ne pouvais en être sûr à 100%, il me semblait qu'il était suffisamment ouvert pour ne pas en avoir peur.

Cependant, c'est moi qui avais peur ! Une espèce de peur panique.

Il était la première relation VRAIE que je m'autorisais depuis Myriam.

Ainsi que je l'ai expliqué, un des effets pour moi de l'annonce de cette séropositivité avait été un arrêt brutal et total de toute sexualité.

Plusieurs mois plus tard, j'avais rencontré Chris avec qui j'étais allé aux U.S.A mais, il était lui aussi séropositif, ce qui, je le pensais à l'époque, facilitait un peu les choses. Cependant, ma

---

[1] *« Jusqu'au bout du Rêve »* est un film de 1989 de Phil Alden Robinson. Dans ce très beau film, le héros joué par Kevin Kostner suit « aveuglément » une petite voix qui lui « parle » dans sa conscience. Il s'abandonne à cette voix qui lui fait prendre ce qui semble être d'énormes risques pour en sortir magnifiquement transformé.

relation avec Chris devait être pour moi plus une aventure qu'une vraie histoire, bien que je doive reconnaître que, sans lui, je n'aurais jamais renoué avec Nick.

Ça faisait plus d'un an et demi que Myriam et moi étions séparés et je ne m'étais pas encore ouvert à une vraie relation.

J'avais bien eu quelques relations sexuelles, mais en m'arrangeant toujours pour ne pas m'impliquer ou pour ne surtout pas passer la nuit avec ces amants.

Et j'étais quelque part terrorisé d'en amorcer une avec Hervé que je trouvais si attirant.

Ne pouvant compter sur moi pour initier la chose *(en fait, peut-être par peur d'être repoussé, même poliment, ou peut-être aussi pour être sûr qu'il avait vraiment envie de moi),* Hervé prit son courage à deux mains pour prendre la mienne.

Je tremblais de peur alors que quelques secondes plus tard, il s'approcha tout contre moi.

Mais, finalement, je m'apaisais à son contact et, rassuré sur le fait qu'il avait vraiment envie d'être proche de moi, je l'embrassais tendrement.

Ma relation avec Hervé reste pour moi à ce jour un souvenir inoubliable, même s'il devait me quitter environ 5 ans plus tard.

En effet, et c'était pour moi une première, nous nous étions courtisé pendant plusieurs mois, nous voyant de temps en temps, allant au cinéma ou au restaurant avant de nous retrouver finalement ensemble dans le même lit.

Et je trouvais ça si romantique... au-delà du fait qu'Hervé était si parfaitement attirant.

Il est vrai qu'avec les garçons que j'avais connus jusqu'alors, y compris avec Nick qui reste cependant une des relations les plus marquantes que j'ai jamais eue, j'avais plutôt l'habitude de rencontres qui, très rapidement, finissaient au lit ou ailleurs, sans plus de formalités.

Je ne suis pas en train de dire ici que les formalités soient absolument toujours nécessaires mais elles me semblent parfois importantes.

En tout cas, nous devions rapidement, Hervé et moi, passer de plus en plus de temps ensemble.

Tantôt, il venait chez moi, tantôt, j'allais chez lui.

Du fait qu'il était aussi petitement logé, nous avions décidé très rapidement d'emménager ensemble.

Il ne nous restait qu'à trouver un petit nid d'amour.

Pendant plusieurs semaines, nous avons cherché, cherché, en vain le lieu qui allait nous accueillir.

Et alors que nous avions tous deux envie d'habiter ensemble, pas moyen de trouver un logement...

Je commençais à m'interroger.

Pourquoi est-ce que nous ne trouvons pas de logement alors que je SAIS parfaitement que je peux tout avoir ?

Après tout, j'enseignais ces principes et je les avais appliqués et mis en œuvre avec succès dans ma vie dans le cadre de mes stages, de mes voyages, de ma santé, de ma relation à l'argent, etc...

Et alors que je cherchais, cherchais, cherchais, finalement, je devais trouver la solution. Je pense que la compréhension de ce principe pourra vous aider vous aussi.

Lorsque par le passé, j'avais décidé d'une situation que je demandais à l'Univers de bien vouloir manifester pour moi, j'avais fonctionné avec le principe de la création simple. C'est-à-dire une création demandée par moi seul pour moi seul. J'en étais la plupart du temps le seul « affecté » et ceci, pour mon plus grand bonheur.

Mais maintenant que j'étais avec Hervé, le processus pour obtenir ce que nous voulions n'était plus un processus de création mais de co-création. Nous étions deux à souhaiter avoir un logement et étions deux à être directement concernés par cette création.

Si je veux créer quelque chose pour moi-même, c'est facile car la seule conscience que je doive surveiller est la mienne. Je dois simplement m'assurer que l'image du mon désir est claire et précise et que mes croyances sont en accord avec ce désir.

Si je veux créer quelque chose **AVEC** quelqu'un, c'est très différent car là, ce sont deux consciences qu'il faut surveiller.

Je commençais évidemment mon introspection.

Je me demandais : « Patrice, quel type de logement recherches-tu ? »

Et, si je me répondais de manière honnête, je devais reconnaître que j'aurais aimé une petite maison en banlieue avec un jardin où j'aurais pu mettre mes ruches et mes orchidées.

Je demandais alors à Hervé :

> ***-« Dis-moi Hervé, honnêtement, dans quel type de logement aimerais-tu que nous vivions ? »***

Et il me répondit :

> ***-« J'aimerai bien vivre dans un appartement dans Paris, proche d'une station de métro, pour pouvoir aller facilement à mon travail. »***

Bingo ! ! !

Je comprenais instantanément pourquoi nous avions tant de mal à trouver. Chacun de nous étions en train « d'énergétiser » secrètement une image différente et l'Univers ne pouvait donc nous satisfaire. Nous « le » mettions par nos désirs contradictoires en position de tiraillement.

Je décidais donc de m'aligner sur le désir d'Hervé et me suis dit :

-« OK, pas de problème, je suis d'accord pour vivre dans un appartement à Paris. »

Et évidemment, très rapidement, nous étant « alignés » sur un désir commun, l'Univers devait nous combler.

Alors qu'auparavant, chaque fois que nous allions visiter un appartement, il y avait toujours au moins une vingtaine de personnes désirant le louer, nous devions trouver cet appartement pour lequel, lorsque nous arrivâmes sur place, il n'y avait que 4 postulants, y compris Hervé et moi.

Et tandis que nous le visitions tous ensemble, l'une des personnes présente le trouva « comme par hasard » trop grand et l'autre « comme par hasard » trop petit alors qu'il était parfait pour nous.

Je devais y vivre de merveilleux moments avec Hervé.

Par la suite, je présentais Hervé à mes parents qui l'acceptèrent tous deux totalement. Ils savaient évidemment depuis le début que j'étais homosexuel et avaient par ailleurs connu Alain à l'époque où nous étions ensemble. J'ai la chance d'avoir des parents qui avaient tous deux suivi des stages avec Martin ! Peut-être au début pour s'assurer du sérieux de la méthode que j'allais enseigner puis ensuite pour l'utiliser à leur tour. C'est d'ailleurs alors que ma mère participait à un stage accompagnée de mon frère que je leur avait dit que j'avais été séropositif. Je pense que, grâce à ce stage, Maman avait compris l'importance vitale pour moi de me sentir aimé et voyant qu'Hervé me rendait pleinement heureux, elle l'accepta immédiatement.

Il était totalement intégré à ma famille. Il avait son cadeau pour son anniversaire, pour sa fête, pour Noël, etc...

Pour ma part, le temps passait et je continuais à enseigner mes stages en France et Outre-mer.

Parfois Hervé m'accompagnait pour son plus grand plaisir... et le mien aussi bien sûr.

Lorsque je partais seul, j'étais toujours très heureux de le retrouver à mon retour.

Au fil du temps, Hervé prit de plus en plus confiance en lui alors qu'il travaillait sur sa conscience et ainsi que je l'avais fait quelques années auparavant, il donna lui aussi sa démission à l'Éducation Nationale pour se mettre à son compte.

Il devait tout d'abord m'aider dans l'organisation de mes stages pour, par la suite se consacrer au théâtre puis au chant.

Mais sans m'en rendre compte, mes nombreux voyages, mon attitude trop égoïste par laquelle je ne lui laissais pas assez d'espace propre devait rendre pour Hervé notre relation difficile à vivre.

Un jour, après près de 5 ans de vie commune, alors que je revenais d'un séjour dans les îles où j'avais animé des stages, il m'annonça qu'il voulait mettre fin à notre relation.

Au moment où il me parlait, j'avais l'impression que je tombais dans un gouffre sans fin.

Je ne comprenais pas pourquoi il voulait me quitter. Tout me semblait aller si bien entre nous !

J'avais eu, il est vrai, quelques aventures purement sexuelles avec certaines personnes et, par souci de clarté, j'en avais toujours informé Hervé. Je réalise à ce jour que même si, intellectuellement parlant, il pouvait « comprendre » mes agissements, à un niveau profond, il se sentait blessé.

Bien qu'il se soit senti blessé, et quelque part, je regrette encore à ce jour de l'avoir fait souffrir *(eh oui ![1])*, ce n'était

---

[1] En effet, même si je sais que tout ce qui se passe est parfait, ça ne veut pas dire que je doive pour autant continuer à faire ce qui serait « parfait » par nature si je me rends compte par la suite que cet acte « parfait » fait souffrir quelqu'un d'une manière dont je n'aimerais pas souffrir moi-même.

probablement pas la cause principale dans sa décision de me quitter.

Il semble plutôt que mon tempérament « Tigre » *(c'est mon signe astrologique chinois)*, était difficile à vivre pour lui qui était de signe « Chèvre ». L'image est peut-être simpliste, mais imaginez un peu la relation que peuvent avoir ensemble un tigre et une chèvre...

Je le « bouffais » littéralement ou peut-être l'étouffais et il avait du mal à trouver sa place et son espace dans notre relation. Et j'étais à l'époque trop aveugle pour le percevoir.

En ce qui me concernait, j'avais l'impression que tout allait bien. Je me sentais très heureux d'être avec lui et j'avais l'impression qu'il l'était avec moi.

Ce qui me surprenait toujours agréablement et que je n'avais jamais vécu auparavant était que, même après des années, alors que je me réveillais chaque jour à ses côtés, je me sentais rempli de gratitude pour la chance que j'avais qu'il ait choisi, cette nuit encore, d'être avec moi.

J'avais un jour entendu Martin raconter qu'il avait donné à sa fille un judicieux conseil lors de ses 17 ans :

> ***-« Ne vas pas dormir avec un garçon avec qui tu n'aurais pas envie de te réveiller. »***

Et j'aurais aimé, je pense, me réveiller à ses côtés encore de nombreuses années...

Cependant, l'Univers devait en décider autrement...

Puisque apparemment, le chemin d'Hervé partait dans une autre direction, c'était donc que le mien, lui aussi, devait aller dans une autre direction.

Mais laquelle ?

CHAPITRE 23

Une nouvelle conscience...

Alors qu'Hervé avait mis fin à notre relation, il devait continuer à habiter « chez nous » encore quelque temps.

Je me jetais dans le « travail » et les stages pour masquer ma souffrance, m'arrangeant pour être le moins possible à la maison, trouvant difficilement supportable de rester en sa présence sans pouvoir toucher celui que j'aimais.

Grâce à mes transformations passées, le départ d'Hervé se passa quand même relativement bien, même si j'ai souffert de son absence pendant de nombreuses années.

Cependant, cette expérience me permettait une fois de plus de réaliser que bien que les principes de la transformation étaient « simples », ils n'en étaient pas nécessairement « faciles » à mettre en place...

Ayant perdu l'incroyable source d'amour qu'il était pour moi, je devais, petit à petit, sans vraiment m'en rendre compte, m'orienter vers une autre source d'amour intarissable.

Une nouvelle mutation s'opérait progressivement pour moi, grâce à Hervé.

Et je dois reconnaître ici que s'il ne m'avait pas quitté, je n'aurais probablement pas entamé cette magnifique métamorphose qui se mit progressivement en place.

Je commençais à vivre de plus en plus souvent des expériences que je qualifiais « d'extra-ordinaires » alors qu'elles s'imposaient à moi.

Peut-être était-ce dû au fait que mon énergie sexuelle se trouvait réorientée ? Je ne sais pas vraiment. Toujours est-il que j'étais très heureux de cette nouvelle découverte.

De plus en plus, alors que j'animais mes stages, une « force » d'un amour étonnant me remplissait, souvent alors que j'arrivais à la partie de stage où j'expliquais aux stagiaires la manière par laquelle, nous évoluons dans notre conscience, en chemin vers la réalisation de notre nature Divine et Illimitée.

Souvent, au début, le dimanche matin, alors que j'arrivais à l'explication du *Chakra* du Cœur et que j'étais en train de le décrire, cette « Conscience d'Amour » m'envahissait et je me sentais alors emporté pour un moment, souvent bref à l'époque, durant lequel je voyais et sentais cet amour qui coulait de moi, être comme un baume apaisant pour les stagiaires.

Parfois, quelqu'un me posait une question et je m'entendais lui répondre quelque chose que je n'avais jamais appris.

C'était comme si, d'un seul coup, je SAVAIS.

Une forme de compréhension, de connaissance s'imposait à moi et je me trouvais souvent ému par ce que je m'entendais dire alors que j'en réalisais la portée, la puissance et la simplicité.

La première fois où cela se produisit, j'étais bouleversé. Cependant, la qualité d'expérience que j'avais vécue, même si elle avait été brève, m'avait semblé si belle, si intense, si pure, si réelle que je ne pouvais la nier.

C'est ainsi, qu'un peu à la fois, j'ai commencé à revoir toutes mes croyances.

En effet, lorsque cela se produisait, j'avais l'impression d'être habité par « une autre conscience ». Une conscience que je percevais « Divine » ou « Angélique ». Dans ces moments que je sentais profondément bénis, une patience, une compréhension, une paix, un amour d'une qualité incroyable me remplissaient.

Chaque fois que cela se produisait, j'étais rempli de gratitude. Cependant, je réalisais que ma gratitude allait maintenant à Dieu, et plus à l'Univers, comme par le passé.

Dans mon expérience, c'était le seul mot qui me venait à l'esprit et que je pouvais associer avec cet état que je vivais. Je pouvais goûter de plus en plus souvent à sa Divine présence.

Je me souviens qu'à cette époque où j'animais très souvent des stages, j'étais toujours en attente de ces moments sacrés. Je me demandais, mais quand « cela » va-t-il venir cette fois-ci ?

D'autre part, au-delà de la mutation qui s'effectuait dans ma conscience, en parallèle, une mutation se mettait en place dans mon corps.

Le départ d'Hervé m'avait tellement marqué que j'avais pris beaucoup de poids. Un jour, comme si je me réveillais de ma torpeur, je DÉCIDAIS de me débarrasser de ces kilos superflus. J'avais atteint ma limite du supportable.

J'avais atteint ce que je décris dans mes stages de manière légère et imagée comme étant « le fond de ma piscine de merde » et je ne pouvais le supporter plus longtemps. Comme je l'explique souvent, quand on a atteint le fond de sa piscine, quelle que soit sa profondeur, un simple petit coup de talon au fond suffit à nous faire remonter à la surface !

La question qu'il faut donc se poser, une fois que l'on a compris et intégré[1] que nous pouvons tout changer est :

> ***-« Quelle est la profondeur que nous allons tolérer ? »... « Quand allons-nous décider que c'en est assez ?... Quand allons-nous décider que nous ne pouvons plus le supporter ?... Et quand allons-nous décider que nous sommes PRÊTS à faire TOUT ce qui est nécessaire pour aller mieux ?... Et évidemment, quand allons-nous commencer à le faire...? »***

Une fois que vous aurez réalisé qu'en tant qu'êtres humains, vous ne pourrez pas tolérer la disharmonie trop longtemps, *(ceci du fait que nous venons tous, je pense, d'un monde d'harmonie),* quand allez-vous choisir et décider de retrouver l'harmonie ?

---

[1] « Intégrer » signifie, pour moi, qu'une idée ou une connaissance n'est plus du domaine « intellectuel » mais du domaine « expérienciel ». Ce n'est pas ma tête qui sait. C'est mon corps, ce sont mes tripes qui savent car cette « connaissance » est vécue, connue et expérimentée de l'intérieur.

Pour ma part, j'avais décidé de me débarrasser[1] des kilos excessifs et je faisais tout ce que je croyais devoir faire pour y parvenir.

J'étais déterminé à le faire.

Je commençais alors à surveiller vraiment mon alimentation, mangeant tout ce que je voulais sans restriction de quantité mais en appliquant les principes de Shelton[2] dont nous avons parlé, c'est-à-dire sans faire de mélanges « interdits ».

Pour m'aider, je pratiquais aussi des outils de reprogrammation mentale, décidant que cette nourriture que j'ingérais me faisait mincir, programmant la nourriture qui sortait de moi alors que j'étais aux toilettes comme étant des kilos en trop qui me quittaient. Chaque fois que je tirais la chasse d'eau, je pouvais leur dire : *« Bye, bye les kilos... »*. Je travaillais en fait sur plusieurs plans simultanément.

Pourtant, bien qu'ayant obtenu des résultats, je trouvais que ça n'allait pas assez vite.

Une nuit, allant aux toilettes, je devais prendre une décision ferme, forte et profonde.

Je décidais que je voulais retrouver le poids que j'avais lorsque j'avais 20 ans, pour mes 33 ans.

Et il ne me restait plus que quelques mois...

Et alors que mon anniversaire approchait, je décidais de me faire un cadeau très spécial.

Je décidais de m'offrir un voyage en Israël, sur les traces de Jésus.

---

[1] Il est important, lorsque l'on veut réduire son poids de dire « je veux me débarrasser de kilos » plutôt que « je veux perdre des kilos ». En effet, les mots étant créateurs, si je dis « perdre », cela implique que je vais le retrouver, car, depuis tout petit, j'ai été « programmé » à retrouver ce que j'avais perdu.

[2] Voir Chapitre 19

Ayant conscience que cette terre d'Israël était chargée énergétiquement, je décidais de me préparer, physiquement et spirituellement à cette expérience que j'espérais importante.

En effet, depuis l'âge de 28 ans, je me demandais régulièrement alors que je voyais ma vie s'améliorer constamment :

-« ***Qu'est-ce que l'Univers va bien pouvoir m'offrir comme cadeau pour cette date symbolique de mes 33 ans ?*** »

Connaissant les bienfaits du jeûne et l'ayant déjà pratiqué de nombreuses fois, je me préparais à ce voyage par un grand jeûne purificateur.

Pour cela, je commençais par me nourrir durant une semaine de raisins frais uniquement. Durant les quatre jours suivants, je ne me nourrissais que de jus de raisins frais. Et durant les sept jours suivants, je décidais de jeûner totalement et de n'ingérer que de l'eau pure.

J'avais organisé mon jeûne de telle manière que je pourrais commencer à m'alimenter très progressivement à nouveau dès le lendemain de mon arrivée en Israël, avec des jus de fruits frais, ayant poussé sur la Terre Sainte.

Je dois dire que ce jeûne me permit d'atteindre à la date convenue l'objectif que je m'étais fixé. Je m'étais finalement débarrassé de 25 kilos !

Attention : Afin de rassurer ceux qui croient qu'un tel jeûne fait fondre autant de poids, ça n'a pas été le cas pour moi. Je m'étais déjà débarrassé de 18 kilos par mes changements alimentaires et les programmations mentales. Ce jeûne ne m'a aidé que pour les quelques 6 ou 7 kilos qui me restaient à retourner à l'Univers.

Toujours est-il que j'avais une fois de plus reçu la manifestation de ce que j'avais demandé.

À ceux d'entre vous qui souhaiteraient entreprendre un tel jeûne, je dois cependant vous mettre en garde. Des jeûnes aussi intenses que celui que j'ai effectué ne doivent pas être entrepris n'importe comment. Si vous êtes intéressés, le livre de Shelton[1] ou un avis médical pourront vous être utiles.

Arrivé en Israël, je devais passer ma première nuit à Tel Aviv avant de partir le lendemain pour Nazareth.

Mon premier « repas » de jus de fruits frais me parut succulent.

Comme quoi, c'est en « manquant » ou peut-être en « souffrant du manque » de quelque chose qu'on l'apprécie VRAIMENT.

Serait-ce pour ça que parfois, nous choisissons de souffrir avant d'être heureux ?

Pourquoi ne sommes-nous pas capables d'être heureux simplement ?

À nous de voir et de méditer !

Toujours est-il qu'après Nazareth, je devais me rendre au Mont-Tabor puis à Tibériade où je trouvais un petit hôtel.

Le lendemain matin, alors que je descendais vers le lac, je décidais de m'arrêter pour y méditer un moment.

Honnêtement, je dois dire maintenant que ma motivation originelle pour m'arrêter à cet endroit était des plus malsaines. En effet, je m'arrêtais avec l'idée de pouvoir, une fois rentré en France, dire à mes amis que « j'avais médité au bord du Lac de Tibériade ! » Piètre motivation je l'avoue...

Pourtant, ne dit-on pas que les voies du Seigneur sont impénétrables ?

Car c'était pourtant le moyen qu'il avait choisi pour, quelque part, m'obliger à m'arrêter à cet endroit précis, à ce moment précis, afin que je vive une expérience transcendantale.

---

[1] *« Le Jeûne »* de Shelton, paru aux éditions Courrier du Livre

Je garais donc ma voiture à côté de ce qui me semblait être un petit chantier naval et me dirigeais vers les bords du lac, voyant de grosses pierres qui semblaient m'attendre.

Je m'asseyais et contemplais la rive opposée du lac.

Et, avant que je puisse faire quoi que ce soit, sans comprendre ce qui m'arrivait, je fondis en larmes.

Alors que je regardais ce magnifique paysage en face de moi, je pleurais, pleurais, pleurais.

Pourtant, ces larmes n'étaient pas des larmes de tristesse.

En moi, c'était comme si j'avais l'impression de me « reconnecter » avec ce paysage,... avec... quelque chose... Quelque chose que j'avais connu, il y a longtemps,... longtemps... il y a si longtemps... et ça me faisait tellement de bien...

Et très rapidement, je devais sentir une paix incroyable me remplir le cœur et en émaner. Et plus je m'ouvrais, plus je sentais cette énergie apaisante grandir en moi. J'avais l'impression d'être en contact avec ce tout qui m'entourait, y compris les collines que je percevais à l'horizon.

Je sentais en moi un amour palpable, fort, doux, concret, réel pour tout ce que je contemplais.

Parce qu'en cet instant sacré, je ne « regardais » plus. Je « contemplais ». J'avais l'expérience de contempler,... de réaliser,... d'expérimenter une perfection absolue en tout ce sur quoi mes yeux se posaient. Et je me sentais béni, vraiment béni, moi et tout ce que je percevais autour de moi.

Je devais rester à cet endroit un long moment, rempli de cette paix palpable, immergé dans cette paix.

Lorsque, après un long moment, je me sentis peu à peu « redescendre » de cet état transcendantal, je me sentais nettement différent.

En y repensant par la suite, je comprenais certaines choses et notamment que mon retour en Terre Sainte était nécessaire pour ouvrir à nouveau en moi des canaux énergétiques qui avaient été fermés.

Et si auparavant, j'avais intuitivement senti que j'avais déjà vécu dans ce pays lors d'incarnations précédentes, j'en avais maintenant ce qui me semblait être une preuve irréfutable.

J'avais en effet vécu cette expérience étonnante alors que je ne m'y attendais absolument pas ! Non seulement, je ne m'y attendais pas mais en plus, je n'imaginais même pas qu'un tel état soit possible, en tout cas, avec une telle intensité.

Et j'ai maintenant l'impression que c'était LA raison de mon voyage en Galilée.

Il est vrai que je devais vivre par la suite de merveilleux moments sur les différents lieux saints que je visitais en Terre Sainte mais aucun n'égala celui vécu en ce lieu qui ne ressemblait nullement à un lieu saint, me trouvant à deux pas d'un chantier avec autour de moi des carcasses de bateau en réfection.

J'avais prévu de me retrouver à Jérusalem pour ma date anniversaire mais, arrivé sur place, je trouvais l'énergie de la ville sainte assez rude et, le 9 octobre au matin, après une rapide promenade dans la vieille ville, je décidais de passer ma journée d'anniversaire au Mont des Béatitudes et au bord du Lac de Tibériade.

En effet, j'avais trouvé l'énergie de la Galilée bien plus agréable que celle de Jérusalem. Pour moi, la présence de Jésus me semblait bien plus palpable dans cette région où il passa beaucoup de temps et où il accomplit de nombreux miracles.

Je sais maintenant que, suite à cette expérience transcendantale vécue au bord du lac de Tibériade, je ne devais plus jamais être le même.

Lorsque j'animais des stages par la suite, je pouvais sentir que de nouveaux canaux énergétiques avaient été ouverts en moi et me permettaient maintenant de canaliser une qualité d'énergie bien plus belle, bien plus pure, qui me faisait me sentir merveilleusement bien et dont je pouvais voir les effets apaisants et transformateurs sur les participants.

Je sentais vraiment que maintenant, il fallait que j'aille « plus loin », mais où ?...

Je réalisais aussi clairement qu'il me manquait « quelque chose », mais quoi ?...

Au fil du temps, je réalisais que ce qui me manquait, c'était « l'expérience » de ce que j'enseignais.

Je réalisais peu à peu que pendant des années, j'avais enseigné des croyances que je « savais » être vraies mais il m'en manquait l'expérience...

Je réalisais que j'étais capable de parler pendant des heures des *Chakras*, de la conscience, des niveaux de conscience, mais il me manquait « l'expérience » de ce dont je parlais...

Je comprenais pourquoi, des années auparavant, j'avais senti que je devrais, un jour, aller « plus loin » que Martin Brofman et enseigner d'une « autre » manière, sans savoir à l'époque exactement ce que cela voulait dire... À l'époque, ce n'était qu'une espèce de certitude qui s'imposait à moi.

D'autre part, je me sentais de plus en plus mal à l'aise de continuer à enseigner de la même manière certains concepts...

Par exemple, une des idées de base de la méthode qu'avait mise au point Martin est :

« Chacun, nous créons notre réalité. »

Et honnêtement, il me devenait de plus en plus difficile de dire et d'enseigner à mes stagiaires : « *Je crée ma réalité* » alors que, de plus en plus, je sentais très fortement cette « énergie » que, personnellement, je sentais être Dieu, qui, « avait créé pour moi ma réalité ».

Pourquoi ?

Parce que, par moments, je vivais des expériences que personnellement, je n'aurais jamais osé demander ! *(Et pourtant, je les vivais pour mon plus grand plaisir !),*

Et à d'autres moments, j'expérimentais spontanément quelque chose, à nouveau pour mon plus grand plaisir, ALORS que je ne n'y avais même pas cru par le passé. Et ça allait donc à l'encontre de tout ce que j'avais enseigné. Et je dois dire que cela me perturbait au plus haut point. Il me fallait comprendre...

Par exemple, il me semblait évident que pour de nombreuses choses de ma vie, c'était moi qui les avais créées. Mais pour d'autres, je savais qu'il y avait autre chose qui l'avait créé pour moi. Et je peux dire cela car, au moment même où je vivais ces expériences, une partie de moi était instantanément remplie de gratitude envers Dieu, que je savais, en cette seconde précise, être la « cause » du « Miracle » que j'expérimentais.

L'expérience elle-même me le montrait simultanément.

L'expérience elle-même me faisait RÉALISER « Celui » qui en était la cause.

D'autre part, j'avais enseigné par le passé *: « Mes croyances déterminent mon expérience. »*. Et maintenant, quelque chose « clochait » dans ma propre expérience.

Je disais à mes stagiaires que : « Je ne peux pas vivre une expérience, à moins d'en avoir d'abord développé l'état de conscience ou d'en avoir d'abord la croyance. », ceci du fait que j'enseignais que « Tout démarre dans **Ma** conscience. » or, depuis quelque temps, je commençais à EXPÉRIMENTER autre chose ! ! !

Soudainement, je me mettais à « vivre » des choses auxquelles je n'avais JAMAIS cru.

Et je me sentais mal à l'aise de dire à mes stagiaires une chose, alors que j'en expérimentais maintenant une autre.

C'est comme si j'avais l'impression de leur mentir... Et c'était pour moi intolérable.

Je devais donc tout revoir en moi car quelque chose « clochait » dans le modèle que j'avais transmis.

Et après avoir réfléchi, trituré et re-trituré ces idées, je réalisais une chose merveilleuse.

« Tout ce que j'avais enseigné par le passé était vrai,

est vrai et sera vrai à jamais. »

Je réalisais que tout ce que Martin m'avait transmis EST VRAI.

Cependant, il me manquait une petite compréhension que je n'avais pas encore intégrée et que je vais vous présenter ici.

Il s'agit de cette « variable » qui fait que, selon notre niveau de conscience, un événement extérieur identique peut nous sembler avoir une cause, une origine totalement différente.

Je comprenais que tout dépendait en fait de ce que l'on appelle parfois « les niveaux de conscience ».

Tout dépendait donc de mon « niveau de conscience »

Et afin de vous faire bien comprendre ceci, je vais maintenant vous expliquer plus en détail ce que je « perçois » être ces « niveaux de conscience».

CHAPITRE 24

Les Niveaux de Conscience...

Avant de pouvoir vous expliquer ce que je perçois être les niveaux de conscience, laissez-moi vous parler à nouveau des *Chakras*.

Nous les avons abordés en partie au chapitre 14, cependant, je vais maintenant aller un peu plus loin sur les bases expliquées auparavant.

Ainsi que nous l'avons vu brièvement, les *Chakras* ont une relation interactive avec le corps physique par l'intermédiaire des groupes de nerfs et des glandes endocrines. Ils représentent aussi, et je devrais en fait dire d'abord, des aspects de notre conscience.

Et alors que nous évoluons, comme on le dit couramment, dans « notre conscience », nous pouvons dire que nous évoluons en fait « dans nos *Chakras* ».

On peut dire que chacun d'entre nous a un « *Chakra* de résidence principale» durant une partie particulière de notre vie, selon ce qui nous motive durant cette partie de notre vie.

Ce « *Chakra* de résidence principale » est celui dans lequel nous passons le plus de temps et celui vers lequel nous avons spontanément tendance à « revenir » après être allé « visiter » d'autres *Chakras*, après avoir passé un certain temps dans d'autres niveaux de conscience, dans d'autres « *Chakras* »...

En fait, réellement, nous passons d'un *Chakra* à un autre en permanence au cours d'une journée, selon ce qui nous motive en une seconde donnée. Cependant, dans le but de vous faciliter la compréhension, je vais simplifier, structurer et schématiser ici grandement un processus qui est, en fait, bien plus complexe.

Et bien qu'à nouveau ce livre ne soit pas conçu comme un stage ni destiné à être un livre technique, je vous propose d'explorer avec vous maintenant l'évolution de la conscience dans les *Chakras*.

Mais ceci, comprenez-moi bien, pas dans le but de vous alourdir de « connaissances intellectuelles » qui, en tant que telles n'ont aucune valcur.

Je le fais au contraire plutôt afin qu'en faisant le parallèle avec votre propre expérience, vous compreniez mieux VOTRE PROPRE cheminement et VOS différents niveaux de perception et de réalisations afin que, peut être, le comprenant, vous puissiez prendre d'autres décisions conscientes dans le but de changer vos expériences.

Nous allons donc maintenant explorer l'évolution de la conscience, dans les *Chakras*, pour un bébé naissant sur Terre puis grandissant vers l'âge adulte. Nous pourrions tout aussi bien être en train d'explorer l'évolution d'un esprit s'incarnant sur Terre alors qu'il va vers la réalisation de sa nature Divine.

Premier point à éclaircir : je crois profondément, et pas seulement parce que c'est ce que nous ont dit au fil des temps les sages et les saints, *(et pas uniquement dans la religion catholique d'ailleurs),* que la raison principale de notre incarnation sur Terre est de réaliser notre nature Divine. C'est, je crois, la raison pour laquelle nous sommes sur Terre. Nous sommes ici pour d'une part, réaliser notre nature Divine et d'autre part, pour la manifester.

Et avant de réaliser notre nature Divine, il y a un chemin, des phases, des étapes à franchir exactement comme pour un bouton de rose qui DOIT passer par certaines phases AVANT de se déployer dans la lumière du soleil.

Ce chemin est quelque part symbolisé par les *Chakras*.

Commençons maintenant notre « voyage » si vous le voulez bien.

Lorsque nous naissons sur Terre, nous sommes d'abord préoccupés par notre survie. C'est le premier *Chakra* qui gère dans notre conscience les aspects de sécurité, de confiance, de survie.

On peut donc dire que nous « habitons » alors dans notre premier *Chakra* pour, espérons le, seulement le début de notre vie ! Nous devons survivre et c'est la chose principale qui nous motive.

Le bébé va ainsi, dans et par sa relation avec sa mère, qui est sensée lui fournir l'environnement protecteur et sécurisant, déterminer ses systèmes de croyances concernant la sécurité. Il fera ceci suite aux « perceptions » qu'il aura eues de sa mère.

Par exemple, imaginons que ce bébé ait faim. Rien de plus normal. Il est vital de manger. Cependant, imaginons maintenant que sa mère le nourrisse et que, pour une raison ou une autre, il n'y en ait pas assez dans le biberon. Soit parce que c'est la guerre, soit parce qu'il y a un manque, soit parce que la maman ne réalise simplement pas que son bébé a si faim... Du point de vue du bébé, ces circonstances extérieures n'ont pas d'importance. De **son** point de vue, il va vivre l'expérience suivante : « Il n'y en a pas assez pour lui. »

Et à ce stade, ce n'est qu'une expérience. Une expérience parmi toutes les autres qu'il vit chaque jour.

Si, par contre, cette expérience se produit à nouveau plusieurs fois, ce bébé va probablement en tirer une croyance. Une croyance qui risque d'être du style : « Il n'y en a jamais assez pour **Moi** sur Terre. **Ma** survie est menacée sur Terre. »

Cependant, une fois que ce bébé aura « décidé » que c'est « comme ça » sur Terre, il va valider sa croyance en attirant vers lui, comme un aimant, des circonstances qui vont lui permettre de les valider. Sa croyance va maintenant créer ce que sera son expérience future. Et son « modèle » de relation avec sa mère va devenir alors comme un modèle de relation pour tout ce qui est sécurisant pour lui sur Terre. Et par la suite, ce bébé devenu homme ou femme expérimentera des manques vis-à-vis de ce qui est supposé assurer sa survie. C'est-à-dire probablement avec l'argent, avec le travail *(qui lui assure sa sécurité),* avec sa maison *(qui est le lieu sécurisant).* Tout ça, à cause d'une « perception » d'un manque qu'il a vécu, c'est vrai, mais qu'il a surtout entretenu dans sa conscience.

Évidemment, il vivra cela, jusqu'à ce qu'il prenne une autre décision plus juste.

Et ceci est une dimension **très importante**.

Nous pouvons, et ceci **à tout moment**, changer nos croyances, pour changer nos expériences. Et ceci, même si nous n'avons encore aucune expérience de ce que nous voulons vivre à la place.

C'est là quelque chose de purement mécanique.

Nous devons croire par exemple qu'il est facile de survivre sur Terre *(évidemment, si c'est une expérience que nous avons envie de vivre ! ! !)* alors même que notre expérience nous montre que c'est faux !

Et pourquoi est-ce que notre expérience nous montre que c'est faux ?

Et bien simplement parce que nous avons décidé, dans un premier temps, ceci souvent au tout début de notre vie, que pour nous, il était difficile de survivre sur Terre, ceci évidemment suite à notre propre expérience.

Parfois, le mécanisme est différent.

Parfois, nous avons décidé qu'il était difficile de survivre sur Terre en acceptant des croyances qui nous ont été proposées par notre entourage ou par la société dans laquelle nous vivons.

Vous comprenez maintenant pourquoi je vous dis que vous devez faire « ce pas dans la foi ». C'est évident ! Nous devons « croire » avant de « voir ».

Et c'est souvent un point difficile à intégrer pour beaucoup de personnes.

Elles disent :

> **-« *Si je le vois, je le croirai.* »**

Mais ce n'est ABSOLUMENT pas comme ça que cela fonctionne !

À ce jour, même certains physiciens très sérieux commencent à le penser ! ! ! *(En effet, certaines expériences sur les micro-particules ont montré que l'attitude du chercheur avait une influence sur le comportement de ces particules qui se comportaient tel que le chercheur le pressentait.)*

Ces personnes devraient dire à la place :

> **-« *Si je le crois, je le verrai !* »**

Nous revenons ici, vous le voyez bien, aux principes de bases de la métaphysique, c'est-à-dire : Image + Certitude = Manifestation.

Ce point étant maintenant éclairci, revenons à l'évolution dans les *Chakras*

Une fois que ce « bébé dans la conscience» aura passé un « certain temps » dans son premier *Chakra*, il va rechercher quelque chose de mieux. Il va « grandir ». Il va « évoluer ».

Au bout d'un moment, il va se dire :

> **-« *Mais enfin, n'y a-t-il pas « autre chose » sur Terre que vivre pour survivre ? Quelque chose qui me ferait plus PLAISIR ? Quelque chose qui serait plus agréable ?*»**

Pourquoi ? Et bien parce que je crois qu'en tant qu'êtres spirituels, nous venons TOUS d'un espace d'harmonie, de beauté, d'amour.

Et de ce fait, tôt ou tard, grâce à cette mémoire résiduelle enfouie en nous, nous recherchons TOUS quelque chose de plus agréable, de plus harmonieux, de plus beau.

Et alors que ce « bébé » va rechercher quelque chose de mieux, il va évidemment TROUVER quelque chose de mieux.

Jésus ne nous a-t-il pas dit :

-« Cherchez et vous trouverez »[1] ?

Et que va découvrir ce bébé ? Il va découvrir que le plaisir qu'il peut avoir grâce à la nourriture ou au sexe est plus intéressant que celui que lui procure le fait de « survivre ».

Il va alors « déménager » dans son deuxième *Chakra*. En effet, le deuxième *Chakra* représente, entre autres choses, la relation que nous avons avec notre corps et les sensations ou le plaisir qu'il peut nous procurer. Au niveau de ce *Chakra* là, ce n'est évidemment qu'un plaisir physique, chimique et sensoriel.

Enfin, toujours est-il qu'il est plus agréable de rechercher et d'obtenir du plaisir par mon corps que de « simplement » survivre.

Ainsi, le bébé qui, auparavant, ingérait tout ce qu'on lui donnait, va maintenant faire comprendre à sa mère que, par exemple, la banane lui semble meilleure que la pomme. Il va commencer à toucher son corps et découvrir qu'il peut lui apporter du plaisir ! Et ça, c'est plus agréable que survivre !

Et après avoir passé un certain temps dans son deuxième *Chakra*, motivé par la recherche du plaisir ou du sexe, il va à nouveau se demander : *« Mais, n'y a-t-il pas quelque chose qui soit MIEUX que ça ? »*.

Et évidemment, il va trouver. Et il va déménager dans son troisième *Chakra (celui dit du Plexus Solaire)* et réaliser qu'il a un pouvoir. Le 3e *Chakra* gère dans notre conscience les aspects

---

[1] Matthieu 7:7-8

de liberté, de contrôle, de pouvoir. Il représente aussi l'intellect, le mental et ce que l'on considère parfois comme le pouvoir du mental.

Ce « bébé spirituel » va réaliser qu'il peut dire « non » par exemple. Et que le simple fait de dire « non » fait augmenter son plaisir.

Il se dit :

> -« ***Maintenant, je ne suis plus contrôlé par mon corps qui me pousse par exemple à manger, à fumer, ou à rechercher un plaisir sexuel. Je suis libre. Si je me contrôle, si je contrôle l'autre, si je contrôle mon corps, mon « plaisir » est plus intense, mon plaisir dure plus longtemps... »***

Et ce « bébé spirituel» qui devient maintenant un « enfant spirituel» prend pour la première fois conscience de son pouvoir créateur !

Auparavant, il lui « semblait » subir le monde extérieur. À partir de maintenant, il a conscience qu'il participe, qu'il est créateur, qu'il a un pouvoir !

Il réalise alors :

> -« ***Si je lui dis « non », ma mère ne me fait pas ce qu'elle allait me faire... Je suis libre,... je peux la contrôler... Si je dis « Merci », elle m'en donne plus... Si je pleure, elle vient plus vite... je peux contrôler mes pensées et obtenir grâce à cela ce que je veux,... je peux visualiser..., affirmer..., décréter... et obtenir ce que je veux »***

Ce que je décris ici est en fait la base de toutes les techniques dites de « contrôle mental », je vous le signale ! ! !

Le bébé comprend aussi qu'il peut contrôler ses muscles et son corps *(les muscles sont associés au troisième Chakra)* et grâce à cela, il peut marcher ! Et le fait de marcher lui permet de découvrir un tout nouvel univers.

Et ça, c'est bien plus agréable que de vivre dans le deuxième *Chakra*, là où c'est mon corps et mes sensations qui me contrôlent !

Ce niveau de conscience du 3e *Chakra* est celui dans lequel vit la majorité des humains sur la terre aujourd'hui.

C'est de ce point de vue, de ce *Chakra*, de ce niveau de conscience qu'émanent toutes les techniques dites de « contrôle mental » ou utilisant le mental comme un outil pour changer des situations.

C'est ici également qu'émerge la croyance généralement acceptée de beaucoup :

-« Tu gagneras ton pain à la sueur de ton front ».

C'est ce qui fait croire aux gens qu'ils doivent « faire » pour avoir. Alors qu'il y a d'autres manières... D'autres chemins que nous allons bientôt explorer...

Dans notre société, il est considéré « normal » d'être motivé par 3 choses principales : la survie *(1er Chakra),* le plaisir sensoriel et le sexe *(2e Chakra)* et le pouvoir, le contrôle ou éventuellement la liberté *(3e Chakra).*

Tous les états de conscience au-delà du 3e *Chakra* sont, dans notre société, considérés soit comme extra-ordinaires, soit même pathologiques, ce qui est très triste.

Pourquoi ?

Parce que dans notre société occidentale, la conscience n'a jamais vraiment été étudiée ! Il faut se tourner vers l'orient pour y trouver les réponses.

Mais revenons à notre « enfant spirituel » et à sa croissance...

Autant le plaisir qu'il va ressentir à contrôler ou à se contrôler lui semblera intense, ceci en partie grâce à tout ce qu'il va créer pour lui avec cela, autant, au bout d'un certain temps, il lui semblera qu'il doit bien y avoir « autre chose » que ça !

Et même si cet être change radicalement sa vie en apprenant à gérer le pouvoir de son mental, au bout d'un moment, il lui manquera « quelque chose ».

Il réalisera finalement que c'est vrai qu'il peut TOUT avoir, grâce à son mental, mais qu'en fait, il est seul. Très seul.

En effet, dans les 3 premiers *Chakras*, nous sommes seuls.

C'est MOI et ma survie.

C'est MOI et le plaisir que MON corps m'apporte *(il n'est évidemment pas encore question ici du plaisir que mon corps peut apporter à quelqu'un, car là, c'est déjà la RELATION à l'autre, c'est le 4ᵉ Chakra !).*

C'est MOI et mon pouvoir ou ma liberté.

Ce sont des états de conscience relativement « primaires » dans lesquels nous n'avons pas encore conscience de l'autre. À ces niveaux de conscience, l'autre existe un peu au même titre qu'un objet, sans être réellement reconnu comme une conscience avec laquelle je suis en relation.

Et cet « enfant spirituel » recherchera alors la « relation » à l'autre.

Il réalisera que, AIMER ou ÊTRE AIMÉ, c'est plus agréable que ce qu'il peut obtenir ou ressentir grâce à son 3ᵉ *Chakra.*

Et il réalisera que quel que soit le plaisir que puisse lui apporter le fait de contrôler même une multinationale, et bien, aimer ou être aimé par UNE SEULE personne est bien plus agréable...

Nous parlons ici évidemment toujours d'un ressenti, d'un état de conscience intérieur ! D'un sentiment de plaisir, de satisfaction qui nous remplit.

Et il « déménagera » alors dans son 4ᵉ *Chakra (celui de Cœur).* Celui qui gère nos perceptions d'Amour et d'acceptation.

Et durant cette partie là de sa vie, il sera alors motivé par la recherche de l’Amour et de la Relation. Il apprendra aussi à accepter.

À s’accepter lui-même, tel qu’il est. À accepter l’autre, tel qu’il est *(même s’il peut choisir de ne pas avoir envie d’être avec l’autre !)*

Il réalisera aussi que l’Amour n’est pas une émotion car il ne dépend pas de l’extérieur. Il réalisera que cet Amour est un état d’être et qu’il dépend simplement du choix qu’il fait de s’ouvrir à le ressentir.

Il réalisera que ce qu’il percevait « avant » comme de l’amour n’en était pas mais que c’était seulement une émotion qu’il ressentait suite à quelque chose se passant au dehors de lui. *(« Tiens, on me fait ça, **donc** je suis aimé ». « Tiens, on me dit ça, **donc** je ne suis pas aimé... »).*

Il réalisera que la relation à l’autre peut s’exprimer avec du sexe ou sans sexe.

Il réalisera que l’Amour est en fait **un état d’être** qu’il peut choisir d’expérimenter à tout moment.

Et que pour expérimenter cet Amour, il lui suffit de faire le choix d’arrêter de juger et d’arrêter de projeter des attentes sur quelqu’un ou quelque chose.

Il réalisera que ce n’est qu’une question de choix à faire et à maintenir.

Il ressentira alors ce que beaucoup appellent « L’Amour Inconditionnel »

Et le plaisir qu’il en ressentira sera suffisant !

Oui, ça sera suffisant !

Mais seulement pendant un certain temps.

Pourquoi ? Parce que, aussi complète que cette expérience puisse lui sembler, il s'habituera à son nouvel état et recherchera plus, toujours plus ! ! ! Car il y a plus ! ! !

Beaucoup de personnes pensent que l'Amour Inconditionnel est le « but ultime ». Que c'est le bout du chemin.

Mais ce n'est pas le cas, loin de là, nous ne sommes encore qu'à la moitié ... Il y a en effet 7 *Chakras* et nous n'en sommes qu'au 4e ! ! !

Et qu'est-ce qui pourrait le réjouir plus encore que l'Amour qu'il ressent ?

Et bien l'exprimer ! Le faire sortir de lui !

Car rapidement, il réalisera que cet Amour qu'il ressent est si beau, si grand, qu'il ne peut pas le contenir.

Et il réalisera alors qu'en l'exprimant, en le « sortant » de lui, il fait de la place pour qu'encore plus d'Amour le remplisse ! ! !

Il réalisera qu'exprimer cet amour, le faire sortir de lui par une expression, une parole ou un geste le rend encore plus heureux.

Et au-delà d'exprimer de l'amour, il réalisera que s'exprimer lui-même, que faire « sortir » de lui quelque chose qu'il a « en lui » le transcende.

Il déménagera donc dans son 5e *Chakra*, celui de la gorge.

L'expression de son être deviendra sa motivation.

Et, tel le chanteur qui chante pour le seul plaisir de chanter, le peintre qui peint pour le seul plaisir de peindre, le cuisinier qui cuisine pour le seul plaisir de cuisiner, le maçon qui maçonne pour le simple plaisir de maçonner, le danseur qui danse pour le simple plaisir de danser, il réalisera que faire sortir de lui quelque chose qu'il a en lui le fait « planer » et le transcende.

Et alors qu'il « habitera » de plus en plus son *Chakra* de la gorge, quelque chose de « magique » va se produire.

Il réalisera qu'il n'est plus jamais seul ! Même quand il est seul...

Il réalisera qu'il est maintenant en relation avec « une force », un « être bienveillant » qui lui donne tout ce qu'il veut sans aucun effort de sa part.

Auparavant, dans les trois premiers *Chakras*, il était seul, avec parfois des relations superficielles avec les autres.

Au niveau du *Chakra* du Cœur, il s'est senti en relation profonde avec l'autre, en face de lui. Il n'était plus seul « horizontalement ».

Au niveau du *Chakra* de la gorge, il n'est plus seul « verticalement ».

Pour la première fois, il a une expérience « directe » de l'interaction avec le monde appelé spirituel.

Nous sommes en effet au 5e *Chakra* à la « frontière » entre le monde physique, symbolisé par les 5 premiers *Chakras* et les 5 éléments physiques *(Terre, Eau, Feu, Air et Ether[1])* et le monde spirituel, symbolisé par les 2 derniers *Chakras*.

Lorsque l'on est dans son 3e *Chakra* associé au plan mental et à l'intellect, il est impossible d'avoir une expérience directe du monde spirituel. On peut, par contre, comprendre qu'il est « possible » que Dieu existe, ou que les Anges Gardiens existent, ou les Guides spirituels etc..., **MAIS ce n'est pas une EXPERIENCE DIRECTE**.

C'est un processus de compréhension intellectuelle.

Par contre, lorsque l'on est au niveau de son 5e *Chakra*, la réalité de ce monde dit « spirituel » s'IMPOSE à nous, non pas sous la forme d'une compréhension intellectuelle mais plutôt sous la forme d'une RÉALISATION.

---

[1] L'Ether est le cinquième élément physique. C'est le plus subtil. Il correspond au vide qu'il y a entre les particules des atomes ou au vide de l'espace.

Vous avez tous, j'en suis sûr, déjà vécu des moments dans votre vie où votre situation vous semblait sans issue.

Et pourtant, alors que plus rien ne vous semblait pouvoir être fait, votre situation problématique s'est résolue d'elle-même, « quelque chose » s'est passé.

Et alors, spontanément, À CE MOMENT LÀ, une partie de vous s'est exclamée ou a pensé instantanément « **Mon Dieu, MERCI** »*(ou quelque chose qui, pour vous, selon vos croyances, vos religions propres, reflète l'idée que « quelque chose » a résolu cette situation pour vous.)*

Et bien, à ce moment là, vous étiez dans le *Chakra* de la Gorge !

Votre expérience directe vous montrait, vous révélait, vous enseignait, que vous viviez ce que vous viviez GRÂCE à cette force bienveillante que vous pouvez choisir de nommer de différentes manières.

Pour moi, le nom que l'on donne à cet être, à cette énergie n'est pas important. Certaines personnes, comme moi-même, le nomment Dieu. Jésus l'appelait le Père. D'autres encore le nomment l'Univers, ou la Force, ou que sais-je encore...

L'important n'est pas le nom qu'on lui donne mais plutôt de reconnaître l'interaction avec cette énergie, car, au-delà de votre perception, elle existe...

Une autre chose merveilleuse qui se produit aussi lorsque l'on « rentre » dans son 5e *Chakra* est que, simultanément à la réalisation de l'interaction avec cette « énergie », vous avez un sentiment de gratitude immense vis-à-vis de cette énergie.

Vous la remerciez « spontanément » pour les grâces qu'elle vous donne.

Dans la religion catholique, cet état de conscience que je suis en train de décrire est connu et appelé « État de Grâce. ». Une personne qui le vit a l'expérience que, quoi que ce soit qu'elle veuille pour elle, Dieu le veut pour elle. Il lui semble alors qu'elle est toujours au bon moment, au bon endroit, pour que les choses se passent au mieux pour elle.

Et vous n'êtes plus jamais seul, même quand vous êtes seul.

Cet état de conscience, Jésus nous le décrivait merveilleusement lorsqu'il nous disait :

- ***« Ma doctrine n'est pas de moi, mais de celui qui m'a envoyé »***[1]

ou

- ***« Demandez et l'on vous donnera ; cherchez et vous trouverez ; frappez et l'on vous ouvrira. Car quiconque demande reçoit ; qui cherche trouve ; et à qui frappe on ouvrira. »***[2] ***ou***
- ***« Regardez les oiseaux du ciel, ils ne sèment ni ne moissonnent ni ne recueillent dans des greniers et votre Père céleste les nourrit.../... Observez les lis des champs.../... Ne vous inquiétez donc pas du lendemain... »***[3] ***ou encore***
- ***« C'est pourquoi je vous dis : tout ce que vous demandez en priant, croyez que vous l'avez déjà reçu, et cela vous sera accordé. »***[4]**.**

Un autre état extrêmement intéressant du *Chakra* de la gorge est la « perception de l'absence du manque », la perception de l'abondance...

Le manque est une perception qui « existe » dans le 3e *Chakra*. Et une fois que vous avez perçu votre manque *(de clarté, de santé, d'argent, etc...)* vous avez la PERCEPTION que vous devez FAIRE pour avoir.

---

[1] Jean 7:16
[2] Matthieu 7:7-8
[3] Matthieu 6:26-34 ; Luc 12:22-31
[4] Marc 11:24

Dans le *Chakra* de la gorge, vous n'avez aucune perception de manque... Quelque part, vous vous sentez complets, tel que vous êtes, où vous êtes, ici et maintenant.

Vous pouvez bien sûr avoir des désirs, mais avec une grande différence : vous ne SOUFFREZ PAS du fait que ce désir n'est pas manifesté. Ce n'est qu'un désir.

Et la PERCEPTION que vous en avez est alors qu'il vous suffit d'ÊTRE pour avoir.

Et c'est là, vous le comprenez, une **grande** différence !

Avant, il me fallait faire pour avoir, maintenant, il me suffit d'être qui je suis pour avoir ! Il me suffit de me laisser simplement être, confiant en chaque moment que je suis porté par « Dieu », car mon expérience me le montre directement.

C'est ce que chacun d'entre nous, nous ressentons lorsque nous nous laissons porter par l'Univers et percevons et acceptons les cadeaux qu'il nous fait.

Nous nous sentons alors dans l'abondance, ayant toujours la perception que nous avons ce dont nous avons besoin ou ce que nous désirons, AU MOMENT où nous en avons besoin.

Et à nouveau, comme pour tout le reste, l'abondance n'est qu'un état de conscience...

Dans mon évolution personnelle, alors qu'au tout début, j'étais principalement dans mon 3e *Chakra*, lorsque j'entendais des gens « rendre grâce » pour les bienfaits que Dieu leur accordait, je ne pouvais évidemment pas comprendre[1].

Bien sûr, puisque mon expérience me « prouvait » que « je gagnais mon pain à la sueur de mon front ».

Mon expérience d'alors n'était que le reflet de ma croyance...

---

[1] Voir Chapitre 17

Et des années après, alors que je commençais à habiter mon *Chakra* de la gorge, je pouvais alors commencer à me sentir réellement rempli de gratitude envers cette énergie que j'appelais Dieu, que je voyais maintenant clairement être la cause de ce que je vivais.

Je percevais clairement l'Orchestration Cosmique...

Mais revenons à notre « adolescent spirituel », sur le point de devenir un « adulte ».

Alors qu'il va passer un « certain temps » dans son 5e *Chakras*, demandant et recevant de cette source toute puissante, confiant que quoi qu'il souhaite, il va le recevoir, notre « adolescent » va progressivement se lier d'amitié avec sa « source bienveillante » qu'il perçoit maintenant clairement.

Il va la tester et la re-tester, encore et encore, lui demandant toujours plus...

Et grâce à cette interaction, il va découvrir un « protocole de communication » plus efficace.

Peu à peu, il va se rendre compte que cette « énergie bienveillante » est en fait lui-même.

Il va réaliser que cette « énergie » qu'il PERCEVAIT au début extérieure à lui-même EST EN FAIT, lui-même.

Cette connaissance, cette réalisation le rendra ADULTE et ÉVEILLÉ.

Il aura RÉALISÉ sa nature et aura alors déménagé dans son 6e *Chakra*.

Il verra alors CLAIREMENT, comment, à travers ses peurs, ses désirs et ses croyances, il a créé ce qu'il a vécu dans sa vie.

Et il en percevra la PERFECTION.

Parfois, il verra la perfection se manifester de manière harmonieuse.

Parfois, cependant, il verra la perfection se manifester de manière non-harmonieuse.

Mais ce sera néanmoins parfait.

Il se verra créateur de son propre Univers et verra aussi chacun autour de lui créateur de son propre Univers.

C'est ce qui permettait à Jésus de dire :

> ***-«Moi et le Père, nous sommes un »***[1] ***ou***
>
> ***-«En vérité, en vérité, je vous le dis, celui qui croit en moi fera, lui aussi, les œuvres que je fais ; et il en fera même de plus grandes, parce que je vais vers le Père. »***[2] ***ou encore***
>
> ***-«Père, pardonne-leur : ils ne savent ce qu'ils font... »***[3]

Le 6e *Chakra*, appelé aussi 3e œil reflète pour moi la **VRAIE** clarté.

Celle que j'ai envie de faire découvrir et de partager avec vous dans ce livre et dans mes stages. **La seule** clarté qu'il me semble vraiment important de développer. De plus, je crois que c'est d'elle que découle la clarté et la santé physique...

Ce regard particulier que nous pouvons développer, je pense que Jésus nous en parle magnifiquement sous l'image d'une lampe qui a été allumée :

> ***-« Personne, après avoir allumé une lampe, ne la met en quelque endroit caché ou sous le boisseau, mais bien sur le lampadaire, pour que ceux qui pénètrent voient la clarté. La lampe du corps, c'est ton œil. Lorsque ton œil est sain, ton corps tout entier est lumineux ; mais dès qu'il est malade, ton corps aussi est ténébreux. Vois donc si la lumière qui est en toi n'est pas ténèbres ! Si donc ton corps tout entier est***

[1] Jean 10:30
[2] Jean 14:12
[3] Luc 23:34

> ***lumineux, sans aucune partie ténébreuse, il sera lumineux tout entier, comme lorsque la lampe t'illumine de son éclat. »***[1]

Car il est vrai que perçue depuis le 6e *Chakra*, la Vie est vraiment parfaite.

Et rappelez-vous que ce n'est qu'un état de conscience !

Un état de conscience que nous pouvons tous développer n'importe quand ! Ce n'est à nouveau qu'un choix à faire et à maintenir...

Mais revenons au cheminement de notre « adulte spirituel ».

Il va être émerveillé, et de sa nature, et de celle de chaque être qu'il côtoiera.

Il regardera et verra alors clairement comment, tous les êtres autour de lui créent leurs propres Univers parfaits. Il verra comment ils créent leurs expériences parfaites en entretenant consciemment, méticuleusement, leurs peurs, leurs désirs et leurs croyances.

Et, en en voyant certains souffrir, il voudra probablement les réveiller de leur torpeur afin de leur faire part de sa merveilleuse nouvelle.

Et certains l'écouteront, et d'autre pas.

Mais ce ne sera pas important car ce sera néanmoins parfait.

Et alors qu'il « grandira » de plus en plus, il se sentira de plus en plus proche des « autres » jusqu'à ce que cette notion de « l'autre » disparaisse finalement.

Il déménagera alors dans son 7ème *Chakra* et expérimentera alors l'Unité totale, l'Empathie absolue, l'Omniscience et l'Omniprésence.

---

[1] Luc 11:33-36

Et, ainsi que Jésus en a été une merveilleuse manifestation, il cessera de s'identifier avec son corps, avec sa personnalité et même son esprit pour assimiler, pour intégrer, et pour devenir à nouveau ce qu'il est réellement.

Il deviendra alors la seule conscience qui existe réellement, la seule réalité absolue et intemporelle...

Celle que certains hommes appellent « DIEU ».

C'est ce qui s'est passé, je pense, lorsque Jésus, après sa résurrection, nous dit,:

> ***-«Et voici que je suis avec vous pour toujours jusqu'à la fin du monde »***[1]

Et quarante jours plus tard, lors de son Ascension, il s'en retourna au Père, alors que sa forme physique disparaissait dans « une nuée »[2].

Et évidemment, pour ceux qui Le regardaient, pour ceux qui étaient attachés au monde physique, il leur sembla qu'Il disparaissait.

Cependant, Il ne disparaissait pas... Au contraire...

Il redevenait ce qu'Il avait toujours été, ayant simplement lâché tout sentiment d'identification avec Son corps, Sa personnalité et même Son esprit.

Et il nous laissait, grâce à son expérience, un merveilleux message d'espoir en même temps qu'une merveilleuse carte de la conscience AVEC son mode d'emploi.

L'avons nous compris ? Je n'en suis pas sûr !

Mais avons nous vraiment envie de comprendre ?

Avons-nous vraiment envie de changer ?

---

[1] Jean 28:20

[2] Actes des Apôtres 1:9

Avons-nous vraiment envie de devenir la plus belle expression de ce que nous pouvons être ?

Certains diront OUI, JE LE VEUX !

Mais à quel point ?

Avec quelle INTENSITÉ ?

Avec quelle CERTITUDE qu'ils peuvent le faire ?

Et avec quelle CERTITUDE que, s'ils ne peuvent le faire seuls, qu'ils peuvent le faire néanmoins par la GRÂCE de Dieu[1] ! ?

À ce sujet, cette notion de la « Grâce de Dieu » m'était totalement impossible à concevoir au début.

-« Si JE CRÉE ma réalité, DIEU n'a RIEN à voir là dedans ! ! ! », pensais-je.

Mais maintenant, tout est différent pour moi depuis que je L'ai rencontré.

Maintenant, je comprends comment DIEU, qui est finalement moi-même alors que je ne le sais pas encore, peut m'observer, me regarder patiemment faire mes expériences.

Et si j'ai un désir **SINCÈRE ET PROFOND**, de me transformer *(même si en parallèle, je continue maladroitement à entretenir toute une série de croyances limitatives par rapport à ma capacité à me transformer, croyant que je ne mérite pas vraiment, que c'est trop beau pour être vrai...)*, je peux Le voir me faire la Grâce d'expérimenter quelque chose que je veux profondément, simplement afin que j'en fasse « l'expérience ».

Car Il m'aime...

Évidemment, cette expérience me semblera alors si EXTRA-ORDINAIRE que, probablement, je la refuserai *(l'ayant moi-même qualifiée de non ordinaire au moment où je la vivais !)*.

---

[1] Luc 18:24 *« Ce qui impossible pour les hommes est possible pour Dieu »* ; Matthieu 19:26 ; Marc 10:27

Mais elle aura été si belle, si pleine, si pure, que je ne l'oublierai **jamais** !

Et je commencerai alors à la rechercher à nouveau, maintenant, dans une heure, dans deux heures, ce soir, demain, après demain, encore et encore, harcelant mon Père bien aimé jusqu'à ce qu'il me donne à nouveau ce cadeau que je sais maintenant pouvoir vivre, puisque je l'ai vécu, par sa GRÂCE ! ! !

Pour ma part, je peux comprendre pourquoi, à un moment donné, je n'étais plus à l'aise de dire que je créais ma réalité alors que mon expérience me prouvait le contraire.

J'étais passé de mon 3e *Chakra* à mon 5e *Chakra.*

J'avais par le passé enseigné une technologie de la conscience.

Un outil « mental » de transformation. Une compréhension mentale de la conscience, même s'il est vrai qu'elle incluait des « idées », des concepts dits « spirituels ».

Mais une idée n'est pas une expérience.

Une idée n'est qu'une idée... Et elle ne peut se transmettre simplement par des mots... Elle doit se transmettre par l'expérience...

Cependant, la compréhension mentale m'avait permis de créer un pont entre le monde physique *(et ses multiples causalités apparentes)* et le monde spirituel *(et sa causalité unique et absolue).*

Ce pont mental m'avait permis d'accéder à mon 5e *Chakra*, d'où j'avais alors une expérience directe de Dieu à l'extérieur de moi.

Il m'avait permis de passer du 3e *Chakra* d'où j'avais une compréhension intellectuelle de l'état de conscience du 5e *Chakra* à l'expérience DIRECTE de l'état de conscience du 5e *Chakra* !

Et je peux vous dire que c'est TRÈS différent ! ! !

Je ne pouvais donc plus dire « *Je crée ma réalité* » sans avoir l'impression de mentir.

Je devais « rendre à César ce qui était à César et à Dieu ce qui était à Dieu »[1].

Je devais accepter que, POUR LE MOMENT, et pour le moment uniquement, cette force, cette puissance créatrice, cet Amour, ce Dieu, m'apparaisse extérieur à moi.

Je sais qu'un jour, j'accepterai et je réaliserai ce qu'Il est réellement.

Un jour, je SAIS que je réaliserai qu'« Il EST MOI » et que « JE SUIS LUI ».

Le jour où j'aurai lâché toutes peurs.

Le jour où j'aurai tout accepté, tout intégré.

Le jour où j'arrêterai, par mes pensées, par mes paroles, par mes actions de créer le conflit, la dualité et la séparation...

Je sais qu'à ce moment là, je réaliserai qu'Il est moi-même, même s'il me faut un peu de temps pour l'accepter.

Et je sais que tel qu'il m'a fait à « Son » image, je dois maintenant me reconstruire moi-même à Son image, m'étant durant si longtemps construit une image de moi si différente de celle qu'Il est et de ce que je suis aussi, au plus profond de moi...

Et je dois m'autoriser à être, tel que l'exprime si bien Neal Donald Walsch[2] dans ses *« Conversations avec Dieu »*, ***« la plus belle expression de ce que je peux être... »***

À ce sujet, il me revient une petite histoire :

- ***Un sculpteur expose son œuvre. Il a sculpté un éléphant parfait, d'une présence et d'une perfection telle que tout le monde croit qu'il est vrai. Jamais par***

---

[1] Marc 12:17

[2] Neal Donald Walsch est l'auteur de la série en 3 tomes des *« Conversations avec Dieu »*, ainsi que de *« Amitié avec Dieu »* publiées chez Ariane.

le passé on avait vu une telle réussite. Et chacun l'interroge.

-« Mais comment, comment, avez-vous fait pour sculpter un éléphant aussi parfait d'un bloc de pierre brut ? »

Et l'artiste répond :

-« J'ai simplement retiré de la pierre brute TOUT ce qui ne ressemblait pas à un éléphant. »

Et en ce qui me concerne, je sais qu'à ce jour, je n'ai pas encore atteint la perception permanente de ma perfection et de ma nature Divine, bien qu'il m'ait été donné de l'expérimenter brièvement en certains moments bénis.

Cependant, je dois accepter ma perception de l'instant en sachant qu'elle sera différente, ... un jour...

Prétendre maintenant que « Je crée ma réalité » alors que ma perception et mon expérience me montrent le contraire serait de **l'arrogance** de ma part.

La seule chose qu'il me reste à faire est donc d'être **honnête** avec moi-même et mes perceptions et de chercher toujours plus à me rapprocher de Lui que je sais être la cause et la solution de tout.

Lui, mon père et ma mère, mon début et ma fin, mon alpha et mon oméga, mon origine et ma destinée...

À ce jour évidemment, j'ai conscience qu'il me reste encore un long chemin à parcourir !

Et cependant, me souvenant d'où je viens, me souvenant de comment j'étais il y a des années, lorsqu'à 24 ans, je débutais ma quête, je SAIS que j'ai déjà parcouru un long chemin.

De plus, je sais maintenant que ce chemin, au-delà de ma perception, je ne l'ai pas parcouru seul.

Et de ce fait, je sais aussi que je ne serais pas seul pour continuer ma route...

Alors, pourquoi me soucier ?

Tout va bien,...

Tout va bien,...

Tout va bien !

Tout va VRAIMENT bien !

Alors...

Merci !

Merci !

Merci !

CHAPITRE 25
Amma...

Alors que je continuais mon introspection afin de mieux me comprendre, je pris conscience que j'avais un manque à combler.

Comme je l'ai dit un peu plus tôt, je réalisais progressivement que j'avais acquis une grande quantité de connaissances intellectuelles sur la conscience mais il me manquait une donnée fondamentale : **L'expérience** de ce dont je parlais.

Peu à peu, je sentais que j'arrivais « au bout » de la méthode qu'avait mis au point Martin Brofman.

Autant cette méthode m'avait permis d'avancer grandement, autant maintenant, il me semblait avoir atteint un « cul de sac ». Il me fallait passer à l'étape suivante.

Cette méthode m'avait été très utile pour « comprendre » des principes spirituels très complexes mais elle ne m'avait pas permis de les expérimenter.

Je réalisais qu'un « maître » ne peut vous faire évoluer que jusque là où il est.

Et autant Martin m'avait aidé, et je peux dire honnêtement que je crois que sans lui, je ne serais probablement plus de ce monde à ce jour, autant il me fallait maintenant aller « plus loin ».

Je devais rencontrer quelqu'un qui ne faisait pas que de « parler » de la conscience.

J'étais déterminé à rencontrer quelqu'un qui la vivait. Quelqu'un qui en était la démonstration vivante indéniable.

J'avais bien sûr entendu parler de certains Maîtres, de certains Êtres dont on disait qu'ils étaient soit des Sages, soit considérés comme des Saints ou des Saintes, mais ils me semblaient tous si lointains et si inaccessibles.

On me disait qu'il fallait aller en Inde pour pouvoir rencontrer de tels Êtres. Un pays vis-à-vis duquel j'avais à l'époque d'énormes résistances. *(Il est vrai que je subissais alors la masse des croyances et des préjugés que mon éducation m'avait inculqués. Je les avais malheureusement acceptés. Mais je ne savais pas, à ce moment là, que j'aurais pu avoir le choix !).*

Je pense que vous avez entendu dire que :

-« Quand le disciple est prêt, le Maître apparaît ».

Et bien je sais maintenant que mon désir intense d'expérimenter vraiment ces états de conscience transcendantaux dont je parlais a été le catalyseur de ma rencontre avec celle qui devait être mon premier « Vrai » Maître Spirituel.

Non pas que je sois en train de dire que Martin n'en était pas un. Il en est un.

Un maître remarquable qui nous enseigne et nous prépare magnifiquement à pouvoir continuer sereinement le chemin, avec d'autres maîtres s'inscrivant dans la continuité.

Je réalise que, comme cela se passe dans l'éducation des enfants, il existe différents types d'enseignants.

Il existe des professeurs des écoles dont la spécialité est d'enseigner en maternelle. Il existe des professeurs des écoles qui enseignent aux enfants du primaire. Puis il y a des professeurs qui enseignent aux collégiens. Il y a ensuite d'autres professeurs encore plus spécialisés pour les lycéens. Puis d'autres pour les universitaires. Et encore d'autres pour ceux préparant des licences, des maîtrises ou même des doctorats... Il existe même des professeurs enseignants à de futurs professeurs, et ceci, à tous les niveaux...

Et de la même manière que nous avons 7 *Chakras*, nous avons besoin de différents types de « Maîtres » pouvant nous enseigner, au niveau où nous nous trouvons, avec le langage d'usage à ce niveau, ceci afin de nous préparer au niveau suivant...

Et tous ces professeurs, tous ces « Maîtres » savent bien qu'il leur faut adapter leur langage au public auquel ils s'adressent. On ne peut pas parler à un enfant de 7 ou 8 ans comme on parle à un futur professeur, vous comprenez bien.

Et en même temps, AUCUN de ces Maîtres n'est **plus** important qu'un autre. Chacun s'inscrit parfaitement à un moment donné, avec un langage donné, avec une pédagogie donnée, adaptée aux élèves à qui ils transmettent leur savoir, parfois de manières très différentes.

Ce qui se passait pour moi, c'est que j'étais prêt à changer de classe, j'étais prêt à passer au niveau supérieur et j'avais donc besoin d'un nouveau « professeur », d'un nouveau « Maître » qui pourrait, sur les bases acquises grâces à mes précédents « Maîtres », m'amener encore plus loin.

C'est de cette manière que je réalisais par exemple, que la Méthode Silva[1] dont nous avons parlée était un magnifique outil permettant de manière simple, concrète et rassurante à des personnes « commençant » sur ce chemin de comprendre et d'acquérir facilement une certaine maîtrise de leur mental.

Une fois que ces personnes auront intégré le pouvoir du Mental par la Méthode Silva ou par toute autre méthode similaire, grâce à quelqu'un comme Martin Brofman par exemple, elles vont alors commencer à se familiariser avec des concepts spirituels plus complexes et en comprendre des applications pratiques, concrètes pour continuer à progresser sur le chemin.

Une fois ce stade atteint, je pense qu'il leur faudra alors par la suite trouver d'autres Maîtres, peut être tels que ceux que j'ai rencontrés, peut-être d'un autre type, afin de voir et de sentir, en la présence du Maître ce qu'est réellement un Être éveillé.

---

[1] Voir Chapitre 11

J'ai beau avoir « appris » les techniques du saut en parachute sur les bancs de l'école, il faudra bien qu'un jour, j'en fasse l'expérience en prenant l'avion et en sautant dans le vide...

C'est pour cela que je réalise maintenant que, même si je sais qu'il y a d'autres chemins que celui que j'ai suivi, et des chemins qui sont probablement bien plus rapides, sans mes parents, sans mes tortionnaires de l'internat, sans Jean-Marc, sans Nick, sans Vicky Wall, sans Louise Hay, sans Hervé, sans Martin Brofman, sans Lee Pascoe et Michael Dodson de la Méthode SILVA, sans toutes ces personnes que je ne peux citer ici et qui ont pu marquer ma vie et m'enseigner, je ne serais probablement jamais arrivé là où je suis maintenant.

J'avais donc décidé que j'avais besoin d'un autre professeur, d'un autre « Maître » pour aller plus loin et il ne devait pas tarder à arriver.

Vous connaissez probablement l'adage qui dit :

-« Si tu ne vas pas à Lagardère, Lagardère ira à toi » ?

Je peux vous dire qu'il est vrai.

Vous n'avez **vraiment pas** à vous soucier.

Quand le disciple est prêt, le Maître apparaît, c'est sûr !

Et pas besoin d'aller le chercher, Il viendra vers vous !

Je me trouvais un jour dans un avion *(ce qui n'était pas très original pour moi à l'époque puisque, tous les deux mois en moyenne, je me trouvais dans une île au soleil),* en train de converser avec mes voisins, un charmant couple de retraités allemands.

J'étais en route pour la énième fois vers la Réunion, une île magnifique où j'allais régulièrement.

Je leur demandais le but de leur voyage et ils m'expliquèrent qu'ils venaient spécialement d'Allemagne pour aller rendre visite à leur Maître indien, une femme nommée « Amma », en visite à la Réunion.

J'avais déjà vaguement entendu parler d'elle, mais je leur demandais plus de détails, car à les entendre, c'était vraiment assez exceptionnel pour mériter un voyage spécial de plus de 15 heures d'avion !

Ils m'expliquèrent que cette femme d'une quarantaine d'année se trouvait depuis l'âge de 16 ans dans un état de conscience transcendantal permanent et qu'elle passait sa vie à bénir les gens, à les consoler, faisant de nombreux miracles.

J'étais très intéressé par ce qu'ils me disaient et leur demandais les coordonnées de l'endroit où il serait possible de rencontrer cette femme apparemment si « extra-ordinaire ».

Une fois arrivé à St-Denis, je devais rencontrer les amis qui organisaient mon stage et, honnêtement, mettre Amma aux oubliettes.

Je disposais comme d'habitude de quelques jours « d'acclimatation » avant d'animer les conférences de présentation et les stages et profitais donc des plages réunionnaises.

Un matin, me trouvant à la plage, sous un soleil de plomb, je commençais à m'ennuyer quand, soudain, je repensais à Amma.

Je ne le savais pas encore, mais en fait, elle était en train de m'appeler, de me passer un premier « coup de fil » !

J'étais près de St Gilles et ces gens rencontrés dans l'avion m'avaient dit qu'Amma serait du côté de St Louis, au sud de l'île.

J'étais à quelques 30 kilomètres de là et me mis en recherche de « La maison de l'Inde », là où devait normalement se trouver Amma. Au bout d'un moment, je trouvais cette petite maison et me garais sur le parking.

En sortant de la voiture, je baignais dans une musique indienne qui émanait de cette maison.

À ce jour, ayant suffisamment baigné dans cette musique et compris son importance, je l'adore pour les effets qu'elle procure, mais, à cette époque, je n'avais pas du tout la même réaction. Je la trouvais presque irritante.

Et tandis que j'allais rentrer dans cette maison, on me fit me déchausser. Pourquoi pas, me disais-je ?

L'ambiance était pour le moins « exotique » et je me sentais sur la défensive.

En pénétrant dans le hall d'entrée de la maison, je fus assailli par des bouffées d'encens qui faisaient que j'étais encore plus sur la défensive ! ! !

J'étais à l'époque si plein de préjugés que j'ai presque honte d'en parler, mais, bon..., enfin..., c'était moi !

Oui, mais ce moi est mort depuis,... pour être remplacé par celui que je suis maintenant !

Je poussai la porte de la pièce où se trouvait Amma et, en entrant, plusieurs phénomènes se produisirent presque simultanément.

Au fond de cette pièce qui contenait peut-être une centaine de personnes, se trouvait, assise sur un grand fauteuil, une femme indienne au sourire éclatant. La plupart des personnes présentes se trouvaient assises sur le sol, à part quelques-unes qui étaient assises sur des chaises disposées le long des murs. Derrière Amma se tenaient des femmes en sari blanc et des hommes habillés en orange. Tous chantaient des choses que je ne comprenais absolument pas et certaines des personnes assises devant Amma chantaient en chœur, semblant maîtriser cette langue inconnue. Parfois, une femme en blanc s'approchait d'elle pour l'éventer ou lui masser les épaules. Les gens assis en face d'Amma avaient formé une file d'attente et, un par un, chacun d'eux s'agenouillait devant elle qui, pendant quelques instants les prenait dans ses bras.

Ce spectacle « hautement exotique » me remplissait quelque part de crainte et d'incrédulité.

Médisant que j'étais, je me disais :

> ***-« Et bien quoi ? Oui,... elle est assise,... elle sourit à ces gens,... elle les prend dans ses bras,... Bon,... et alors... je veux bien moi aussi être assis et prendre des gens dans mes bras, alors que l'on m'évente, etc... »***

Vous pouvez imaginer le tableau ! ! !

Cependant, une chose étonnante que je ne peux nier s'était produite au moment même ou j'étais entré dans cette pièce.

J'avais eu une impression que, par le passé, je n'avais expérimenté qu'une seule fois : celle de rentrer, de pénétrer dans une espèce de nuage rose de paix palpable.

Et alors que j'avançais dans cette pièce, cette état de paix m'envahissait.

Et ça, ça me surprenait !

Une fois, une seule fois, j'avais déjà ressenti ça par le passé !

C'était au tout début de mon chemin, alors que j'avais environ 25 ans. Jean-Marc, mon thérapeute, m'avait proposé de me joindre à ses « Groupes de *Chakras* »[1] . Afin de me préparer à ce groupe, j'avais jeûné à l'eau pendant les 3 jours précédents. Une fois ce groupe fini, je me suis rendu à une conférence que donnait Eileen Caddy au Cirque d'Hiver à Paris.

Eileen est à nouveau une de ces « femmes-sages » m'ayant remis sur le chemin, dont je vais vous entretenir ici quelque peu. Elle est l'auteur de plusieurs livres magnifiques[2] et est la co-

---

[1] Voir Chapitre 6

[2] Eileen Caddy est l'auteur de plusieurs livres magnifiques dont : *« L'envol vers la liberté »* et *« La petite Voix »* parus aux Éditions du Souffle d'Or. *« Des traces de pas sur le Chemin »* paru aux Éditions L'Espace Bleu.

fondatrice de la communauté de FINDHORN en Écosse, avec Peter Caddy son mari, et une amie, Dorothy Mac Lean.

Pour ceux d'entre vous qui ne connaissez pas Findhorn, il s'agit d'une communauté spirituelle non religieuse, dont la presse a parlé dans les années 70 à propos des légumes géants que ces membres faisaient pousser dans des terrains pauvres et sableux., grâce à une relation particulière qu'ils entretenaient tant avec la nature qu'avec ceux que l'on appelle parfois les « élémentaux[1] ».

Mais pour moi, Findhorn, c'est bien autre chose que les légumes géants !

C'est d'abord le message d'Eileen Caddy.

Et le message d'Eileen est simple :

> ***-« Écoute ta voix intérieure. »,***
>
> ***-« Ne cherche pas dehors ce que tu as en toi. »,***
>
> ***-« Apprends à faire le calme en toi et à chercher cette petite voix qui te guide... ».***

C'est un message à la fois très simple mais aussi très profond.

Toujours est-il que lorsque je rencontrais Eileen pour la première fois, après sa conférence magnifique où elle avait parlé du pouvoir de l'Amour, j'avais eu très envie de lui parler, de simplement l'approcher et de la REMERCIER pour les mots si doux qu'elle avait prononcés.

Et tandis que je m'étais approché de cette charmante vieille dame anglaise au sourire rayonnant, j'avais eu l'impression bizarre mais néanmoins extrêmement forte et plaisante de pénétrer dans un nuage rose qui littéralement « pétillait d'amour ». Et j'en avais été très troublé. Une bonté, un amour palpable émanait d'elle et me faisait un bien immense. Je me souviens lui avoir bredouillé quelques mots mais, en fait, me

---

[1] Les élémentaux sont des êtres invisibles pour la majeure partie des gens, ayant pour fonction de s'occuper de la nature. On parle parfois d'Elfes, de Gnomes, de Lutins, de Fées, de Sylphides, de Salamandres, etc...

tenir en sa présence était suffisant. Sa simple présence m'apaisait.

Lorsque je rentrais chez moi ce soir là, je me sentais comme sur un nuage !

Et voilà que, plus de 8 ans plus tard, j'avais cette même expérience avec Amma ! ! !

Et ça, quand même, ça m'interpellait profondément.

Pourtant, au début, mon scepticisme était très fort. Je me revois encore adossé au mur, les bras bien croisés *(en signe de non-ouverture)*, en train d'observer et de dévisager soit Amma, soit ces gens que je percevais comme quelque peu « allumés ».

Je crois que ce qui me choquait le plus, comme beaucoup d'occidentaux remplis de préjugés et n'ayant pas encore fait l'effort de comprendre l'Hindouisme, c'était le fait que toutes ces personnes s'agenouillaient ou se prosternaient devant cette femme.

Ok, elle me semblait souriante, mais elle n'était qu'une femme, pas plus importante qu'une autre, telle que je la percevais à travers mes yeux d'aveugle ! ! !

Ayant enseigné par le passé, et ce, pendant des années que : *« nous sommes TOUS égaux, »* et que : *« Ce que quelqu'un a pu faire, n'importe qui d'autre, y compris VOUS, peut le faire. »,* vous pouvez comprendre pourquoi je me sentais ainsi alors que ces gens « s'abaissaient » selon moi *(dans ma perception)* devant elle.

Bien qu'étant passablement aveugle et encroûté à l'époque, heureusement pour moi, je ne l'étais pas totalement.

Une partie de moi pensait en même temps :

> ***-« Patrice, tu as souhaité voir un Maître et l'Univers t'a répondu ! En voici un devant toi ! Oublie tes préjugés à la con ! Vas-y ! Fonce ! Mets-toi dans la file d'attente et va la voir ! ! ! Au moins tu auras fait***

> ***l'expérience, et puis, il vaut mieux des remords que des regrets. Si tu n'y vas pas, tu le regretteras, c'est sûr ! »***

Mettant de côté tous mes préjugés, je me mettais dans la file d'attente. Je m'asseyais en tailleur et avançais lentement. Une par une, les personnes devant moi passaient dans les bras d'Amma et je me rapprochais d'elle.

Et au fur et à mesure que j'approchais d'elle, un phénomène bizarre se produisait en moi. Je sentais des émotions se libérer, j'avais comme une espèce d'envie de pleurer, ne sachant pas pourquoi...

Finalement, mon tour arriva.

Pour pouvoir être pris dans les bras d'Amma, il fallait que l'on soit à genoux, du fait qu'elle était assise dans son grand fauteuil.

Cependant, je me souviens m'être mis bien droit, à genoux, face à Amma, la regardant droit dans les yeux alors que par les yeux, je lui disais :

> ***-« Écoute Amma, je ne te connais pas. Je veux bien croire que tu es plus évoluée que moi, mais sache que, pour moi, nous sommes TOUS égaux ! ! ! Toi et Moi, on est pareils.»***

Et au même moment, Amma me regarda avec une expression incroyable.

Un sourire superbe, magnifique.

Et en cette seconde, c'est comme si, par son tendre regard, elle me disait :

> ***-« Mon fils, mon cher fils, te voilà enfin !, Enfin... Te voilà de retour. Comme je suis heureuse de te revoir,... de te retrouver,... il y a si longtemps que je t'attendais... »***

Elle étendit alors son bras pour mettre sa main sur mon épaule et me plaquer contre son sein. Et alors qu'elle me donnait l'impression de me « bercer » dans ses bras, j'avais l'impression que je fondais, que je m'abandonnais à elle.

Et dans mon oreille, elle murmurait ce qui me semblait être :

-« Amma, Amma, Amma, 'ma, 'ma, 'ma, 'ma, Amma, Amma, 'ma, 'ma, 'ma, 'ma Amma, Amma, Amma, 'ma, 'ma, 'ma, 'ma... ».

Et moi, j'étais bien, j'étais très bien, j'étais vraiment bien.

Au bout d'un « moment » *(combien de temps, je ne sais plus, j'avais l'impression d'être hors du temps...)* elle me redressa, me fixa dans les yeux avec un sourire merveilleux.

Et c'est comme si, par son sourire, je me sentais reconnu et accepté totalement. En ce moment « magique », je savais qu'elle savait. Elle savait. Elle savait tout de moi et m'aimait néanmoins. Et c'était bien, c'était bon. C'était vraiment bon de se sentir si totalement accepté et aimé.

Elle plaça alors son doigt sur mon front et le pressa entre mes sourcils pendant... un moment, une seconde, une minute, je ne sais pas... En tout cas, pendant un moment durant lequel, j'avais l'impression qu'elle entrait en moi. Comme une espèce de spirale bienfaisante que je sentais dans ma tête, elle entrait en moi,... et c'était bien... et c'était bon... elle descendait en moi puis, ouvrait une porte et, elle descendait à nouveau,... plus profond, toujours plus profond en moi, ... telle une spirale qui m'emportait,... et à nouveau, elle ouvrait une autre porte... et m'emportait à nouveau,... plus profond, plus profond... pour ouvrir à nouveau une autre porte, et descendre,... descendre,... toujours plus profond, emporté que j'étais dans cette merveilleuse spirale...

Je ne sais pas combien de portes elle a ouvert... peut être 5 , peut être 6, peut être 7. Je ne sais pas, mais elle descendait,... descendait,... descendait en moi qui m'ouvrais,... qui m'ouvrais,... qui m'ouvrais.

Finalement, elle retira son doigt de mon front, me sourit à nouveau de son regard angélique et me mit dans la main un bonbon et quelques pétales de rose.

Alors que je me retirais pour laisser passer la personne derrière moi, je me redressais, ayant l'impression de tituber légèrement, et de ce fait, je m'asseyais très rapidement à nouveau.

Et une fois assis, sans vraiment comprendre ce qui se passait, il FALLAIT que je ferme les yeux. Et tandis que je les fermais, je sombrais en moi... Je me sentais tomber, tomber, tomber au fond de moi,... comme dans un puits sans fond alors qu'en même temps, un sentiment d'un Amour, d'une Paix incroyable montait,... montait,... montait en moi... Je baignais littéralement dans l'Amour. Et c'était bon ! ! ! Si bon ! ! !

Jamais, jamais par le passé je n'avais éprouvé cela. Un sentiment de présence extrême accompagné de cet Amour immense que je ne pouvais contenir et qui débordait de moi, je le savais...

C'était comme si je disparaissais dans cet Amour, et, à nouveau,... c'était bon...

Je comprends maintenant pourquoi les mots sont toujours inadaptés pour décrire ces expériences transcendantales. En effet, les mots s'appliquent à l'intellect et par nature, ils « définissent », ils donnent une forme finie à quelque chose.

Or, à ce moment là, je touchais et j'expérimentais l'Infini. J'expérimentais l'Amour. Et aucun mot ne pourra jamais le décrire précisément !

Et tandis que j'étais immergé dans cet Amour, cette musique, qui, quelques minutes auparavant me hérissait encore avec ses notes aiguës, m'emportait avec elle.

Elle m'emportait en elle.

C'est comme si cette musique était un chemin...

Un chemin tel un escalier mécanique...

Un chemin sur lequel je devais monter et me laisser emporter.

Je partais dans la musique,... dans ses montées,... ses descentes,... dans ses spirales magnifiques qui me faisaient découvrir de nouveaux paysages...

Je partais dans son rythme,... dans ses accélérations progressives splendides qui me propulsaient dans un nouvel espace.

Je partais dans ses ralentissements qui, comme une clé, ouvraient une porte sur un nouvel espace libre et vierge que ma conscience remplissait alors...

La musique me portait dans ses bras accueillants à la découverte de magnifiques espaces intérieurs.

Car tout ça était en moi... Ça ne venait pas d'ailleurs,... de quelque part au dehors...

Oui, tout ce que j'expérimentais était en moi.

Et l'avait toujours été... Attendant que j'y retourne...

Je comprenais. Je comprenais. Je comprenais.

Il n'y a qu'à s'abandonner...

S'abandonner...

Et faire confiance...

C'est si simple !

S'abandonner comme un enfant dans les bras de sa mère...

Après un très long moment, j'eus l'impression de redescendre progressivement vers mon état de conscience « habituel ».

Lorsque j'ouvris à nouveau les yeux, je regardais Amma, les yeux béats d'admiration et remplis d'Amour pour elle.

Et je restais dans cet état béni jusqu'à la fin de la cérémonie.

Après que chacune des personnes présentes fut passée dans les bras d'Amma, tout le monde se leva, formant une allée pour qu'elle puisse nous quitter.

Amma sortit joyeusement de cette pièce, adressant au passage son si beau sourire aux personnes qui la saluaient, les mains jointes en face du cœur.

Peu à peu, les personnes quittèrent la pièce et je m'empressais de demander des renseignements pour savoir quand et comment revoir cet être qui me semblait déjà si exceptionnel.

On m'expliqua que, durant les quelques jours où Amma était sur place, elle donnait son « *Darshan* »[1] deux fois par jour.

Après avoir acheté une ou deux cassettes de cette si belle musique *(comme quoi, il n'y a que les imbéciles qui ne changent pas d'avis !),* je repris ma voiture pour rouler vers St Denis bercé par les « *Bhajans* »[2].

Inutile de dire que je m'arrangeais pour revenir dès le lendemain.

Alors que j'arrivais sur place, je remarquais que j'étais encore plein de résistances, plein de préjugés. Et alors que je m'interrogeais, je réalisais que ces préjugés tenaces n'étaient pas vis-à-vis d'Amma que je percevais au fond de mon cœur comme étant extrêmement pure.

Les préjugés que j'avais concernaient plus la forme extérieure. Ils concernaient plus le « contenant » que le « contenu ». Je n'étais à l'époque pas du tout familier avec les rituels hindouistes et j'étais alors loin de comprendre l'importance symbolique et la beauté de ces pratiques.

---

[1] *Darshan* est un mot sanscrit signifiant littéralement la « vision ». Le *Darshan* est le moment où, un Sage, un Saint, un Maître nous fait la Grâce de pouvoir le regarder, le contempler... La croyance nous dit que cette vision apportera au spectateur une partie des vertus attribuées au personnage ou à la scène à laquelle il assiste. Selon les Maîtres, la forme « extérieure » du *Darshan* est différente. Avec Amma par exemple, elle prend individuellement chaque personne dans ses bras. Avec d'autres Maîtres, le *Darshan* peut prendre une autre forme.

[2] *Bhajan* est un mot sanscrit. Les *Bhajans* sont des chants dévotionnels. Certains *Bhajans* sont dédiés à des représentations de Dieu ou de la Divinité, par exemple, à Shiva, à Jésus, à Krishna, à Allah, à Bouddha, à Zoroastre, etc... D'autres *Bhajans* sont dédiés à un Sage, un Saint, ou un Maître.

Je décidais alors de me renseigner, d'apprendre pourquoi tel rituel, pourquoi tel geste etc.. car je sentais, au-delà de la forme, quelque chose de profondément juste dans tout cela. D'autre part, je savais que si je voulais vraiment découvrir l'énigme qu'était Amma et pouvoir m'en faire une VRAIE idée, je DEVAIS laisser de côté tous mes préjugés afin de faire une expérience directe, non polluée par ces croyances.

Certaines personnes présentes m'avaient dit que, si je le voulais, je pouvais poser des questions à Amma.

Là, j'étais très intéressé. Mais étant en même temps encore très sceptique par rapport à tout ça, je pensais en moi-même :

> ***-« Puisque ces gens me disent qu'elle est dans un état de conscience éveillé, qu'elle est réalisée, Elle doit donc tout savoir ! Et si elle sait tout, je n'ai donc pas à lui poser de question, car, si tout cela est vrai, elle devrait être capable de me dire exactement ce qui est important pour moi ! ! ! »***

Je décidais donc que ma question serait :

> ***-« Est-ce qu'Amma aurait un conseil à me donner ? »***

Lorsque je revis Amma le lendemain et qu'approchait mon tour pour recevoir son *Darshan*, je posais ma question à l'interprète. Une fois qu'il eut traduit ma question à Amma, elle me regarda avec un regard étonnant. Sur le moment, j'avais l'impression d'être traversé par son regard qui semblait lire en moi. C'était comme si je passais au scanner de ses yeux. Comme si un rayon laser me parcourait de haut en bas puis de bas en haut et de gauche à droite puis de droite à gauche.

Après qu'Amma m'eut scruté de cette manière, elle dit quelques mots rapides à l'interprète qui me dit :

> ***-« Amma dit : plus de pratique spirituelle... »***

Et me voilà, laissé tout seul avec cette phrase. *« Plus de pratique spirituelle... »* Ça veut dire quoi ça !

À l'époque, je n'avais pas vraiment de pratique spirituelle. Je faisais bien de petites méditations, des visualisations de temps en temps, mais assez irrégulièrement. Il est vrai par contre que, très souvent dans la journée, je me répétais certaines phrases positives mais, en fait, rien qui ressemble vraiment à une pratique « assidue et régulière ».

Je m'adressais alors à une des « femmes en blanc » qui entouraient Amma et lui demandais un peu d'explications.

Elle m'expliqua que les pratiques spirituelles pouvaient varier selon les personnes. Qu'il pouvait s'agir de méditer chaque jour, de pratiquer *Japa*[1], de faire une *Puja*[2]...

Lorsque je lui demandais par quoi commencer, elle m'expliqua qu'il était préférable de commencer par *Japa*. En effet, sa répétition s'avère très puissante et très efficace pour commencer une pratique. Elle ajouta que je pouvais me procurer un *Mala*[3] et demander à Amma un *Mantra*[4]. Cependant, pour recevoir mon *Mantra*, je devais attendre quelques jours car Amma ne communiquait les *Mantras* que durant un rituel spécifique.

Alors que je passais des heures en la présence d'Amma, la voyant continuellement accueillir chaque personne avec le même

---

[1] *Japa (prononcez Djapa)* est un mot sanscrit qui signifie « la répétition ». Faire *Japa* consiste donc à se répéter en permanence un mot, un nom, une phrase... Dans la religion catholique, les fidèles font *Japa* lorsqu'ils récitent un Chapelet en répétant les prières.

[2] Une *Puja (prononcez POUJA)* est un rituel d'adoration à la Divinité où certaines offrandes symboliques sont faites à la Divinité d'élection.

[3] Un *Mala* est en fait une sorte de chapelet à 108 grains. 108 est considéré être le nombre de Dieu. C'est le nombre de fois qu'il faut théoriquement répéter le mot, le nom, la phrase ou le mantra.

[4] *Mantra* est un mot sanscrit. Un *Mantra* est un mot, une phrase, une idée, une prière que l'on se répète sans cesse. Par exemple, le *« Je vous salue Marie »* peut être considéré comme un *Mantra* chrétien. Dans l'hindouisme, il y a beaucoup de *Mantras* différents. Par exemple, *« Om Namah Shivaya »* est un *Mantra*. Ce *Mantra*, considéré en fait par beaucoup comme un *Mahamantra*, c'est-à-dire « grand *Mantra* » a de nombreuses significations. *« Om »* est le son originel, *« Namah »* signifie « Je m'incline devant Toi » et *« Shivaya »* fait référence au Dieu Hindou de la Transformation Shiva. En sanscrit Shiva signifie aussi *« Celui qui donne la joie »* et donc fait référence à toutes les formes de Dieux ou à Dieu en général. On dit que ce *Mantra* fait référence à Dieu, quelque soit notre religion. Il signifie donc aussi : *« Je m'abandonne à Dieu »* ou *« Je m'incline devant le Dieu intérieur »* ou *« Seigneur, que Ta volonté soit faite »* ou encore *« Je prends refuge en Dieu »*.

sourire, la même présence, la même chaleur, je réalisais de plus en plus qu'elle était **vraiment** « spéciale ».

J'étais très curieux concernant ce qui habitait Amma. De manière évidente, elle était « habitée » par quelque chose. Par quelque chose de beau, de grand, de doux...

Et alors que je restais des heures à l'observer, je me posais des questions du genre :

> ***-« Mais que peut-elle être en train de voir lorsqu'elle regarde cette femme comme ça ? Pourquoi un tel sourire alors qu'elle accueille cet homme ? Que peut-elle bien voir en lui ? Que peut-elle être en train de ressentir quand elle chante comme elle chante ? Quand elle regarde comme elle regarde ? »***

Et évidemment, je devais recevoir des réponses.

Jésus ne nous disait-il pas :

> ***-« Demandez et l'on vous donnera... »***[1]

Les réponses me venaient d'une étrange manière[2]. Soudainement, alors que je me posais ces questions, j'étais propulsé moi aussi dans cette expérience. Je voyais comme elle voyait pendant un instant très fugace. Soudainement, alors que la seconde d'avant, je regardais les personnes autour de moi et voyais simplement « des gens », la seconde d'après, je les trouvais beaux, lumineux ou attendrissants, alors qu'en les regardant, je voyais soit leur beauté intérieure soit pourquoi ils allaient mal.

Alors que j'analysais ce que je vivais, je comprenais que la présence d'Amma et mon état d'ouverture à son énergie suffisaient à me faire « monter » dans mes *Chakras.*

Amma était en fait un ascenseur ! ! !

---

[1] Matthieu 7:7

[2] En fait, je sais maintenant que ça me semblait « étrange » à l'époque simplement parce que je n'avais pas encore compris le mécanisme en jeu.

Un ascenseur vers la conscience Divine... toujours prêt à nous emporter, **SI, ET SEULEMENT SI**, nous choisissons de monter dedans !

Et je comprenais pourquoi elle nous disait de l'utiliser comme une échelle ! Tout devenait clair.

Je comprenais aussi ce que j'avais lu des années auparavant concernant le *Darshan*, la vision d'un Saint ou d'un Maître. J'avais lu à l'époque quelque chose qui disait qu'avec le *Darshan*, le simple fait de **voir** un Saint était une bénédiction. Je me souviens qu'à l'époque, j'avais été extrêmement sceptique en lisant cela.

-« Quoi ? ? ! !, Le simple fait de regarder un Saint est une bénédiction ? ? ? Je demande à voir ! ! ! »

Et bien , j'ai VU !

J'ai vu et j'ai ressenti !

J'ai ressenti et j'ai compris que c'était vrai !

Être en présence d'un Saint est vraiment une bénédiction ! Ce n'est que quelques années plus tard que je devais vraiment « comprendre » le principe physique de la résonance[1] sous-tendant ce phénomène, mais néanmoins, je l'expérimentais. Sans aucun doute possible.

Le Maître ou le Saint dégage une telle énergie de Paix, d'Amour, qu'il suffit d'être en sa présence, de le regarder ou de se « brancher » sur lui pour que cette énergie magnifique se déverse en nous et nous permette ainsi de l'expérimenter.

Tout ça en fait ne faisait que confirmer ce que je savais déjà intellectuellement. J'avais en effet l'habitude d'expliquer que

---

[1] En quelques mots, le principe de la résonance nous dit qu'un objet en résonance ou en vibration qui se trouve suffisamment proche d'un objet « inerte » va, par *résonance*, le mettre en mouvement... Par exemple, si vous approchez un diapason qui vibre d'un diapason « éteint », ce diapason va lui aussi se mettre à vibrer, par le loi de résonance...

« tous les états de conscience sont contagieux mais particulièrement les états de conscience considérés positifs ».

Par exemple, vous avez tous, je pense, déjà senti que le fait d'être à côté d'un être triste ou dépressif pouvait vous miner le moral. De la même manière, lorsque quelqu'un de très heureux, de joyeux, de positif s'approchait de vous, vous avez pu vous sentir emporté dans sa joie.

Ce principe est le même avec Amma ou n'importe quel être tel qu'Amma. En effet, ces êtres sont nombreux et souvent connus sous le nom de Sages, de Saints, de Maîtres, de *Gurus*[1] ou d'*Avatars*[2].

En leur présence, si vous êtes ouverts, vous êtes emportés par cette énergie qu'ils irradient littéralement et vous pouvez alors de ce fait expérimenter en partie ce qu'ils sont en train de vivre.

C'est ainsi qu'en la présence d'Amma, je grandissais peu à peu.

Finalement, le jour du *« Devi Bahva »*[3] arriva, jour où elle allait me communiquer mon *Mantra*.

Je me mis dans la file d'attente avec les autres personnes souhaitant en recevoir un.

La « femme en blanc » qui m'avait si gentiment expliqué ce que pouvait être une pratique spirituelle me demanda alors si j'avais une Divinité d'élection. Elle voulait savoir si, pour moi, je me sentais proche d'un Dieu « dans la forme » ou d'un Dieu « sans

---

[1] *Guru (prononcez GOUROU »)* est un mot sanscrit très souvent mal compris en Occident du fait de la masse de connotations négatives qui lui ont été associées. En fait le vrai sens littéral de *Guru* est le Maître Spirituel qui nous guide vers la Connaissance.

[2] Un *Avatar* est une Incarnation Divine. Nous aurons l'occasion d'en reparler par la suite.

[3] Le *« Devi Bahva »* est un rituel magnifique durant lequel Amma manifeste une partie plus profonde d'elle-même. Après une *Puja (un rituel d'offrande)* particulière, Amma se recueille en prière et manifeste alors un aspect particulier de la Divinité. Elle irradie alors une énergie bien plus forte, bien plus puissante.

forme ». Pour moi, il était clair que mon image de Dieu était associée au Christ Jésus, vu mon éducation initiale et les expériences profondes que j'avais eues avec Lui.

Je reçus donc ce soir là d'Amma un *Mantra* spécifique pour, grâce à ma pratique, me rapprocher intérieurement de Jésus.

C'est ainsi que commençait pour moi une nouvelle forme de pratique spirituelle.

Je rentrais en Métropole, heureux d'avoir fait cette rencontre que je sentais extrêmement importante pour moi.

CHAPITRE 26
Accélération...

Une fois rentré chez moi, je reprenais mes rythmes de stages, prenant bien soin de pratiquer de plus en plus de « *Japamala* »[1] avec mon nouveau *Mantra*...

J'égrainais ce *mala*, répétant 108 fois d'affilée soit mon *mantra*, soit un mot... 108 est en effet le nombre associé au principe divin avec le 1 qui symbolise l'Unité, le zéro qui représente le vide ou le néant « d'où tout émerge » et le 8 qui représente l'Infini.

Dans l'hindouisme, 108 ou 1008 est un nombre qui apparaît dans beaucoup de rituels. Il y a par exemple les 108 ou les 1008 noms de Dieu que l'on peut répéter. Il y a aussi les 108 ou les 1008 noms des pieds de Dieu, chaque nom correspondant à une des caractéristiques divines.

Personnellement, je prenais beaucoup de plaisir à égrainer mon *Mala*. Je sentais que ça me faisait du bien.

Hervé m'ayant quitté, j'avais tout le temps pour me consacrer à la pratique spirituelle ! ! ! De plus, son départ était pour moi si pénible que je me jetais à corps perdu dans la pratique comme un mécanisme de compensation.

Cependant, au bout d'un moment de pratique avec mon nouveau *Mantra*, je me suis orienté vers une autre forme de Japa. Quelque part, soit du fait que je n'étais ni hindou ni indien d'inde, soit plutôt *(je pense)* parce que ce n'était pas mon chemin à l'époque, je me désintéressais de mon *Mantra* hindouiste. J'avais l'impression que ce mantra, bien que personnel, ne me « parlait » pas vraiment, bien que j'en connaisse pourtant la traduction.

Je décidais donc de me procurer un chapelet et de commencer à me répéter tantôt une série de *« Je vous salue Marie »*, tantôt de *« Notre Père »*, tantôt, je suivais le rituel préconisé avec

[1] Faire *Japamala* consiste à utiliser un *Mala (chapelet à prières)* pour pratiquer *Japa (la répétition)* d'où le nom *Japamala*.

cependant des petites modifications personnelles du fait que je ne connaissais pas vraiment *(et n'avais pas envie d'apprendre)* le *« Je crois en Dieu »*.

Et alors que, régulièrement, je récitais mon petit chapelet, je commençais à remarquer des choses surprenantes ! ! !

Premièrement déjà, j'aimais ça !

Oui, moi, Patrice, j'aimais ça ! Je n'en revenais pas, moi qui avais toujours regardé les « bigotes » récitant leur chapelet d'un air suspect ! J'en devenais une !

Par contre, maintenant, grâce à l'hindouisme qui me semble bien plus précis que la religion catholique et grâce à ma compréhension de la conscience, je comprenais mieux les principes en jeu et l'intérêt de domestiquer la conscience et de l'orienter toujours vers Dieu, quel que soit le nom qu'on lui donne.

Et donc, non seulement j'aimais ça, mais par moments, et en fait, de plus en plus souvent, alors que j'en étais à mon 7ème ou 8ème *« Je vous salue Marie »*, une espèce d'excitation me remplissait car, bientôt, bientôt, j'allais avoir la chance de dire un *« Notre Père »*[1]. C'était comme si je jubilais intérieurement d'arriver au *« Notre Père »* qui me semblait si beau, si juste maintenant que, comprenant mieux la conscience, j'avais pu le « traduire »[2] en terme de « *Chakras* » et de niveaux de conscience, langage qui m'était totalement familier.

---

[1] Voici quelques explications pour ceux d'entre vous pour qui la pratique du « chapelet » ou du rosaire ne serait pas assez familière. Il s'agit pour un chapelet de répéter 5 fois 10 *« Je vous salue Marie »* suivi de un *« Notre Père »*. Un rosaire représente la récitation de 3 chapelets. C'est aussi un chapelet « triple », avec 150 grains représentant les *« Je vous salue Marie »* et 15 grains représentant les *« Notre Père »*.

[2] Je pouvais comprendre que les phrases du *« Notre Père »* faisaient référence aux différents niveaux de conscience symbolisés par les *Chakras* et aux niveaux de perceptions s'y rapportant. Cette prière, telle une purification mentale, une reprogrammation mentale positive permet au dévot de s'autosuggestionner et de s'accoutumer progressivement à l'expérience directe de Dieu.

Parfois, à d'autres moments, je me sentais très mal alors que je récitais mes prières. Plus j'avançais, plus j'allais mal. C'était comme un profond sentiment de souffrance de l'absence de Dieu qui me remplissait. Je me sentais soudainement si seul, si « abandonné » de Dieu. Et j'en souffrais terriblement. Parfois, le manque de Dieu était si intense que j'en pleurais. Et en moi, c'était :

> -« ***Pourquoi,... pourquoi,... pourquoi m'as-tu abandonné,... pourquoi est-ce que je ne sens pas Ta présence,... pourquoi me laisses-Tu si seul... j'ai besoin de Toi...*** »

Et alors, soudainement, alors que j'étais en larmes, souffrant de Son absence, Il me remplissait ! ! !

En un quart de seconde, j'étais littéralement rempli de Lui alors que Sa Paix me remplissait et me réconfortait.

Et je baignais alors, durant un moment plus ou moins long, dans Sa Divine Présence.

Parallèlement à tout cela, je continuais évidemment d'enseigner mes stages à un rythme effréné. Tantôt ici, tantôt ailleurs...

Je remarquais cependant un net changement dans ma manière d'enseigner.

De plus en plus, je m'entendais parler de Dieu et des effets de la prière...

Je remarquais que les états de conscience « magiques » durant lesquels j'étais rempli de cette force apaisante se produisaient maintenant plus fréquemment et duraient plus longtemps alors que je les acceptais mieux.

Je vivais en fait exactement le même processus que celui que traversait mes stagiaires alors qu'ils amélioraient leur vue.

J'avais l'habitude d'expliquer qu'une personne qui est en train d'améliorer sa vue va passer par des périodes durant lesquelles elle verra plus clairement. Ces périodes de clarté sont parfois appelées des « flashs de vision claire ». Au début, elles sont courtes car très souvent, les gens les considèrent « extra-ordinaires ».

Pourquoi ? Parce que, surtout au début, elles ne croient pas encore qu'il soit normal de voir clairement sans lunettes. Elles se sont tellement « habituées » à voir flou qu'il leur semble non-ordinaire de voir clairement. Seulement, avec le temps et la détermination, la personne va commencer à accepter la clarté comme étant un état naturel et ordinaire. Elle va donc de ce fait expérimenter des périodes de clarté de plus en plus longues, ceci de plus en plus fréquemment, jusqu'à ce que finalement, elle accepte totalement la clarté et que, de ce fait, elle s'y stabilise.

Pour ma part, c'est exactement le même processus que je vivais, simplement, moi, je n'avais pas demandé une clarté physique mais plutôt une clarté spirituelle. J'avais demandé à expérimenter de plus en plus ce que je percevais comme étant cette conscience Divine à laquelle j'avais déjà goûté.

Simplement, et ceci surtout au début, cette conscience qui m'emplissait me semblait si belle, si « extra-ordinaire » que, quelque part, je ne l'acceptais pas.

Je me disais des choses du style :

> ***-« C'est trop beau pour toi !... Tu ne mérites pas un tel cadeau... »***

Et, de ce fait, ces expériences restaient pour moi éphémères !

Il fallait que j'intègre moi aussi ce principe que je transmettais régulièrement à mes stagiaires :

> ***« Si vous voulez expérimenter autre chose, que ce soit voir clairement sans lunettes,... être guéri,... ne plus avoir mal à l'épaule,... se sentir aimé,... se sentir dans l'abondance, quoi que ce soit en fait..., vous <u>devez accepter totalement</u> que ce nouvel état soit naturel pour qu'il le devienne. Tant que vous considérez quoi que ce soit comme « trop beau » pour vous ou***

« difficile à atteindre ou à maintenir », vous resterez prisonniers de vos croyances. »

Il me semblait évident que ma rencontre avec Amma avait été comme un catalyseur qui avait déclenché ce que je percevais comme une formidable accélération de mon « évolution spirituelle ».

Un jour que j'étais à proximité de Lyon, en train d'animer un stage d'amélioration de la Vue, je vécus une expérience que je n'oublierai JAMAIS.

C'était le dimanche matin et j'étais en train de guider les participants dans une relaxation.

Dans cette relaxation, je présente des phrases positives que chaque participant est supposé se répéter mentalement, ceci afin de voir plus clairement sans lunettes.

L'une de ces phrases est :

-« Je suis déterminé à voir ».

La suivante est :

-« Je suis déterminé à voir plus clairement ».

Ces phrases sont en fait inspirées d'un merveilleux livre américain: *« A Course in Miracles »*[1].

Et tandis que je prononçais ces phrases pour les participants, mentalement, je me disais :

-« Je suis déterminé à TE voir... Je suis déterminé à TE voir plus clairement », appelant ainsi le principe Divin à se manifester à moi.

---

[1] *« A Course in Miracles » (Un Cours sur les Miracles)* est publié aux Éditions Penguin Books Ltd. et aux éditions du Roseau en Français. C'est en fait un cours en 365 leçons. Chaque jour, vous êtes supposés vous répéter certaines phrases positives qui auront pour effet, par l'effet répétitif, de vous reprogrammer intérieurement et d'ouvrir votre conscience à d'autres niveaux de perceptions. Ce cours vous permet de comprendre la nature créatrice de votre être. C'est un merveilleux outil de transformation. Il n'est à ce jour pas disponible en français.

Et AU MOMENT MÊME où j'achevais la deuxième phrase, une expérience incroyable se produisit. Soudain, je « vis » une forme de lumière éclatante apparaître dans l'allée centrale, entre les participants. Et alors que j'étais assis sur ma table *(c'était ma position favorite !)*, je sentis instantanément mon Âme se prosterner à Ses pieds alors qu'immédiatement, elle reconnaissait cette présence comme étant le Christ. Et tandis que je vivais cette expérience incroyable d'être assis sur ma table alors que mon Âme se prosternait à Ses pieds, je Le vis me redresser et Se prosterner à mes pieds ! ! !

Et au moment précis où je vivais cela, Bruno, un des participants présents se mit à pleurer. Mais pas à pleurer de tristesse. Je savais que c'était une ouverture de son *Chakra* du Cœur qui se produisait. Je savais qu'il était en train de s'ouvrir à un Amour qu'il ne pouvait contenir.

Je le regardais intensément, tandis que je lui envoyais mentalement le message suivant :

> ***-« Reste ouvert..., reste ouvert..., tout va bien..., accepte cet amour et ouvre-toi... ».***

Et alors que je continuais à guider la relaxation, en moi, j'étais bouleversé.

Je me demandais :

> ***-« Tu as rêvé ou pas ? ».***

J'étais pourtant sûr de ne pas avoir rêvé ce qui s'était passé, vu la réalité et l'intensité de mon expérience, mais..., quand même,... un doute m'envahissait... je n'avais pourtant pas « fumé la moquette »...

Lorsque la relaxation fut achevée, comme d'habitude, je demandais à chaque stagiaire de regarder autour de lui, afin qu'il puisse constater les progrès de sa vue.

Après qu'ils m'eurent fait part de leurs progrès, je me tournais vers Bruno, en lui disant :

-« Dis donc Bruno, je suis curieux... Il semble que tu aies vécu quelque chose de fort durant la relaxation... C'était quoi ?... Tu voudrais en parler ?... »

Et tandis qu'il expliquait son expérience telle qu'il l'avait vécue de l'intérieur, j'étais médusé !

Il disait :

-« Ben oui, c'était bizarre... J'étais en train de penser à ma grand-mère quand soudainement, j'ai vu Jésus. Il était là devant moi et il s'est prosterné à mes pieds... et là, je me suis mis à pleurer, pleurer, pleurer »

Là, je ne savais plus que dire...

Je bredouillais quelques mots et libérais les stagiaires pour le repas de midi.

Je retrouvais par la suite Bruno, qui, bouleversé par son expérience, marchait seul dehors.

J'étais un peu mal à l'aise et avec presque un sentiment de honte, je lui faisais part de ce que moi, j'avais vécu au même moment...

J'étais bouleversé car maintenant, je savais que ce que j'avais vécu était « réel », car ça m'était reflété dans le monde physique.

Mon expérience subjective était maintenant objective car reflétée dans le monde physique.

Et c'est quelque chose que je disais souvent aux stagiaires :

-« Vous travaillez ici, avec moi, de manière subjective, dans votre conscience, en imaginant que vous voyez plus clairement, mais, ne soyez pas victime d'une illusion... Ce que vous faîtes dans votre conscience **VA** et **DOIT** se refléter dans le monde physique.

Sinon, ce serait de l'illusion... »

Et en effet, beaucoup de stagiaires me faisaient part après quelque temps que leurs médecins avaient constaté et chiffré leurs progrès. Ce n'était donc plus subjectif mais objectif.

Pour ma part, j'en étais au même point. Mon expérience apparemment « subjective » était confirmée dans le monde physique par une personne extérieure. C'était donc « réel ».

Et alors que Bruno m'écoutait, il se mit alors à me parler d'une telle manière que je savais qu'à cet instant précis, il était « canal », il était « médium » d'une énergie qui me parlait à travers lui.

Il me disait entre autres choses que : « Jésus me tendait Sa coupe et m'invitait à y boire avec Lui... »

Et tandis que j'entendais ces mots si clairs, si justes, si « non-humains » que Bruno me délivrait, je fondis en larmes.

Et je savais que je ne devais pas résister à cet Amour immense qui voulait rentrer en moi à ce moment précis. Et pourtant, je me répétais :

-« C'est trop beau,... trop grand,... non,... non,... non,... je ne mérite pas cela... »

Et en même temps, je savais bien ce que je devais faire. Je devais m'ouvrir,... m'ouvrir,... m'ouvrir toujours plus et accepter... et laisser cet Amour m'envahir.

Après quelques instants, je redevenais plus « fonctionnel » et, remués tous deux, nous sommes allés déjeuner.

Et alors que je mangeais, je me sentis à nouveau progressivement emporté dans « quelque chose » de magnifique.

J'étais assis sur ma chaise et je sentais cette énergie qui montait, montait en moi. Et pour lui permettre de monter, je devais m'ouvrir. Je sentais que je devais m'ouvrir physiquement. Il fallait que j'écarte mes jambes, que je me redresse et me tienne bien droit, que j'ouvre mes bras et mes mains, posés sur mes cuisses et que je ferme les yeux.

Et alors, cette vague m'emporta,... m'emporta,... m'emporta...

Parfois, j'ouvrais les yeux, et émerveillé par la beauté de ce que je voyais, j'étais « obligé » de les refermer...

Je me souviens d'avoir regardé la part de tarte à l'oignon posée devant moi et elle me semblait si belle... Je me sentais rempli de reconnaissance envers cette tarte qui allait me nourrir. Et lorsque, lentement, je parvenais à en goûter un morceau, je sentais cette tarte comme des millions de particules de vie qui pétillaient en moi. Et je devais à nouveau fermer les yeux pour essayer de me contenir, de contenir en « moi » cette expérience.

Car elle débordait de « moi ». « Moi » n'avait plus la forme que je croyais avoir été...

Je regardais l'air, et le voyais ... comme « moi »... Cet air que je respirais était « moi », était pur amour... et j'existais littéralement au-delà de « moi ».

Et à nouveau, je devais fermer les yeux. Et je n'avais qu'une envie, partir... Partir dans ces vagues d'amour qui m'emportaient l'une après l'autre...

Lorsque j'ouvrais les yeux, je me voyais à nouveau,... dans l'air,... dans le mur,... dans les verres,... dans ces personnes assises à côté de moi et qui étaient toutes si belles, si belles... Et je voyais littéralement mon aura d'une clarté incroyable rayonner tout autour de moi... Et, ébloui par tant de splendeur, tant de beauté, je refermais les yeux...

Et alors que je sombrais en moi, je grandissais... Je grandissais d'une manière incroyable...

Lorsqu'au bout d'un moment j'ouvrais à nouveau les yeux, je contemplais à nouveau cette part de tarte à l'oignon « si belle » et je comprenais ainsi le principe de l'eucharistie dans la religion chrétienne.

Je savais que cette tarte était comme moi, elle était moi, elle était pur Amour. Et cependant, tandis que je regardais les personnes assises à ma table, je constatais qu'elles n'avaient pas nécessairement conscience de leur propre beauté et perfection qui m'apparaissaient évidentes à moi qui les contemplais.

Elles n'avaient pas réalisé leur nature divine.

Et en cet instant béni, je comprenais pourquoi Jésus nous disait ce que je sais maintenant être la vérité :

-« Prenez, mangez, ceci est mon corps. »[1].

Par ce rituel symbolique, ceux qui croyaient en Lui pouvaient, en « l'ingérant » et en « l'assimilant » par l'intermédiaire de ce pain, s'attendre à « devenir » ce qu'Il était par ce processus d'assimilation...

Car en effet, lorsque j'ingérais moi-même cette tarte à l'oignon qui n'était que pur Amour, cette nourriture que je savais être divine me régénérait et je me sentais alors encore plus rempli d'amour et devenir encore plus ce qu'elle était, c'est-à-dire ce que j'étais...

Et tandis que je regardais les êtres assis à mes côtés et constatais leur beauté, je voyais de quelle manière mon regard qui ne percevait en ce moment sacré que de la perfection la créait simultanément. C'était un peu comme si mon regard « redonnait » aux choses et aux gens leurs perfections originelles...

Je comprenais réellement cette phrase que j'avais si souvent dite :

« Tes perceptions créent ta réalité. »

Avec cependant une différence **ÉNORME**...

Je percevais SPONTANÉMENT la beauté et la perfection de TOUT ce sur quoi mes yeux se posaient et étonnamment, c'est

---

[1] Matthieu 26:26

comme si SIMULTANÉMENT, mon regard de perfection leur RENDAIT leur beauté et leur perfection. Je les redonnais à eux-mêmes. Mon regard qui voyait au-delà de la forme extérieure et voyait l'Amour immense qu'était tout cela permettait à ces objets, à ces gens de posséder à nouveau cette partie d'eux-mêmes, enfouie en eux, et qu'ils avaient oubliée.

Et ébloui par tant d'amour et de beauté, je m'emportais en moi...

Et au bout d'un moment, j'ai eu peur...

Peur de disparaître...

Peur de mourir...

Et alors que j'étais à nouveau emporté dans cette énergie dans laquelle j'avais envie de m'abandonner, j'eus l'impression que si je m'y abandonnais totalement, j'allais y disparaître et mourir.

Et pourtant, j'avais vraiment envie de partir encore plus loin dans cet Amour sans fin...

Mais peu à peu, cette peur de « disparaître » me fit quitter mon état et je redevins lentement, progressivement, conscient de mon corps qui m'avait semblé si lointain.

Lentement, je redevenais « normal »... Tiens oui, au fait, c'est quoi « normal » ? ? ?

Lentement, très lentement, peu à peu, je quittais cet espace Divin et je réintégrais le monde des « humains ».

Et une fois redevenu plus « fonctionnel », la journée reprit son cours.

Mais pour moi, j'avais vécu quelque chose de Vrai, quelque chose de Pur, quelque chose de Beau qui me remuait profondément.

Ok, je savais intellectuellement que cet état où l'on a conscience d'exister simultanément en différents endroits était possible... mais je ne l'avais jamais vécu auparavant !

Et alors que je vivais ces expériences, une partie de moi se demandait si je n'étais pas en train de devenir « fou ». Et je savais bien que non, car ce que je vivais était réel. En fait, c'était bien plus réel que mes autres qualités d'expériences.

Bien sûr, j'avais « appris » que les états de conscience au-delà du 3e *Chakra* étaient considérés dans notre société, soit « extra-ordinaires » soit pathologiques... mais je ne l'avais encore jamais vécu avec une telle intensité.

Et je comprenais la chance que j'avais de pouvoir comprendre ce que je vivais !

La chance que j'avais d'avoir une structure mentale capable d'intégrer les expériences que j'étais en train de vivre.

Aussi, je pense souvent au nombre de personnes vivant ces expériences qui finissent à l'asile psychiatrique, simplement parce qu'elles n'ont pas la structure mentale pour comprendre ce qu'elles sont en train de vivre.

Simplement parce que les médecins ou leurs proches n'ont pas la structure mentale pour comprendre de telles expériences... et les rassurer et leur expliquer qu'il est normal, à certains niveaux de conscience, d'entendre des voix, de voir des esprits, de voir les auras, d'entendre les pensées des gens, de se sentir exister ailleurs que dans son corps ou n'étant pas ce corps que je pensais être. Car en effet, je ne suis pas ce corps. Il n'est qu'un de mes multiples aspects...

Le problème qui se pose alors est le suivant : Lorsque ces personnes commencent à expérimenter ces états de conscience non-ordinaires, elles prennent peur de leurs expériences puisqu'en occident, personne ne leur a jamais expliqué que ces états étaient naturels. La peur étant une puissante force créatrice[1], ils commencent alors, « grâce » à leurs peurs de ces

---

[1] Voir Chapitre 16

états, ou grâce à leur incompréhension de ces états à les vivre à nouveau... D'où plus de panique ! Et c'est ainsi qu'ils tombent dans la spirale « infernale » alors qu'un peu de conscience et de compréhension pourrait les conduire puis les ramener dans la spirale « divine ».

Martin avait l'habitude de poser une question :

> ***-« Savez vous quelle est la différence entre un fou et un génie ? ».***

Réponse : la fonctionnalité.

Si vous êtes fou et non-fonctionnel, incapable de fonctionner dans votre « folie », d'aller acheter votre baguette chez le boulanger ou incapable de fonctionner dans votre société... les gens vont vous placer dans des institutions, voire dans des asiles.

Par contre, si vous êtes fou ET fonctionnel dans votre folie, les gens vous appelleront un « génie »...

Et alors que, dans les jours qui suivaient, je m'interrogeais sur l'expérience qu'indéniablement j'avais vécu, je reçus une réponse à ma question.

Je m'étais en effet questionné sur cette peur de mourir que j'avais éprouvée alors que je me sentais emporté dans cet Amour.

Cette « foutue » peur qui m'avait fait quitter cette merveilleuse expérience.

La réponse me fut donnée sous la forme d'une image qui s'imposa à moi.

On me montra un enfant qui jouait avec des petits cubes et qui, au bout d'un moment, alors qu'il grandissait devant mes yeux, les abandonna naturellement pour jouer avec des jouets plus évolués, plus complexes.

Et « ils » m'expliquaient :

-« N'aie pas peur... Tu ne vas pas mourir... car tu ne peux pas mourir... Tu vas simplement laisser tes « jouets » primitifs pour jouer avec des jouets plus « grands », plus complexes... »

« Ils » m'expliquaient qu'en effet, je n'allais pas mourir mais que, par contre, mon expérience de « Je », de « Je suis » allait disparaître et se dissoudre dans l'expérience d'« Être ». Une expérience d'être, mais sans forme... au-delà du « Je suis »...

Et je comprenais...

Je comprenais qu'il me fallait continuer à travailler... continuer à prier en confiance... continuer à m'ouvrir... inlassablement... à m'ouvrir ou à mourir ?

Je comprenais que je devais mourir à une image de moi pour laisser un nouveau moi émerger.

Il fallait vider la coupe de l'ancien pour que le nouveau puisse la remplir !

CHAPITRE 27
Quelque chose DOIT changer...

Dans les semaines qui suivirent ce que j'appelle maintenant « L'expérience de Lyon », je devais recevoir plusieurs messages qui ne faisaient que confirmer la réalité de ce que j'avais vécu.

En effet, je rencontrais des personnes que je n'avais pas vues depuis longtemps qui, surprises, me demandaient :

-« Mais qu'est-ce qu'il t'est arrivé ?... Tu sembles si différent... »

Heureusement ! Elles me disaient que c'était en mieux que j'avais changé.

Je devais même rencontrer quelqu'un qui me connaissait qui, lorsqu'il me vit me dit :

-« Dis donc, Patrice, qu'est-ce qu'il t'est arrivé ? Tu as eu une montée de Kundalini[1] ou quoi ? »

Et au moment où il me parlait, soudainement, je comprenais.

-« Bon sang, mais c'est bien sûr ! ! ! »

C'était ce qui s'était passé sans que je le réalise ! Je n'avais pas fait jusqu'alors le rapprochement.

J'avais en effet déjà lu des choses au sujet des « montées de *Kundalini* » qui font que la personne est « obligée » de se mettre en position physique d'ouverture alors que cette énergie s'élève en elle.

---

[1] La « *Kundalini* » est une énergie très puissante dont on dit qu'elle est « lovée » dans le premier Chakra, à la base de la colonne vertébrale, au niveau du Coccyx. Elle est source de toutes les énergies (*Shakti*) sexuelles et spirituelles. Certaines techniques de Yoga proposent des exercices afin de faire monter cette énergie dans les autres *Chakras*. Alors que la *Kundalini* s'élève, les *Chakras* sont ouverts et la personne sent sa conscience « s'expanser » se dilater, grandir, expérimentant alors de nouvelles perceptions. Cependant, certaines personnes disent qu'il faut être très prudent car, en effet, alors que la personne expérimente de nouvelles perceptions au fur et à mesure que cette *Kundalini* monte, elle pourrait s'en effrayer. Surtout évidemment si elle n'en a pas la compréhension ou si un « guide » connaissant ces « territoires » ne peut la rassurer dans l'intensité et l'apparente étrangeté de son expérience.

C'était exactement ce que j'avais senti quand il « fallait » que j'écarte mes jambes, que je me redresse et ouvre mes bras... afin de laisser cette énergie m'emporter.

Tout devenait plus limpide.

Mais ce que cette expérience m'apprenait principalement, c'est qu'en fait, **il n'y a pas besoin de techniques pour faire évoluer la conscience.**

La technique n'est pas importante. C'est la volonté, le désir de se transformer, l'ouverture à la transformation qui fait qu'elle s'installe.

Toute technique, quelle qu'elle soit, n'est en fait qu'un « rituel » nous sécurisant ! ! ! Mais ce n'est pas la « technique » qui effectue la transformation, c'est la conscience elle-même qui la fait.

Et je ne suis pas en train de dire ici que les techniques sont inutiles, comprenez-moi bien.

Simplement, ne soyez pas accrochés à une technique qui, finalement, n'est qu'une croyance, qu'une idée, qu'une pensée ayant pris forme.

Mais par contre, croyez, croyez, croyez ! ! !...

Croyez que ce que vous êtes en train de faire, quoi que ce soit, en fait, vous rapproche de votre objectif, quel qu'il soit...

Au fil du temps, je réalisais que j'adoptais de plus en plus dans mes stages un langage de type dévotionnel. J'encourageais de plus en plus les gens à « laisser faire » et à « faire confiance ».

Je continuais par ailleurs mes voyages autour du monde à un rythme soutenu.

Et du fait que je souhaitais revoir Amma, je m'arrangeais chaque année pour aller à la Réunion y animer des stages au moment même où elle s'y trouvait.

Chaque fois que je la voyais et que j'avais la chance d'être dans ses bras, intérieurement, je lui demandais toujours plus.

Je me souviens d'un Dévi Bhava à la Réunion, où, bravant le regard des gens *(j'étais à l'époque encore assez soucieux du regard que pouvaient avoir les gens sur moi),* je me tenais debout, pendant près d'une heure, attendant mon tour pour mon *Darshan.*

Et debout, les yeux fermés, les mains jointes en face de mon cœur, totalement ignorant des centaines de personnes autour de moi, inlassablement je me répétais :

> ***-« Je veux Dieu,... Je veux Dieu,... Je veux Dieu,... Je veux Dieu,... Je veux Dieu,... Je veux Dieu,... » et encore et encore...***

Lorsque vînt finalement mon tour, je me sentais dans un état de concentration tel que je n'en avais encore jamais ressenti. Il n'y avait plus que cette pensée en moi :

> ***-« Je veux Dieu... »***

Amma me prit alors dans ses bras et je sombrais tandis que je m'abandonnais totalement à son incroyable Amour. Je la quittais après qu'elle m'eut posé à nouveau le doigt sur le front et embrassé sur la joue.

Et alors que j'étais sur le point de retourner m'asseoir, une des personnes accompagnant Amma me tapa sur l'épaule et me dit :

> ***-« Amma voudrait que tu t'assoies à côté d'elle. »***

En entendant cela, j'exultais de joie ! Elle savait ! Elle savait ! Elle savait vraiment ! Elle me montrait qu'elle avait entendu ma demande silencieuse et me répondait de cette manière !

Elle me faisait la Grâce de pouvoir m'asseoir dans son énergie si pure. Je n'en revenais pas !

Je passais donc le reste de la soirée, à deux pas d'Amma, baignant dans son amour et m'ouvrant le plus possible au pouvoir transformateur de son énergie si belle et si pure.

Lors d'un autre de mes séjours à la Réunion où je retrouvais Amma avec beaucoup de plaisir, je décidais cette fois de lui parler directement.

Jusque là, je n'avais plus osé parler à Amma lors des *Darshans*.

Intérieurement, c'est vrai que je lui demandais toujours plus, mais extérieurement, je restais muet. Je me sentais maintenant trop impressionné par la beauté de son Âme, que j'avais maintenant reconnue, pour oser lui parler.

La toute première fois, il m'avait été facile de lui parler car, à cette époque, elle n'était après tout pour moi qu'une femme comme les autres !

Mais maintenant que je réalisais la grandeur de son Amour et l'importance de sa présence pour chacun, je n'osais pas la « retarder » en lui posant des questions. Après tout, des centaines de personnes derrière moi attendaient elles aussi la Grâce de son *Darshan*.

Je profitais justement d'un *Darshan* à St Louis, alors qu'il y avait peu de monde ce matin là pour m'adresser à Amma. J'étais déterminé à ne pas « rater » mon coup ! J'avais des heures durant réfléchi à comment formuler ma demande le plus clairement possible, sachant l'importance d'une clarté d'expression, surtout face à un tel être. J'étais aussi déterminé à ne pas passer par l'interprète. Je me disais que, bien que ne parlant pas vraiment l'anglais, Amma pourrait mieux percevoir mon âme si je m'adressais directement à elle.

Une fois mon tour arrivé, avant qu'Amma ne me prenne dans ses bras, je me prosternais à ses pieds.

Et oui ! Moi, Patrice, qui avait été si réfractaire à ce rituel, je l'accomplissais ! C'est comme si une petite voix me disait :

> ***-« Tu vois, Patrice, c'est facile de juger quand on ne fait pas l'effort de comprendre pourquoi les gens font ce qu'ils font. »***

J'avais en effet compris que cette prosternation n'était nullement une attitude de soumission comme je l'avais cru par le passé, mais plutôt une démonstration d'abandon confiant. Par cette attitude, je reconnaissais sa grandeur *(qui ne faisait nullement de moi un être moindre ou négligeable),* je lui faisais montre de mon respect pour ce qu'elle était *(car, en fait, les Maîtres ne sont ni plus, ni moins, que nos Frères et Sœurs aînés, seulement des êtres plus avancés que nous sur le chemin)* et m'abandonnais à sa sagesse que je savais pouvoir me sortir de ma situation.

Une fois redressé de ma prosternation, je regardais Amma droit dans les yeux alors que je lui disais en Anglais, persuadé que même si elle ne parlait pas cette langue, elle comprenait celle de mon âme :

> ***-« Amma, je veux être guéri ... Je veux voir comme tu vois... Je veux entendre comme tu entends... Je veux ressentir comme tu ressens... Je veux expérimenter ce que tu expérimentes et je veux élever ma conscience là où se trouve ta conscience. »***

Il me semblait que, par cette formulation, je résumais bien ce que je voulais vivre, puisque après tout, tout n'est qu'une expérience dans notre conscience, n'est-ce pas ?

Une fois que l'interprète lui eut traduit ma demande dans sa langue natale, le malayalam[1], elle me regarda intensément, me sourit et me caressa la joue à plusieurs reprises et me prit dans ses bras pendant un long moment. Après m'avoir touché le front de son doigt pendant quelques secondes, elle me fit signe de me mettre sur le côté et d'attendre.

Et j'attendais, j'attendais, j'attendais...

Et j'avais mal aux pieds... J'avais en effet beaucoup de mal à me tenir à genoux !

---

[1] Le malayalam est le dialecte de la province du Kerala, au sud de l'Inde d'où est originaire Amma.

L'humilité est une leçon parfois difficile à apprendre en occident.

Et j'attendais, j'attendais, j'attendais...

Parfois, Amma me jetait un regard que je sentais complice mais néanmoins me faisait attendre.

Et finalement, au bout d'un long moment, elle me regarda, fit un signe à son interprète et se mit à lui parler, longuement, alors qu'elle continuait à prendre des gens dans ses bras.

Elle s'arrêtait de parler un instant pour prendre quelqu'un d'autre contre son sein, et, en me regardant, elle parlait à son interprète.

Finalement, il vînt vers moi et me dit :

> ***-« Voilà, Amma a dit ... bla bla bla... bla bla bla... bla bla bla... »***

Et alors qu'il m'a parlé longuement, j'ai l'impression que je ne comprenais rien à ce qu'il me disait. Rien si ce n'était deux choses :

Amma me disait :

> ***-« Tu crois que tu fais... mais tu ne fais rien ».***

Et vlan, prends-toi ça dans la tête mon chéri ! Et moi qui m'attendais à recevoir des encouragements !

Mais ce n'était pas tout. Ce n'était que le premier service ! Je n'étais pas au bout de mes découvertes car il y avait encore mieux à venir...

Elle me disait :

> ***-« Tu dois te débarrasser de l'arrogance de la connaissance ». « You must let go of the arrogance of knowing ! »***

Pour être plus précis, car c'est important, elle me disait :

> ***-« Tu dois te débarrasser de l'arrogance de croire que tu sais ! ».***

Je comprenais mieux maintenant pourquoi certaines personnes disaient qu’Amma était aussi perçue comme une incarnation, une manifestation de Kali !

Kali ou la « déesse noire », souvent représentée tirant une grande langue rouge et portant autour de son cou un collier de crânes humains !

Une des caractéristiques de Kali est de « tuer l’égo ».

En effet, l’hindouisme nous explique que pour réaliser Dieu, il est nécessaire que la personnalité ou l’égo s’efface au bénéfice de l’esprit. Kali représente la Divinité qui peut aider sur le chemin de la transformation individuelle.

Et avec ses deux phrases qui me transperçaient comme un couteau, Amma me faisait en fait un magnifique cadeau. Évidemment, je ne devais m’en rendre compte que quelques semaines plus tard !

Moi qui pensais qu’un Maître, qui est tout Amour, l’exprimait toujours sous forme de sourires ou de phrases réconfortantes, je me trompais grandement !

Mes expériences futures m’apprirent par la suite que, s’il est vrai qu’au début, un maître exprime son Amour au Disciple de manière plutôt rassurante et chaleureuse, autant par la suite, et surtout si le disciple fait montre d’efforts réels pour progresser, autant à ce moment le Maître peut user de formes extérieures dures pour permettre au dévot sincère de se réaligner.

Afin que vous puissiez bien comprendre, je vais utiliser une métaphore. Si un clou est tordu et qu’on veuille le redresser afin qu’il puisse assurer ce pourquoi il a été créé, ce n’est pas en le caressant du doigt que je vais le redresser. Je vais devoir lui donner quelques coups de marteau, parfois violents, afin de le remettre droit et de l’aligner. Et même si le processus doit être pénible ou douloureux, une fois redressé et bien droit, le clou sera « heureux » car il pourra alors assumer la fonction pour laquelle il a été créé.

Je retournais donc m'asseoir afin de réfléchir au message d'Amma. Heureusement pour moi, je savais déjà qu'un Maître ne fait ni ne dit **RIEN** par hasard.

J'étais intimement persuadé que ce message cinglant d'Amma était un cadeau. Je n'avais simplement pas encore réalisé lequel. J'acceptais simplement que ce qu'elle m'avait dit était pour mon plus grand bien.

C'est au cours du stage que j'animais peu de temps après que je devais constater à quel point Amma m'avait transformé, par ces quelques mots. Je devrais même dire métamorphosé.

Durant ce stage, alors que je m'entendais expliquer les principes de guérison, je sentais en moi une douceur, une compassion, une patience que je n'avais jusqu'alors pas expérimentées.

Je me souviens d'un moment où, soudainement « rempli » de cette conscience qui me devenait maintenant de plus en plus familière, je devenais témoin et observateur d'un phénomène magnifique.

Il y avait moi, au centre de moi et il y avait cette énergie qui irradiait de moi. Une énergie que je voyais s'étendre sur les stagiaires. Et tandis que cette énergie les touchait, je pouvais « voir » des zones d'ombre disparaître dans les auras des participants. J'étais témoin des modifications que se faisaient « toutes seules ».

Je comprenais en ce moment béni que ces personnes n'avaient même pas besoin de « croire » en moi ou en la guérison pour qu'elle se passe car je SAVAIS qu'il y avait suffisamment de confiance en moi pour annihiler leurs doutes...

Cette énergie était suffisante...

Je SAVAIS que s'ils étaient « ouverts », que s'ils étaient « tels des petits enfants »[1], sans croyances limitatives, cette énergie émanant de moi les guérirait et leur donnerait quoi que ce soit qu'ils désiraient.

Et je comprenais les mots d'Amma.

Bien sûr, je ne faisais rien ! « JE » ne faisait rien !

Tout comme chacun d'entre nous, ne faisait rien... et croyait simplement qu'il était en train de faire…

Et simultanément, je réalisais qu'auparavant, j'avais cette espèce d'attitude dure et arrogante alors que j'expliquais la conscience aux gens :

> ***-« Comment ? Mais vous ne comprenez pas ? Il suffit de changer ! C'est si simple, enfin !»***

Et soudainement, en quelques mots, Amma m'avait ouvert les yeux.

Oui, elle m'avait ouvert les yeux,... à moi qui passais mes week-ends à prétendre ouvrir ceux des stagiaires...

Je réalisais que, même s'il est vrai qu'il suffit de changer, ce n'est pas toujours si simple... Je le voyais d'ailleurs dans ma propre vie !

Je voyais maintenant comment j'avais pu développer cette forme de fierté mal placée et comment j'avais pu accumuler toutes ces connaissances métaphysiques... Mais, à quoi me servaient-elles puique je réalisais aujourd'hui qu'il me manquait l'expérience de ce dont je parlais.

Je réalisais aussi maintenant que je pouvais voir « des choses » se produire au-delà de moi.

---

[1] A ce sujet, Jésus nous disait fort justement : *« Laissez les petits enfants venir à moi ; ne les empêchez pas, car c'est à leurs pareils qu'appartient le Royaume de Dieu. En vérité je vous le dis : quiconque n'accueille pas le Royaume de Dieu en petit enfant n'y entrera pas. »*

Marc 10:14-15

De belles choses...

Et en fait, je constatais que ces belles choses se produisaient **surtout** lorsque je ne faisais rien. Elles se produisaient lorsque j'étais simplement ouvert et que je laissais cette énergie couler en moi et irradier vers les participants.

Elles se produisaient lorsque j'ouvrais mon cœur, cessais de juger et commençais à réellement AIMER ET APPRÉCIER les êtres m'entourant.

Oui, Amma avait raison !

Ce n'est pas moi, Patrice, qui fait !

C'est cet Amour qui m'emplit… qui fait… C'est la Vie qui fait ! C'est Dieu qui fait ! Mais ce n'est vraiment pas ma « petite » personnalité, la partie de moi avec laquelle je m'étais identifiée jusque là qui fait.

Et au fil du temps, je me sentais bien plus doux, plus simple, plus naturel, plus tolérant, moins directif, moins arrogant dans ma manière de partager mes expériences et mes croyances.

Et paradoxalement, alors que je « faisais » de moins en moins, je constatais des guérisons plus rapides pour les stagiaires.

Amma avait une fois de plus raison.

Et je réalisais aussi le cadeau supplémentaire qu'elle m'avait fait alors que j'avais dû attendre très longtemps avant qu'elle me « gratifie » de ces vérités tranchantes.

Elle m'avait permis de comprendre qu'avec un Maître, qu'avec Dieu, il faut **toujours** être patient... Il nous faut être **PATIENTS** et **CONFIANTS**...

Si vous demandez sincèrement, profondément, Dieu vous répondra toujours... j'en suis sûr... Simplement à nouveau, il faut savoir être patient et confiant.

Comme le dit le proverbe :

-« Tout vient à point à qui sait attendre. »

Ce qui se produisit finalement pour moi est que, peu à peu, je me sentais de plus en plus mal à enseigner « à la lettre » la méthode mise au point par Martin Brofman. C'était en effet une méthode qui m'apparaissait comme fonctionnant tellement sur les notions de pouvoir et de contrôle, que je sentais qu'elle ne me convenait plus.

Je devais amener les gens ailleurs et surtout, par un autre chemin que je commençais à percevoir confusément.

Il fallait que j'explique autrement, que j'intègre ces réalités spirituelles qui m'apparaissaient maintenant si présentes et si évidentes.

De plus en plus, je parlais de Dieu ouvertement.

Au tout début, parfois, du bout des lèvres, je glissais le mot Dieu, un peu timidement, dans la conversation.

Cependant, alors que sa réalité m'apparaissait de plus en plus évidente, je ne pouvais plus ne pas le nommer.

De plus en plus, je m'entendais dire aux stagiaires :

-« Vous voulez parler d'Yeux ?... et bien... on va parler Dieu... »

D'autre part, étant de plus en plus souvent emporté dans des expériences transcendantales alors que je parlais de la conscience, il m'arrivait de ne plus avoir assez de temps pour faire tel ou tel exercice que Martin tenait absolument que je fasse.

Je me sentais maintenant « piégé » par une structure. Une structure qui était bonne, je dois le dire, et qui était nécessaire pour certaines personnes fonctionnant encore à certains niveaux de conscience, mais qui me semblait maintenant contraignante et m'empêchait d'aller là où je voulais aller.

Là où il me semblait qu'il me FALLAIT aller...

J'étais emprisonné dans une structure qui me faisait me sentir quelque peu frustré après un stage.

Frustré de n'avoir pu prendre le temps d'explorer ces territoires dans lesquels je savais que la guérison se produisait au-delà de moi, au-delà de ma volonté propre.

Frustré de n'avoir pu, faute du temps qui me faisait défaut, me laisser envahir plus longtemps par cette conscience d'Amour qui, au-delà de moi, avait de manière évidente un impact positif sur les stagiaires.

D'autre part, je voulais aussi baisser le prix des stages car je trouvais qu'un prix plus économique le rendrait plus abordable à un plus grand nombre.

Lorsque j'en parlais à Martin, il refusa catégoriquement.

Il ne supportait absolument pas non plus que j'aie pu modifier un mot dans une des relaxations et encore moins que j'aie pu, parfois, faute de temps, modifier ce qu'il percevait comme « SA » structure. Comme s'il la possédait !

Je peux évidemment comprendre son fonctionnement de pouvoir mais une chose était claire, il fallait que ça change !

Le changement se mit en place finalement grâce à une rencontre étonnante *(une de plus me direz-vous !)* que je devais faire.

C'est encore à Lyon que cette rencontre « magique » devait avoir lieu.

Dans ce stage que j'animais, un couple charmant se présenta. Ils s'appelaient Claude-Annie et Pierre. Je devais apprendre plus tard que seule Claude-Annie avait l'intention au départ de suivre cette formation. Son ami, Pierre, n'avait décidé d'y participer qu'à la dernière minute *(heureusement pour moi !... et pour lui aussi j'espère !).*

Le stage se déroula normalement et je ne me souviens pas avoir eu d'interaction particulière avec Pierre durant ces deux jours.

Pourtant, une fois le stage achevé, il s'approcha de moi et commença à me parler.

Il m'expliqua qu'il était physicien, et, avec un langage que je ne comprenais absolument pas, il commença à m'expliquer certains des principes dont j'avais parlé à la lueur de ses connaissances de la physique. Et tandis qu'il parlait..., parlait..., parlait..., moi, je ne comprenais RIEN !... Pas un mot... Il évoluait évidemment dans un « modèle » que je ne connaissais pas et il me semblait qu'il parlait en hébreux ! ! !

Mais étrangement, alors que je ne comprenais RIEN à ce qu'il m'expliquait avec forces graphiques et dessins, une partie de moi me criait dans la tête :

> ***-« IL A RAISON !... ÉCOUTE-LE ! »***

Et j'écoutais... sans comprendre !

Et voilà que soudainement, il me dit d'une voix puissante, déterminée, presque autoritaire, comme pour me réveiller :

> ***-« Patrice,... Il faut que tu comprennes une chose... Dans n'importe quelle école,... il y a une ENTREE...(et en disant cela, il trace presque violemment une flèche au tableau avec d'un côté le mot Entrée) ... et ... une... SORTIE... (il écrit le mot « Sortie » à la pointe de la flèche) ».***
>
> ***-« Il faut que tu comprennes que tu te rapproches de la SORTIE (alors qu'il souligne d'un geste rapide le mot au tableau !) de l'école de Martin Brofman ! »***
>
> ***-« Il est évident, alors que l'on t'écoute, que <u>tu as bien plus de choses à dire</u> que ne te le permet ta structure... Tu es piégé dans cette structure rigide qui t'empêche d'exprimer ce que tu sens vraiment... Et il FAUT que tu ailles plus loin... Que tu laisses sortir ce que tu as en toi ... ! C'est vraiment important ! ! ! »***

Et moi, j'écoutais béatement !

C'était comme si Pierre *(béni soit-il !)* formulait clairement, directement, ce que je sentais en moi sans jamais vraiment avoir osé me l'avouer clairement, probablement par peur de « sortir » d'un modèle qui, même s'il m'étouffait, me rassurait.

Il avait raison,... Il avait vraiment raison,... c'était sûr !

Il fallait que ça change !

Je rentrais ce soir là dans ma chambre d'hôtel, bouleversé par la rencontre avec ce Pierre et touché par ce que j'avais ressenti alors qu'il me parlait. Je n'avais pratiquement rien compris de ce qu'il me disait, mais je SAVAIS qu'il avait raison, qu'il disait la Vérité. Et qu'il était important pour moi que je l'écoute.

Je ne pouvais nier qu'il avait touché des points clés pour moi. Il avait mis le doigt exactement là où « ça faisait mal » !

Mais, maintenant qu'il m'avait « confirmé » de manière plus que claire ce que je sentais, que devais-je faire ?..., Comment changer ?... Comment pourrais-je quitter Martin avec qui je travaillais depuis près de 9 ans ! ?... Et comment allait-il le prendre ?... Et surtout, qu'est-ce que je ferai, après ?...

C'était un peu comme si je me retrouvais 8 ans plus tôt, à l'époque où j'avais commencé à envisager d'arrêter mon activité salariée...

Rapidement, je me recentrais en me répétant plusieurs fois :

> ***-« Ne t'inquiète pas Patrice, Tout va bien,... Tout va bien,... Tout va bien... et tout ira bien... Fais confiance... »***

C'est avec ces questions en moi que je me couchais ce soir là.

Et durant la nuit, je devais faire un rêve, un rêve magnifique... ou plutôt une rencontre...

Une rencontre avec un être magnifique qui allait avoir une influence extrême dans ma Vie.

CHAPITRE 28

Le Rêve...

Dans ce rêve, mais,... en était-ce réellement un ?... j'étais en Inde, pays où je n'étais jamais allé.

Je me retrouvais donc en Inde, avec des milliers de personnes, et nous allions tous voir Saï Baba[1] *(J'avais déjà entendu parler de Saï Baba des années auparavant)* .

Nous étions dans son « *Ashram* » [2]. *(Étonnamment, à cette époque, je ne savais pas vraiment ce qu'était un Ashram !).*

Et tandis que ces milliers de personnes avançaient, moi, blessé ou handicapé de ma jambe gauche, j'étais dans les derniers, ne pouvant marcher aussi vite que les autres ! *(À nouveau, de manière étonnante, lorsque je devais aller en Inde quelques mois plus tard, je devais, comme dans mon rêve, y souffrir de ma jambe gauche).*

Cependant, bien que je fus dans les derniers, bizarrement, je me suis retrouvé placé au premier rang, avec tous ces Indiens à côté de moi.

---

[1] Saï Baba *(prononcez SA-I Baba)* est un Sage, un Maître vivant en Inde, à proximité de Bangalore. C'est un Maître dont j'avais entendu parler des années auparavant et dont j'avais pris l'habitude de parler dans mes stages, bien que ne l'ayant jamais rencontré. Je le citais régulièrement alors que je parlais du 7ème Chakra et des états de conscience d'Omniscience, d'Omniprésence qui y sont associés. Saï Baba a, en effet, à de très nombreuses reprises, fait montre de ces caractéristiques. Il est dit de Saï Baba qu'il est non seulement un *Avatar* mais un *Mahavatar*, c'est-à-dire une manifestation humaine du Divin dans sa totalité. En Inde, un *Avatar* est considéré comme un être divin, manifestant certaines des caractéristiques divines, descendu dans la chair pour aider l'humanité. On dit d'un *Mahavatar* ou *Grand Avatar* (*Maha* signifie Grand) qu'il manifeste tous les aspects du Divin. ***Rama, Krishna, Bouddha, Zoroastre, Jésus*** sont considérés être des *Avatars* Divins. Il existe de très nombreux livres concernant Saï Baba. Alors que je commençais à me renseigner sur lui et du fait de mon attirance envers Jésus, j'avais particulièrement aimé *« Un prêtre rencontre Saï Baba »* du père Don Mario Mazzoleni paru aux éditions AMRITA.

[2] Un *Ashram* est un ermitage, le lieu, la structure d'accueil qui se construit progressivement à proximité d'un Sage, d'un Saint, d'un Maître Spirituel ou d'un être Réalisé. C'est là qu'il réside et que les dévots viennent le voir.

D'un seul coup, toutes ces personnes se sont mises les deux mains jointes face au cœur alors qu'un murmure parcourait la foule :

-« Voilà Saï Baba ! »

Et alors que je tournais la tête dans la direction où chacun regardait, je vis, dans mon rêve, apparaître un petit homme vêtu d'une longue robe blanche et, bizarrement, portant un nez de clown !

Je me souviens m'être exclamé dans mon rêve :

-« Mais ce n'est pas Saï Baba ! ».

Je l'avais en effet déjà vu en photo et je me disais :

-« Mais non, Saï Baba porte une robe orange et non blanche *(j'ai appris par la suite qu'en fait, pour certaines cérémonies, à Noël par exemple, il porte réellement du blanc !),* Il a plein de cheveux crépus avec une coiffure de type afro du genre des Jackson Five et il mesure au moins 1 mètre 80 !» *(Je dois dire que, pour moi, au vu des photos de son buste que j'avais vues, je pensais qu'il mesurait 1 mètre 80 minimum ! J'ai en fait découvert par la suite qu'il ne mesure en réalité que 1 mètre 55 !).*

Toujours est-il que dans mon rêve, je me disais :

-« Ce n'est pas Saï Baba ! »

Et au moment où j'eus cette pensée, une voix intérieure d'une grande douceur me dit:

-« Saï Baba peut prendre de nombreuses formes... Si on te dit que c'est Saï Baba, c'est Saï Baba ! »

Surpris par la puissance du message, j'acceptais.

Saï Baba vint alors vers moi et me prit par la main. Au moment où il prit ma main, sa robe était maintenant orange et son visage plus ressemblant à ce que je connaissais de lui.

Il m'emmena alors vers ce qui me semblait être une petite échoppe de commerçant et y prit un cadeau qu'il me tendit. C'était une très belle plaque d'or ou de métal doré, rectangulaire, d'environ 30cm sur 20cm, sur laquelle semblait flotter, *(car probablement fixé sur une petite tige)*, un magnifique cœur, fait du même métal.

Et me l'ayant mis dans les mains, il me regarda avec un magnifique sourire alors que je le remerciais et, d'un mouvement lent, il passa sa main au-dessus de la plaque d'or.

Alors qu'il retirait sa main et que je voyais ce que j'avais dans les mains, je commençais à paniquer. En un instant, la plaque dorée s'était transformée en marbre vert et, de plus, le cœur s'était ouvert et un magnifique bouton de rose rouge se trouvait en son centre *(une vraie rose,... et fraîche de surcroît !).*

Et dans mon rêve, je paniquais. Mais une **vraie** panique ! Ce n'était pas possible,... j'avais l'impression que j'étais en train de devenir fou ! ! ! J'avais de l'or dans mes mains et, la seconde d'après, c'était du marbre...

Et je me souviens, pour essayer de me stabiliser dans la situation de panique dans laquelle j'étais, m'être mis à me répéter, à toute vitesse, une espèce de « *Je crois en Dieu* » du style :

> ***-« Je crois en Dieu, et en Jésus, son fils, notre sauveur, créateur du Ciel et de la Terre, Je crois en Dieu... Je crois en Dieu... »***

Que ceux d'entre vous qui connaissez le « Vrai » Credo me pardonnent ! ! Ok, j'ai été baptisé catholique mais je ne connaissais pas vraiment les prières...

Et tandis que je « flippais » complètement, Saï Baba, impassible, me regardait avec un sourire d'une incroyable beauté... Et moi, je paniquais totalement !

Et alors qu'il me regardait avec son si beau sourire, Saï Baba passa à nouveau sa main au-dessus de la plaque de marbre vert que je tenais dans les mains, et, lorsqu'il la retira, je devais paniquer encore plus ! ! !

C'est vrai qu'avec ma taille de 1 mètre 99, j'ai de grandes mains, mais à ce moment là, dans mes mains, j'avais des montagnes ! ! ! Des **VRAIES** montagnes de plus de 3000 mètres de haut, avec de la neige, des sapins... Je pouvais même y voir des skieurs ! ! ! C'était un **vrai monde** que j'avais dans mes mains ! ! !

Et je paniquais complètement... Je me disais :

-« Ce n'était pas possible enfin ... »

Et je voulais fermer les yeux... mais je ne pouvais pas... Les yeux fermés, je continuais à voir ces montagnes dans mes mains !...

Et je me répétais à une vitesse effrénée comme pour me rassurer :

-« Je crois en Dieu, Je crois en Dieu, Je crois en Dieu... »

alors que Saï Baba, impassible, me regardait « flipper » avec une expression d'une incroyable douceur dans les yeux...

Et soudain, « Il » m'emporta.

Je « savais » qu'Il était en train de m'emmener au cœur de la montagne que j'avais dans mes mains... Il m'emporta au cœur de la matière... Je savais qu'il m'emmenait au cœur des atomes...

Et tandis que je me trouvais au cœur des atomes, je pouvais « voir » à 360 degrés autour de moi. J'avais une vision globale, totale, simultanée de tout ce qu'il y avait, là, au cœur de la matière.

Et je VOYAIS que là, au cœur des Atomes, il n'y avait **QUE** de l'Amour, il n'y avait **QUE** de la Lumière, il n'y avait **QUE** Dieu...

Il n'y avait rien d'autre que ça : Amour, Lumière, Dieu...

Et à ce moment précis où je réalisais ce que je voyais, Il me dit avec une voix d'une puissance et d'une douceur incroyable :

-« Tu vois, ... Ça ... , C'est la nature de l'Univers... Il n'attend que Toi pour devenir ce que tu veux qu'il soit... »

Et je savais que c'était vrai ! Cette voix ne faisait que confirmer ce que je venais d'expérimenter.

L'Univers tout entier n'est qu'Amour... Il n'est qu'une seule et même « substance » prenant pour nous la forme que nous lui donnons, par Amour pour nous...

Et c'est sur cette certitude, sur cette réalisation que je me réveillais en pleine forme ce matin là, rempli d'un sentiment de confiance absolue.

C'est suite à ce rêve, qui j'en suis sûr, n'en était pas un, que je décidais d'aller voir cet être, ce Saï Baba qui m'était apparu comme pour m'appeler à Lui.

CHAPITRE 29

Premier voyage chez Saï Baba...

Très vite, je décidais qu'il me « fallait » aller en Inde. Il fallait que je vois de mes yeux cet être qui m'était apparu en rêve...

Soudainement, toutes les peurs et les préjugés que j'avais eus par rapport à l'Inde me quittaient. Toutes ces choses que l'on m'avait dites concernant la pauvreté, la saleté, les maladies, la souffrance, le choc que représentait un voyage dans un tel pays... tout ça disparaissait dans cet impérieux désir qui s'imposait à moi.

Il fallait que j'y aille.

Alors qu'à l'époque, animant ou traduisant en moyenne une quarantaine de stages par an, mon agenda était généralement rempli un an à l'avance, je réalisais que j'avais en fait deux « créneaux » possibles pour aller en Inde. Soit je pouvais y aller au mois de mai, c'est-à-dire dans un peu plus de deux mois, soit entre Noël et Nouvel-An, dans plus de 10 mois.

Je décidais d'y aller au plus vite car je sentais comme une urgence pour moi de rencontrer cet être.

Alors que la date de mon voyage approchait, je me disais que j'allais profiter de ce premier séjour en Inde pour aller voir Saï Baba mais aussi Amma qui m'avait tant aidé.

Etonnamment, une fois que j'eus acheté mon billet d'avion, une espèce de voix dans ma tête m'a dit :

-« Non , c'est seulement Saï Baba que tu vas aller voir ! ».

Et alors que j'entendais cela, je réalisais que c'était juste. Je sentais confusément qu'aller le voir était une grande Grâce et qu'il ne fallait pas que je « perde » mon temps à faire autre chose.

C'était quand même pour moi un sentiment étrange car, en fait, je ne le connaissais pas, ce Saï Baba ! C'est Amma que je connaissais après tout !

Enfin,... les voix du Seigneur sont impénétrables !

Toujours est-il qu'alors que mon départ approchait, je me renseignais sur la vie à l'*Ashram*.

À l'époque, je ne savais pas vraiment ce qu'était un *Ashram* et la vie en Inde aux côtés d'un Maître... Est-ce que les gens dormaient par terre ?... dans des grottes ? dans des arbres ?...

On m'expliqua qu'il ne fallait pas s'attendre à beaucoup de confort et que ce n'était pas la peine d'amener de vêtements car sur place, on pouvait acheter des tenues blanches. Il était en effet d'usage, par respect, que les hommes portent du blanc en présence de ce Sage.

On m'avait expliqué qu'à cette époque de l'année, on ne savait pas exactement où serait Saï Baba *(car on me disait qu'il avait 3 Ashrams principaux et qu'il pouvait se trouver dans l'un ou l'autre)*. Par contre, une fois arrivé à Bangalore, on me disait que je pourrais me renseigner puis prendre un taxi pour me rendre à l'*Ashram* où il serait.

Je devais donc partir, en ce début du mois de mai 1997, avec mon petit sac de voyage pour un séjour extraordinaire au pays des miracles...

J'avais avec moi plusieurs lettres à remettre à Saï Baba. Des amis qui, soit connaissaient déjà ce Sage pour y être allé, soit en avaient entendu parler, m'avaient en effet confié leurs courriers.

Ils m'avaient expliqué qu'à la différence d'Amma qui donnait son *Darshan* en prenant individuellement chaque personne dans ses bras, Saï Baba lui, le donnait de toute autre manière. En effet, il sortait « simplement » parmi les personnes présentes, parmi les dévots, marchant parmi eux, s'arrêtant parfois auprès de quelqu'un pour lui parler, lui prendre des lettres, ou parfois même, m'avait-on dit, pour lui manifester de la *Vibhuti*[1] en la faisant apparaître « miraculeusement » entre ses doigts...

Il semblait en effet que ce Sage faisait en permanence de très nombreux miracles, l'un des plus courants étant de faire apparaître dans Ses mains cette cendre sacrée !

Personnellement, je demandais à voir. Et... évidemment,... j'ai VU !

On m'avait dit que, lorsqu'Il prenait les lettres des dévots, instantanément, Il savait ce qu'il y avait dedans et qu'Il pouvait alors nous aider et répondre miraculeusement à notre requête.

Je décidais donc moi aussi de lui écrire une lettre, alignant l'une après l'autre mes demandes.

Et je me retrouvais donc pour la première fois en Inde, à Bangalore, à la recherche de ce Saint Homme.

Très rapidement, quelqu'un m'expliqua que Saï Baba se trouvait en ce moment à Kodai Kanal[2] qui se trouvait à plus de 9 heures de taxi, mais que d'ici trois ou quatre jours, il serait à White Field, un petit village à environ une demi-heure de Bangalore.

Je découvrais en effet qu'en Inde, on ne parle pas vraiment en distance kilométrique mais en heures de trajet.

J'étais un peu déçu car je n'avais que 14 jours à passer en Inde, et il me semblait que 4 de ces précieux jours allaient être perdus. En fait, ces 4 jours me permirent de me mieux me familiariser avec cet être que je ne connaissais pas encore et de me préparer profondément à sa Présence.

Je décidais d'aller l'attendre à White Field, et de prendre une chambre dans un petit hôtel en attendant qu'il arrive.

---

[1] La *Vibhuti (prononcez VIBOUTI)* est une cendre sacrée utilisée dans de nombreux rituels hindouistes. J'aurai l'occasion de vous en reparler par la suite.

[2] Kodaï Kanal est une petite ville de la province du Tamil Nadu située à environ 300 kilomètres au sud de Bangalore où Saï Baba a un petit *Ashram.* Il faut environ 9 heures de taxi depuis Bangalore pour l'atteindre.

En route vers l'*Ashram* de Brindavan[1], je découvrais la conduite « à l'indienne » qui avait pour moi au début quelque chose d'effrayant. Imaginez des voitures roulant à gauche sur des routes souvent étroites, défoncées, avec plein de piétons marchant en tous sens, doublant alors qu'un autre véhicule approche en sens inverse pour finalement se rabattre à la dernière seconde...

Il ne me restait qu'une chose à faire : Décider que mon chauffeur était obligatoirement le meilleur au monde,... croiser les doigts et prier Saï Baba que je ne connaissais pas encore !

Après tout, s'il m'a appelé à lui, « il » n'a qu'à veiller sur moi pour que j'arrive à bon port ! J'avais en effet appris que ne viennent à Saï Baba que ceux qu'il a appelés. C'est d'ailleurs un concept vis-à-vis duquel j'avais à l'époque beaucoup de résistances et que je ne devais comprendre que bien plus tard.

Une fois arrivé à White Field, je trouvais facilement une chambre dans un petit hôtel.

Le prix me semblait dérisoire puisque je payais, je crois, 100 roupies la nuit, soit environ 16 francs français. Il est vrai que les normes de confort étaient loin d'être celles auxquelles j'avais été habitué... Je disposais en effet d'une simple couche avec une espèce de « matelas » de quelques centimètres d'épaisseur pour m'isoler de la planche qui servait de « sommier ».

Bon, après tout, je n'étais pas venu faire du tourisme.

Très vite, je me renseignais sur l'*Ashram* qui se trouvait juste en face de mon hôtel.

[1] A l'origine, Brindavan est le nom de l'endroit où vivait Krishna. C'est aussi le nom qui est donné à l'*Ashram* de Saï Baba à White Field.

On me confirma que Baba arriverait d'ici quelques jours et on m'indiqua où me procurer ma *Kurta* et mon « *pyjama* »[1].

Dès que j'eus emménagé, je décidais de rentrer dans l'*Ashram* car, bien que Saï Baba ne soit pas encore là, les portes étaient ouvertes.

Je passais sous une arche très colorée et me retrouvais dans une grande cour bétonnée. À ma gauche se trouvait un petit bureau d'accueil, puis plus loin, un long bâtiment qu'on m'expliqua être les cuisines et le restaurant. Plus loin encore, une boutique où l'on vendait des livres puis des bâtiments d'accueil pour loger les visiteurs. En face de moi se trouvait un grand bâtiment, une des écoles gratuites que Saï Baba avait ouvertes, avec une splendide fontaine colorée lui faisant face. Et à ma droite, se trouvait un grand hall au sol de pierre noire et ayant pour toiture un matériau de plastique vert. Au fond de ce grand hall, trônait une magnifique statue de cuivre de taille humaine et contre le mur du fond, quatre grandes photos de Saï Baba.

Intimidé par la grandeur du lieu, je pénétrai dans ce hall.

Très rapidement, on me fit comprendre que je devais rester du « côté des hommes », c'est-à-dire à droite. Les femmes, elles, devaient rester du « côté des femmes », à gauche.

Ok pour moi ! Pas de problème.

Je m'asseyais donc à même le sol, les jambes en tailleur et regardais autour de moi.

---

[1] Le « *pyjama* » et la *Kurta* est le vêtement que portent les hommes à l'intérieur de l'*Ashram*. Il s'agit d'un large pantalon blanc *(« pyjama »)* et d'une longue chemise à larges manche (*Kurta*), portée au-dessus du pantalon, descendant presque à mi-cuisse, blanche elle aussi. L'ensemble est aussi parfois appelé *Dothi*, bien que normalement, le *Dothi* soit une pièce de tissu rectangulaire dont les hommes se ceignent la taille pour se couvrir les jambes. A l'intérieur de l'*Ashram*, les hommes sont généralement habillés de blanc. Par contre, les femmes portent beaucoup de couleurs. Traditionnellement, elles portent soit le Sari, soit le *Punjabi*. Le *Punjabi* est un ensemble coloré comportant un pantalon large, une chemise large ressemblant à la *Kurta* que portent les hommes et une pièce de tissu faisant office de châle.

Ici et là, quelques personnes semblaient en méditation ou absorbées dans des lectures, d'autres égrainaient leurs *Malas*.

Après quelques instants passés à satisfaire ma curiosité, je fermais les yeux et me laissais bercer par l'ambiance du lieu. Il y avait en effet quelque chose de « spécial » dans ce lieu. Dehors, il y avait du bruit, de la poussière, plein de gens qui grouillaient de droite et de gauche mais, ici, dans ce temple ouvert sur l'extérieur, bien que les bruits du dehors me parviennent, il semblait qu'ils étaient étouffés par la paix émanant de ce lieu.

J'avais soudainement l'impression de poser mes valises... Ça y est, enfin. J'étais arrivé !

Et j'étais bien...

Je m'absorbais en moi, ouvrant de temps en temps les yeux pour les fixer sur le regard énigmatique de ce Saï Baba qui trônait sur les photos disposées au fond du hall.

Au bout d'un long moment, je me levais et quittais le temple, me sentant à la fois centré et paisible.

Je sortais de l'*Ashram* et me retrouvais dans le tumulte du village, avec ses bruits, ses odeurs fortes, sa foule bigarrée...

Durant les quelques jours qui suivirent, j'achetais des livres sur ce Saï Baba que l'on voyait partout dans le village.

Par moment, j'aurais pu avoir l'impression d'être à Lourdes avec les marchands du temple collés les uns aux autres, avec comme seule différence que ce n'était pas Marie qui était ici l'objet du culte mais plutôt ce Saï Baba dont on pouvait acheter des centaines de photos différentes. Il semblait que la ville tout entière tournait autour de ce Sage. Pas un café, pas une boutique qui n'ait quelque part une photo de cet être !

Je passais en fait mes journées dans le calme du temple, absorbé dans mes lectures ou dans la contemplation des photos de Baba.

Je devais rencontrer par la suite quelqu'un qui l'avait vu,... pour de vrai.

Je m'empressais de lui demander :

> ***-« Alors, c'est vrai,... Tu l'as VRAIMENT vu ?... Tu l'as VRAIMENT vu faire apparaître de la Vibhuti ?... Et comment ça se passe ?...»***

Et l'autre me disait :

> ***-« Oh oui, plein de fois, il n'arrête pas d'en faire... »***

Et moi, je le regardais tel l'homme qui avait vu l'Homme. Admiratif et incrédule à la fois.

Alors que le jour de l'arrivée de Saï Baba approchait, la ville s'emplissait de plus en plus de monde. De plus en plus de « marchands du temple » envahissaient la rue avec leurs petites échoppes sur roulettes.

On m'avait expliqué qu'une fois que Saï Baba serait arrivé, il serait possible de prendre une chambre dans l'*Ashram*. Cependant, il fallait s'organiser, car on me disait que cet *Ashram* était très petit *(pour moi, ça me semblait déjà bien grand[1] !)* et de ce fait, il ne pouvait accueillir beaucoup de monde. C'était premier arrivé, premier servi !

On m'avait expliqué qu'il fallait former au moins un petit groupe de 2 ou 4 personnes pour pouvoir obtenir une chambre plus facilement.

J'avais lié connaissance avec un jeune homme originaire des USA et lui avais proposé de s'inscrire ensemble.

Le lendemain, jour J, je me tenais fin prêt, accompagné de cet ami pour faire la queue. Cependant, il y avait déjà une foule considérable lorsque nous nous présentâmes. C'était

---

[1] Je devais réaliser plus tard, lors de mes autres voyages en Inde que l'*Ashram* de Brindavan était en effet « tout petit », n'accueillant qu'environ 2000 personnes. L'*Ashram* principal de Saï Baba à Puttaparthi peut accueillir quant à lui des dizaines de milliers de personnes.

impressionnant et je commençais à douter de pouvoir obtenir une chambre. Il y avait tant de monde...

J'étais pourtant sur le point de vivre un de ces merveilleux miracles, un de ces « *Leelas* »[1] que Saï Baba excelle à manifester en permanence.

Je contournais la foule pour voir où était le début de cette queue impressionnante. Et alors que je voyais qu'en effet, il y avait tout au bout un bureau d'inscription, un jeune homme que j'avais croisé la veille me dit, alors qu'il me tendait un ticket :

-« Tiens,... prends,... il faut que tu aies un ticket. »

Je regardais ce ticket qui portait le numéro 4.

Au même moment, j'entendais quelqu'un appeler

-« Numéro 6, ... Numéro 6... »

Je m'approchais de la table d'où venait la voix.

-« Bonjour, balbutiais-je, j'ai le numéro 4 ».

J'appelais la personne avec qui j'allais partager ma chambre et je remettais nos passeports à la personne délivrant les chambres.

Et en quelques minutes, il me remettait une clé avec un billet portant notre numéro de chambre.

Je n'en revenais pas de la rapidité avec laquelle ça s'était passé ! Il y avait une telle foule et j'étais servi pratiquement en premier ! Et avec quelle facilité !

Mais Saï Baba avait un autre *Leela* pour moi.

Alors que je regardais mon numéro de chambre, on m'avait attribué la chambre numéro B 3 du bâtiment 2. Le numéro figurant sur mon ticket était 2 B 3. En anglais « Two Be Three ».

---

[1] *Leela* est un mot sanscrit qui signifie le « jeu divin ». Ce sont ces petits miracles, ces petits « clins d'œil » que la Divinité peut nous faire, ces petits signes par lesquels elle se manifeste à nous.

La similarité avec « To Be Free » *(« Pour être libre »)* me semblait bien trop évidente !

J'avais quand même à l'époque déjà bien quitté la cécité spirituelle dont j'avais souffert par le passé !

Évidemment,... Pourquoi étais-je venu voir Saï Baba ? : « Pour être libre !... Pour être libéré !...».

Et c'est en exultant de joie, remerciant Dieu pour ce cadeau, que je montais emménager dans la chambre.

Il est fascinant de voir, alors que l'on commence à ouvrir les yeux et à **réellement** voir, à quel point il y a toujours des signes autour de nous, des petits clins d'œil pour nous baliser la route.

Si vous regardez bien, si vous apprenez à regarder et à voir, je suis sûr que vous les verrez vous aussi !

Une fois emménagé dans ma chambre, ou plutôt dans la pièce nue qui servait de dortoir, j'allais dans le village pour y acheter une couche et une moustiquaire. Il est vrai que pour un tarif de 4 francs la nuit, les lits n'étaient pas fournis. Mais un « matelas » coûtant environ 30 francs, la dépense restait quand même plus que raisonnable.

On m'expliqua par la suite que Saï Baba donnerait son *Darshan* dès le lendemain matin et qu'il faudrait aller faire la queue.

Je devais découvrir bientôt que faire la queue est une des activités les plus prisées en Inde *(ou en tous cas dans un Ashram !)...*

En effet, vu le nombre de personnes présentes et afin que chaque personne puisse avoir une chance d'être bien placée pour être proche de Saï Baba, on m'expliqua qu'il y avait une sorte de loterie, de tirage au sort.

Voilà comment cela fonctionne : une vingtaine de personnes s'assoit l'une à côté de l'autre et, par la suite, toutes les autres *(les centaines d'autres)* choisissent une file et s'assoient les uns derrières les autres. Chaque file peut contenir plusieurs dizaines de personnes. Au bout d'un moment, un Séva Dal[1] fait tirer un jeton à chacune des premières personnes de chaque file. Et selon le numéro qui est tiré par la première personne, la file toute entière dans laquelle vous vous êtes placé rentre dans le temple la première, la cinquième ou ... pourquoi pas... en dernier...

C'est le jeu divin.

Je comprenais maintenant pourquoi il m'avait été possible, dans mon rêve, d'arriver en dernier et d'être néanmoins placé au premier rang ! C'est d'ailleurs une expérience que je devais vivre régulièrement par la suite !

Évidemment, inutile de dire que les premiers entrés se ruent pour prendre une place au premier rang afin d'avoir une chance de donner leurs lettres à Baba ou mieux, de lui parler ou de pouvoir lui toucher les pieds ou simplement sa robe[2] .

Durant les quatre jours précédant l'arrivée de Baba, j'avais lu beaucoup de choses sur cet être étonnant et je commençais à bien mieux comprendre pourquoi il faisait l'objet d'une telle admiration.

Ce que je trouvais magnifique dans son message, c'était son universalité et sa simplicité. Il disait entre autre chose :

Il n'y a qu'une seule religion : celle de l'Amour.

Il n'y a qu'un seul langage : celui du Cœur.

Il n'y a qu'une seule caste : l'Humanité.

---

[1] Les *Seva Dal (prononcez Sévadal)* sont des volontaires qui organisent le placement des dévots dans le temple ou des services d'aide bénévole dans les hôpitaux, les écoles, les hospices, etc... *Seva* est un mot sanscrit qui signifie Service désintéressé.

[2] En Inde, des êtres tels qu'Amma ou Saï Baba, font l'objet d'une telle adoration, d'une telle admiration que, par respect, un dévot ne devrait les toucher que soit aux pieds, soit aux mains et ce, normalement avec l'accord du Maître . On dit aussi que l'énergie du Maître est si intense que, lorsque quelqu'un le touche, instantanément, son énergie, par simple différentiel de potentiel, s'écoule vers la personne l'ayant touché. *(Souvenez-vous de l'histoire de Jésus ayant senti « une force » le quitter lorsque la « femme atteinte d'un flux de sang depuis douze années » avait touché « son manteau ».)*

Matthieu 9.20-22 ; Marc 5.25-34 ; Luc 8.43-48.

Et il n'y a qu'un seul Dieu, et il est Omniprésent.

Et à ce sujet, il avait choisi comme symbole une espèce de rosace avec 5 pétales, chacun contenant un symbole des grandes religions. Une croix pour le Christianisme et le Judaïsme, un signe Om pour l'Hindouisme, une Roue pour le Bouddhisme, une Flamme pour le Zoroastrisme et le Croissant de lune avec une étoile pour l'Islam.

Son langage extrêmement simple et universel me plaisait grandement.

Et bien qu'utilisant des mots très simples, son message était à la fois simple et complexe, puissant et d'une incroyable ampleur. En effet, malgré l'extrême « simplicité » de son message, je pouvais en sentir les implications colossales et les merveilleux effets qu'il pouvait avoir sur notre vie à tous.

D'autre part, il insistait fortement sur le fait que les gens ne le vénèrent pas lui, comme beaucoup avaient tendance à le faire. Il insistait sur l'importance de vénérer Dieu.

Il disait qu'il n'y a qu'UN seul Dieu qui est Omniprésent.

Ainsi, disait-Il, que vous le priiez sous la forme de Rama, d'Allah, de Krishna, de Jésus, de Bouddha, de... qui que soit, c'est toujours à la même énergie que vous faites référence.

Saï Baba disait donc qu'il ne fallait pas le vénérer LUI en tant que forme.

Il fallait par contre que nous renforcions notre foi en Dieu.

Il disait par exemple :

> ***-« Si vous êtes catholiques, soyez de bons catholiques et RENFORCEZ votre foi en Dieu. Si vous êtes Musulmans, soyez de bons musulmans et RENFORCEZ votre foi en Dieu, si vous êtes juifs, soyez de bons juifs et RENFORCEZ votre foi en Dieu... »***

Ce message universel et simple me plaisait énormément.

J'avais aussi été surpris de voir des représentations de Jésus sur des autels hindouistes. Lorsque je me renseignais, on m'expliqua que pour les hindouistes, Jésus, comme Rama, comme Krishna, comme Bouddha, était considéré être un *Avatar*, c'est-à-dire une incarnation du Principe Divin et vénéré à ce titre.

Comprenant mieux l'hindouisme, je souhaitais profondément voir les catholiques développer une telle ouverture d'esprit et une telle tolérance !

En étudiant un peu plus profondément l'hindouisme, je réalisais que cette religion qui m'apparaissait au départ polythéiste était en fait monothéiste. En effet, chacune des Divinités du panthéon hindouiste représentait et incarnait dans une forme apte à la vénération des dévots, un des multiples principes composant la Divinité Ultime et Unique. On retrouve par ailleurs ce concept dans la religion catholique avec les notions du Père, du Fils, et du Saint Esprit.

Je comprenais que Saï Baba avait raison et qu'il fallait que les religions soient capables de se regarder l'une l'autre en ayant conscience que chacune d'elle contient « une partie » du message Divin. Que c'est en intégrant les différentes religions, comme autant de pièces d'un puzzle, que l'on peut mieux comprendre l'image globale qu'est ce Dieu unique.

J'attendais maintenant mon premier *Darshan* avec Saï Baba avec impatience. Au cours de mes lectures j'avais lu en effet qu'il disait, entre autres choses :

> ***-« Ne sous-estimez pas le pouvoir du Darshan. Tout ce que mes yeux voient est transformé... Et alors que vous êtes assis ici chaque jour, vous serez transformés et cette transformation se manifestera en temps utile, alors que vous rentrerez chez vous... Aussi, après le Darshan, restez en silence, sinon, cette précieuse énergie que je vous envoie me revient inutilisée... »***

Le lendemain matin, je me présentais pour faire la queue et, n'ayant *a priori* pas choisi la « bonne » file, je devais me contenter d'une place au 4e ou 5e rang. Nous étions tous assis sur ce sol noir où des allées blanches délimitaient des zones dans lesquelles les *Seva Dal* nous faisaient nous asseoir aussi proches que possible les uns des autres, afin de pouvoir y placer un maximum de personnes. Je comprenais que ces allées blanches délimitant les zones où nous étions assis étaient celles sur lesquelles allait marcher Saï Baba durant le *Darshan.*

Après avoir attendu un long moment, une musique remplit l'air alors que Saï Baba apparaissait.

Étonnamment majestueux dans sa robe orange, il avançait doucement du côté des femmes, marchant calmement, prenant certains des courriers que ces femmes lui tendaient. D'autres, les mains jointes devant le cœur levaient vers lui des yeux émerveillés. Et tandis que je le regardais prendre ces lettres, je remarquais qu'apparemment, il ne les prenait pas toutes. Alors que plusieurs personnes lui en tendaient, il pouvait s'avancer pour prendre celles d'une personne au 3e rang et ne pas prendre celles de quelqu'un au premier rang.

Ce qui était étonnant, c'était de voir la fascination qu'il semblait exercer sur toutes ces personnes. Tous les yeux semblaient rivés sur un seul point : Lui.

Et tandis que je l'observais, je sentais moi aussi cette espèce de fascination me remplir. Il émanait de Lui... quelque chose... Quelque chose d'indéfinissable... mais cependant très perceptible.

Une espèce de force, de puissance, de douceur, de paix que je pouvais sentir rien qu'en le regardant évoluer.

Finalement, il arriva du côté des hommes. Je tenais précieusement les lettres qui m'avaient été confiées et attendais qu'il approche de là où je me trouvais pour pouvoir les lui donner.

Quelle ne fut ma déception lorsque je le vis s'approcher, cheminer à quelques blocs de là où je me trouvais et repartir « chez les femmes » pour finalement, sortir du temple en direction de sa demeure.

Et il n'avait même pas daigné me jeter le moindre regard, même de loin !

Lorsque je vis chacun se lever, je devais me rendre à l'évidence : C'était déjà fini...

Ça avait duré à peine 10 minutes !

Moi qui pensais qu'il allait passer autour de chaque bloc afin que chacun nous puissions le voir de près, je m'étais trompé !

Des « habitués » de l'*Ashram* m'expliquèrent qu'en fait, on ne savait jamais où *Swami*[1] allait passer. Il fallait selon eux « prier et faire confiance à *Swami*... ».

À ce sujet, Saï Baba lui-même disait :

> ***-« Love my uncertainty »***
>
> ***-« Aimez mon incertitude »***

Lorsque je demandais ce qu'il allait se passer après, on m'expliqua que l'après-midi, il y aurait les Bhajans, les chants dévotionnels, et que Saï Baba nous ferait la Grâce d'être présent pour cette occasion.

Je rentrais donc un peu déçu dans ma chambre.

Dès 14 heures, je décidais d'aller à nouveau faire la queue pour les *Bhajans* prévus à 16 heures 30.

Le « Tirage au sort » fit que je me trouvais dans la file numéro 9 et étais un peu mieux placé que le matin.

Manque de chance pour moi, lorsque l'heure des *Bhajans* arriva, je devais comprendre que Saï Baba ne passait pas parmi nous

---

[1] *Swami* est un titre de respect donné à un Maître Spirituel. C'est aussi le « petit nom » que donnent affectueusement les dévots à Saï Baba.

mais allait directement s'asseoir sur un grand fauteuil rouge qui trônait sur la scène en face de la statue que je savais maintenant être celle de Krishna jouant de la flûte.

Durant les *Bhajans*, Saï Baba, assis sur son fauteuil rouge, battait la mesure en tapant dans ses mains, regardait de droite à gauche, et parfois, faisait dans l'air des signes bizarres de son doigt tendu. À d'autres moments, il s'absorbait dans la musique, les yeux fermés.

Et alors que tout le monde semblait connaître les chants, moi, je me sentais bien bête. Je n'avais pas la moindre idée de ce qui se chantait,... bien que je trouvais ces chants très plaisants. Avec Amma, je n'avais jamais vraiment essayé de chanter les *Bhajans*, mais là, je me sentais très intéressé à participer.

Je comprenais rapidement que tous avaient une structure très simple : Une phrase était chantée par un ou une « soliste » puis tout le monde la reprenait en cœur. Cette même phrase musicale était alors répétée par le soliste puis par tout le monde. Une par une, chaque phrase était ainsi chantée deux fois. Une fois arrivé à la fin du chant, le rythme s'accélérait et chaque phrase musicale était à nouveau chantée une fois par le soliste puis par tout le monde. Les *Bhajans* se finissaient toujours de la même manière avec la première phrase musicale reprise lentement par tous.

Une fois les *Bhajans* achevés, après environ une demi-heure, Saï Baba se leva alors qu'une personne faisait tourner devant lui ce qui me semblait être une espèce de petite poêle d'où émanaient des flammes.

Je devais apprendre par la suite que ce rituel, appelé *Aarathi*, durant lequel on brûle du camphre, était un rituel que les dévots effectuaient traditionnellement après des *Bhajans* ou après d'autres rituels, même lorsque ceux-ci avaient lieu chez eux, pour remercier le principe Divin d'avoir été présent avec eux durant ces cérémonies.

J'apprenais en effet que, de même que les catholiques le disent, les hindouistes croient que Dieu est présent partout où on le prie. Le rituel appelé *Aarathi* est en fait une manière qu'ont les dévots d'exprimer leur reconnaissance au principe Divin pour leur avoir fait la Grâce de s'être joint à eux.

Avant même que le rituel soit achevé, Saï Baba partit vers sa demeure alors que la cérémonie continuait sans lui. Après un moment l'homme ayant tourné la « poêle en feu » devant Baba se retourna et nous présenta cette flamme. Et comme pour attirer vers eux la purification de cette flamme, je vis alors de très nombreuses personnes, « aller chercher » des doigts cette flamme qui était si loin d'eux et, en retournant leurs mains, se les passer autour du visage, ou du cœur, comme pour se purifier ainsi.

Bien que ne comprenant pas tout ce qui se passait, je sentais que ces rituels étaient extrêmement puissants et bénéfiques. Je réalisais aussi que si je voulais comprendre ces rites, il allait falloir que je mette de côté mes derniers préjugés et que je me renseigne vraiment.

La cérémonie devait s'achever par un très beau *Mantra* que j'avais déjà entendu chez Amma qui signifie, *« Puisse la Paix régner dans tous les Mondes »*[1].

Lorsque je rentrais ce soir là dans ma chambre, je me mis à écrire sur un petit journal que j'avais commencé. Dans ce journal, en fait, je m'adressais à Baba.

Je lui disais à quel point j'avais été déçu qu'il ne me regarde même pas. En effet, tout ce que j'avais lu concernant les effets du *Darshan* me faisait souhaiter intensément qu'il pose ses yeux sur moi pour me « transformer ».

---

[1] *« Loka Samastha Sukhino Bhavanthu »*

J'avais en effet compris, des années auparavant, alors que j'avais eu mes premières expériences directes de Jésus, comment Il pouvait nous guérir à l'époque où Il était sur terre.

Ce n'était pas par une technique particulière mais par une conscience particulière.

Jésus était si profondément conscient de Sa nature Divine et de celle de chacun autour de Lui qu'en nous regardant, il ne POUVAIT PAS voir en nous autre chose que la perfection. Et quelqu'un qui est regardé avec une telle certitude concernant sa nature ne peut alors que l'accepter *(s'il a vraiment envie bien sûr de devenir tel que l'autre le voit !)*

Et j'étais persuadé que ce Saï Baba avait cette capacité. Pas uniquement parce qu'il le disait mais aussi du fait de ce que j'avais vécu dans mon rêve. Tout y avait été si réel.

Tout avait à la fois été réel en tant qu'expérience mais en plus, tout ce que j'avais maintenant expérimenté « CADRAIT » avec les connaissances intellectuelles que j'avais amassées au fil des années.

Et dans mon journal, je reprochais à Saï Baba de m'avoir ignoré alors que j'attendais tant d'un regard qu'il pouvait me porter...

Le lendemain, je devais me mettre dans une file bien plus chanceuse puisqu'elle portait le numéro 3. Grâce à cela, j'obtenais une place au 2e rang. J'avais choisi un bloc parmi ceux où je pouvais m'asseoir, espérant que ce serait l'un de ceux que Saï Baba daignerait approcher.

Lorsqu'Il arriva à 7 heures précises, majestueux à nouveau dans sa robe orange, je fermais les yeux pour intérieurement lui demander de « passer » là où j'étais.

Il commença son cheminement parmi les femmes, remontant aujourd'hui bien plus haut que la veille dans le temple. Finalement, il traversa du côté des hommes et se présenta au coin du bloc où je me trouvais. J'étais enfin à seulement 5 ou 6 personnes de lui.

Et tandis que mes yeux étaient rivés sur Lui, Saï Baba me regarda droit dans les yeux avec une expression qui pour moi voulait clairement dire :

-« Tu voulais que je te regarde ?... Et bien, voilà mon enfant... Je te regarde... ».

Et il me fixa, immobile pendant un temps qui me parut interminable alors que ses yeux magnifiques plongeaient en moi et

Que, simultanément, je m'ouvrais au maximum à son incroyable énergie.

Au bout d'un moment qui me parut très long mais qui ne dura probablement que 5 ou 6 secondes, il reprit sa marche et, faisant le tour du bloc dans lequel je me trouvais, passa à nouveau en face de moi. Il n'y avait maintenant plus qu'une personne qui me séparait de Lui. Je lui tendis les lettres que j'avais pour mission de lui remettre et il les prit immédiatement. J'étais maintenant rassuré car ces personnes tenaient à ce que *Swami* les reçoive. Elles m'avaient en effet expliqué et je l'avais constaté par moi-même que parfois, bien qu'on lui tende des lettres, il semblait les ignorer totalement.

Et au moment où Il prit ces courriers, bien qu'il n'y eût aucun contact physique entre ma main et la sienne, je sentis instantanément une vague de « chaleur » remonter de ma main qui tenait les lettres dans mon bras puis mon cœur. C'était comme une espèce de courant électrique très puissant et très doux simultanément.

Tandis qu'il s'éloignait, je le regardais béatement, sentant cette douce chaleur irradier en moi.

Dès qu'il eût quitté le temple, je fermais les yeux pour, comme le dit si bien *Swami*, « garder en moi sa précieuse énergie ».

Étonnamment, je comprenais, je sentais qu'en ouvrant les yeux, j'avais comme l'impression de me vider de cette douceur qui m'habitait alors qu'en les fermant, c'est comme si j'avais fermé la porte par laquelle elle s'échappait de moi.

Et alors que je restais assis, les yeux fermés, je sentais cette douceur, cette énergie palpiter dans mon cœur... Comme c'était bon !...

Pendant que je m'ouvrais intérieurement de plus en plus, peu à peu, comme des vagues emportant mon être tout entier, je sentais cet Amour grandir, grandir…grandir...

Et au bout d'un moment, je sentis quelque chose « comme des mains » me tenir au niveau des épaules et me redresser le dos alors que d'autres « mains » m'ouvraient les bras... Et tandis que je me redressais, que je m'ouvrais, cette énergie affluait en vagues plus puissantes qui me donnaient l'impression de me soulever,... de m'emporter en elles...

Puis, « on » me redressa encore plus, appuyant en bas de ma colonne vertébrale afin de la redresser, et c'est une autre vague qui m'emporta...

Je baignais littéralement dans l'Amour pur !

Après un moment passé ainsi, « on » me souleva alors les bras, lentement, tous deux ensemble, et plus ils étaient ouverts, plus forte, plus douce était la vague qui me soulevait.

Et à nouveau, c'était comme si on m'ouvrait encore plus les bras, toujours plus... J'avais maintenant les bras complètement écartés et, à ma grande surprise, ce ne fut plus une vague de douceur qui me remplit mais une vague de tristesse.

En un quart de seconde, je me retrouvais dans une tristesse infinie qui me remplissait et je pleurais, pleurais, pleurais... Et alors que je sentais que je me refermais physiquement, commençant à voûter mon dos, j'eus l'impression que ces « mains » qui m'avaient ouvert me redressaient à nouveau et, à ce moment là, une vague d'une plus grande détresse me remplit. Je me mis à pleurer. Je pleurais... pleurais... pleurais...

Et d'un seul coup, sans comprendre pourquoi *(je n'avais plus* ***aucune*** *faculté de raison en ces moments étonnants, je ne pouvais que ressentir et expérimenter !)* une vague de joie pétillante me remplit instantanément...

La seconde d'avant, j'étais en larmes, accablé par une détresse infinie et maintenant, je riais tel un petit enfant constatant la beauté, la simplicité et la magie du monde...

Et je riais, riais, riais à la beauté que je ressentais. La vie pétillait en moi avec une force incroyable...

Et alors que j'étais « au sommet de la vague », d'un seul coup, sans aucun signe avant coureur, cette vague de joie était remplacée par une vague de détresse...

C'étaient des moments incroyables durant lesquels je passais d'une espèce d'extase magnifique à une détresse des plus effroyables...

Et après avoir été emporté plusieurs fois de suite dans ces extrêmes, en une seconde, alors que ces « mains » m'avaient une nouvelle fois intimé de me redresser, ce fut une vague de « RIEN » qui m'envahit **instantanément**.

En fait, ce n'était pas vraiment comme une vague... C'était plutôt « comme un point de néant » qui était au cœur des vagues dans lequel je sombrais.

Et tandis que j'étais dans ce « néant », une paix qui surpasse tout entendement m'envahit. Une paix grandiose m'habitait et j'étais cette paix simultanément.

Et dans ce « **RIEN** », il y avait « **TOUT** »...

« **TOUT** » était présent dans ce « **RIEN** » que j'étais.

Et moi, j'étais comme un observateur de cette beauté du vide, de cette beauté du « RIEN » qui permet « TOUT »...

J'avais l'impression que mon corps physique qui me semblait si loin,... si loin,... ne respirait même plus. C'était ma peau, c'était mon être tout entier qui rayonnait de vie,... qui « respirait » tout seul,... immergé dans la VIE...

Tandis que j'essaye de retranscrire ici cette expérience, je réalise une fois de plus à quel point les mots sont petits et limités pour décrire le Sans Nom qui m'invitait en son cœur.

Pendant que je baignais dans cette conscience infinie, je SAVAIS que tout ce que j'avais à faire, c'était m'abandonner à elle..., m'abandonner en elle... Je savais que PAR ELLE, tout est possible et que c'est suffisant !

Et je réalisais bien sûr pourquoi Jésus nous disait :

> ***-« Cherchez d'abord son Royaume et sa Justice, et tout cela vous sera donné par surcroît »***[1]

Tout était vrai, bien sûr !... Il ne pouvait en être autrement !...

Et tandis que j'étais au cœur de cette conscience Infinie, je Lui disais :

> ***-« Voilà, je m'abandonne à Toi, et, s'il te plaît, Dis-moi qui je suis, Dis moi ce que je dois faire, Dis-moi où je dois le faire, Dis-moi comment le faire, car j'ai la volonté de m'abandonner totalement à Toi, que Tu guides les rênes de ma vie car je sais que Tu sais ce qui est Bon pour moi,... je dépose Toute ma vie à Tes pieds... et je m'abandonne à Toi ».***

Curieusement, c'était comme si au moment où je lui abandonnais ma vie, Il me la donnait... Je me sentais alors porté par Lui, plus vivant que jamais...

Je ne sais combien de temps dura cette expérience dans la relativité linéaire que les gens appellent le monde physique... Peut-être une demi-heure..., peut être une heure...

---

[1] Matthieu 6:33

Au bout d'un moment qui me parut réellement hors du temps, une ou deux personnes sont venues me toucher, peut-être inquiètes de ne plus me voir respirer...

Et alors qu'elles me touchaient en me demandant d'un air inquiet : *« Ça va ? »*, moi, qui me sentais rappelé par ce contact physique dans mon corps que je ne sentais absolument plus, je réussissais à faire bouger ma bouche qui me semblait elle aussi si loin pour lui faire bredouiller un :

-« Oh oui, ça va,... merci ! Ça va TRÈS BIEN»

Il me fallut longtemps..., longtemps, pour réintégrer mon corps alors que j'apprenais à le faire bouger, partie par partie...

Lorsque finalement je rouvrais les yeux, je fus bouleversé par la beauté de ce que je voyais dehors. Il n'y avait plus que quelques personnes dans le temple... mais tout était si beau... Tout était si vivant ! ! !

Et j'étais rempli de gratitude vis-à-vis de ce Saï Baba, vis-à-vis de ce Saint Homme que je reconnaissais maintenant et dont je ne pouvais nier la Beauté Extrême et Transcendantale.

Si, **par un simple regard**, sans même me toucher, il avait pu me permettre d'atteindre en quelques secondes cette conscience d'éveil et de l'absolu, il fallait que j'écoute ce qu'Il avait à me dire et que je suive le chemin qu'il Me montrait...

Et je comprenais pourquoi le Maître est nécessaire à l'évolution de chacun.

Cette notion de Maître, de *Guru* est souvent très mal comprise en Occident. Pourtant, si vous y réfléchissez bien, pourquoi êtes vous devenu ce que vous êtes ? Pas en lisant des livres..., pas en accumulant un savoir intellectuel...

Vous êtes devenus ce que vous êtes car vous avez **tous** eu vos *Gurus*.

Vous avez tous eus deux *Gurus*... *Guru* Papa et *Guru* Maman... Et si l'un d'eux vous à fait défaut, c'est la même chose. Si ce n'était pas *Guru* Papa et *Guru* Maman, ça a été pour vous *Guru* Papi et *Guru* Mami, ou *Guru* Maîtresse d'école et *Guru* Professeur, car quelqu'un, quelque part a été pour vous une source d'inspiration et un modèle.

Et comment vos *Gurus* vous ont-ils enseigné ? Pas nécessairement par ce qu'il vous ont dit... mais plutôt par ce qu'ils étaient !

En les regardant, en les côtoyant, vous avez appris.

Avant, étant un bébé, vous étiez impuissant, incapable d'autonomie et EUX, vos Dieux, vos *Gurus*, vos Parents vous montraient par leur présence à vos côtés un potentiel. Ils vous démontraient VOTRE potentiel. Et alors que vous les regardiez, béat d'admiration, ils vous donnaient l'envie de devenir plus, car ils étaient plus que vous... En fait, ils vous donnaient l'impression d'être plus que vous, mais eux, vos Maîtres, vos parents, savaient bien que ce n'était pas le cas et que, ce qu'ils étaient, vous aussi alliez le devenir...

Tiens, ça me rappelle Jésus ça ! Ne nous disait-il pas ? :

> ***-«En vérité, en vérité, je vous le dis, celui qui croit en moi fera, lui aussi, les œuvres que je fais ; et il en fera même de plus grandes, parce que je vais vers le Père. »[1] ou encore***
>
> ***-«En vérité je vous le dis, si vous avez une foi qui n'hésite point, non seulement vous ferez ce que je viens de faire au figuier, mais même si vous dites à cette montagne : « soulève-toi et jette-toi dans la mer », cela se fera. Et tout ce que vous demanderez dans une prière pleine de foi, vous l'obtiendrez »[2]***

En ce sens, vos parents n'étaient pas plus puissants que vous, ils étaient simplement plus âgés que vous, plus évolués.

---

[1] Jean 14:12
[2] Matthieu 21:21-22

Et grâce à tous ces modèles que vous avez côtoyés et qui vous ont démontré un potentiel existant en vous, vous avez pu le manifester.

Et vos parents, tels des Maîtres, des *Gurus*, tantôt vous encourageaient à continuer d'essayer de marcher lorsque vous chutiez ou tantôt vous réprimandaient, par amour, lorsqu'ils vous voyaient vous égarer sur un chemin qui ne pouvait vous mener là où vous disiez vouloir aller ou là où il était bon que vous alliez.

C'est pourquoi je sais maintenant que, moi, Patrice, en tant qu'« enfant spirituel », j'ai BESOIN de la présence d'un « adulte spirituel », d'un « Maître » afin que je puisse, en le côtoyant, voir et devenir ce que je suis vraiment.

Grâce à Vicky, grâce à Martin, grâce à Lee et Michael, j'avais pris conscience d'un potentiel que j'avais manifesté.

Et maintenant, grâce à Amma, grâce à Baba qui me montraient un chemin par leurs simples présences, je pouvais VOIR, COMPRENDRE et commencer à manifester une autre partie de mon potentiel.

Avec certains professeurs, vous apprenez à marcher. Avec d'autres, vous apprenez à voler...

Tout est si simple finalement !

Ce matin là, alors que je quittais le temple, et que j'avais l'impression de flotter sur le sol, je repensais à ce que je venais de vivre...

Je repensais à ce ressenti, à cette présence d'Amour que j'avais contactée...

Je repensais à ma Vie que je venais de déposer à Ses pieds...

Et tandis que je repensais à comment j'avais **TOUT** posé aux pieds de Dieu, sentant qu'il était absolument juste que je m'en remette **totalement** à Lui, je fus soudainement rempli d'une pensée qui m'effrayait !

C'était un peu comme une voix en moi qui me disait :

-« Eh... Patrice, Coucou ! Tu viens de déposer ta vie aux pieds de Dieu, tu viens de t'abandonner à Lui... OK ! Super ! Mais que ferais-tu si Dieu te demandait tous tes sous ! Que ferais-tu si l'Univers te demandait de lui signer un chèque en blanc ? Abandonnerais-tu TOUT en faisant confiance ? Oserais-tu TOUT lâcher en confiance ?»

Et là, honnêtement, je n'en étais plus si sûr... Je constatais que j'avais encore des peurs, des doutes...

Cependant, j'oubliais vite cet incident... mais, les événements futurs allaient bientôt se charger de me le rappeler.

Alors que les jours passaient, je réalisais que la vie à l'*Ashram* était une grande école de patience.

Partout, il fallait attendre... et heureusement en fait ! À la banque, au restaurant, avant le *Darshan*, avant les *Bhajans*... attendre... toujours attendre... Et l'attente me permettait de me centrer, de me souvenir de mes intentions, de mes désirs, afin d'être encore plus réceptif au moment du *Darshan*.

Lorsque, quelques jours plus tard, je vis pour la première fois *Swami* manifester de la *Vibhuti*, j'étais bouleversé. En effet, j'ai un frère qui est prestidigitateur et je connais les trucs qu'il utilise pour faire apparaître « comme par magie » des objets dans ses mains.

Mais là, avec *Swami*, il ne pouvait y avoir de truc ! Il n'avait pas de poches... Il ne faisait aucun mouvement pour attirer notre regard quelque part alors qu'il serait allé chercher ses cendres ailleurs, dans une poche secrète... Rien de tout cela... Rien...

Rien... si ce n'est une simplicité du geste.

Un geste qui, au bout d'un certain temps, me semblait à moi aussi naturel...

-« Ben oui, quoi, Il vient encore de manifester de la Vibhuti... Pas de quoi en faire tout un plat... »

Au bout de quelques jours, c’était presque devenu « normal »...

Il étendait simplement le bras, la paume ouverte vers le sol, et, après un petit mouvement circulaire, « attrapait » cette poudre entre son pouce et l’extrémité de ses doigts et l’écrasait alors qu’elle coulait de ses doigts et qu’il la donnait aux dévots.

Mais pour moi, il était certain que ça ne pouvait pas être de la prestidigitation.

Durant les dix jours que je passais avec *Swami*, je devais recevoir de nombreuses Grâces et il serait bien trop long de toutes les citer ici.

Et alors que je parlais avec de nombreuses personnes qui avaient toutes vécu des miracles parfois incroyables, je réalisais peu à peu l’ampleur de cet *avatar* et à travers cela, je comprenais la vérité de ce que nous dit l’apôtre Jean concernant l’*avatar* Jésus-Christ :

> ***-«Il y a encore bien d’autres choses qu’a faites Jésus. Si on les mettait par écrit une par une, je pense que le monde lui-même ne suffirait pas à contenir les livres qu’on en écrirait»***[1]

Je comprenais aussi pourquoi le Maître nous donne ce que l’on croit que l’on va recevoir, ou ce que l’on croit mériter recevoir.

En effet, respectant totalement notre libre arbitre, notre choix, le Maître ne peut réellement RIEN pour nous, à moins que nous ne lui en donnions le pouvoir.

Je comprenais pourquoi Amma disait :

> ***-« Mes enfants, si vous venez chercher auprès de moi un dé à coudre d’Amour, en repartant, tenez le précieusement... mais si vous venez chercher un seau***

[1] Jean 21:25

d'Amour, gardez-le précieusement lorsque vous partirez... »

Je comprenais aussi pourquoi Babaji[1], un autre Maître, avait dit à une femme rempli de doutes qui était venu le voir :

"Si vous venez me voir remplie de suspicion , je vous donnerais toutes les raisons d'être suspicieuse... Mais si vous venez chercher de l'Amour, je vous en donnerais plus que vous n'en avez jamais connu ! »

C'est avec le Cœur et l'Âme remplis de ces merveilleuses expériences que je devais rentrer en France.

Maintenant, je SAVAIS !

Et j'étais rempli de gratitude envers ce Saint Homme qui, sans même me parler, sans même me toucher m'avait ENSEIGNÉ, au sens le plus pur du terme.

Grâce à Lui, j'avais vraiment VU et expérimenté cette incroyable force, cette incroyable douceur, cette incroyable bonté, cette incroyable puissance, cette incroyable sérénité, cette incroyable certitude, cette incroyable connaissance, cette incroyable joie, cette incroyable paix, cet incroyable Amour que les gens appellent DIEU...

---

[1] Babaji est un autre Maître Spirituel, considéré par beaucoup comme un *Mahavatar*, dont on dit qu'il a été le *guru* du *guru* du *guru* de Yogananda, auteur de *« Autobiographie d'un Yogi »*. Il est dit aussi qu'il fut un des enseignants de Jésus, alors que Jésus était en Inde. Sa dernière manifestation sur terre était entre 1970 et 1984. On dit de Babaji, connu aussi sous le nom de Haidakhan Babaji, d'après le nom de l'endroit où il vécu que, lorsqu'il se manifeste sur Terre, il ne passe pas par le processus de la naissance et manifeste directement son corps en tant qu'adulte, par sa simple volonté.

CHAPITRE 30
Intégration et Assimilation...

Quitter l'*Ashram* avait été très difficile... Il y avait en effet de telles mémoires qui m'y attachaient qu'en le quittant, j'avais l'impression de les perdre...

Ce qui n'était pas le cas... Loin de là...

Je savais en fait que ce n'était que le début... C'était un nouveau départ... Une nouvelle Vie que je commençais...

Et oui, une de plus ! C'est fou parfois le nombre de vies que l'on peut vivre en une vie, non ?

Lorsque je rentrais en France, je reprenais à nouveau mon rythme de travail, tantôt animant mes propres stages, tantôt traduisant pour Martin ici ou là.

Quelques semaines après mon retour de chez *Swami*, je devais animer une fois encore un stage à la Réunion. Et j'allais y vivre une expérience étonnante qui me bouleversa.

Quand le stage fut achevé, une des participantes vint vers moi et me dit :

-« Patrice, j'ai quelque chose à te dire... Tu permets... »

-« Bien sûr, vas-y ! »

-« Je voulais te dire..., Sais-tu pourquoi je me suis inscrite à ton stage ? »

Et tandis que je restais silencieux, sachant qu'elle allait poursuivre, elle dit :

-« Et bien, voilà, lorsque je t'ai vu avant la conférence de présentation que tu allais animer avant ce stage, je t'ai regardé et je me suis dit : « Cet homme a vu Dieu..., Il est Divin ». Et c'est ce qui m'a donné envie de t'entendre... Maintenant que tu nous as expliqué ton cheminement, je comprends mieux... Mais, vraiment, Merci, Merci ! »

Et alors qu'elle me disait cela, j'étais quelque peu abasourdi ! Bien sûr, pour moi, il ne faisait aucun doute que j'avais vécu ce que j'avais vécu... mais là, à nouveau, j'avais un de ces « feedbacks »[1] de l'univers qui confirmait que mon expérience évidemment subjective était en fait objective et bien réelle...

Tout cela ne pouvait que m'encourager à continuer à travailler et à m'ouvrir...

Depuis mon retour de chez *Swami*, j'avais décidé d'essayer de suivre certains des principes de vie qu'il conseillait.

Puisque de manière évidente, il était dans un état de paix, d'amour, de joie et de sérénité que je voulais atteindre, j'étais déterminé à suivre ses conseils. Qui d'autre en effet que quelqu'un qui a atteint les sommets de l'Himalaya peut être apte à me guider alors que, moi aussi, je veux entreprendre l'ascension.

J'étais déjà végétarien depuis des années et Saï Baba conseillait une approche nutritionnelle un peu plus complexe mais qui me semblait néanmoins très intéressante. Il explique que les aliments déterminent la qualité de pensées nous habitant et que, si nous voulons atteindre à une plus grande paix et sérénité, il est important de surveiller notre alimentation. Cette idée n'était pas nouvelle pour moi puisque j'en avais déjà entendu parler et c'était ce qui avait motivé mon choix pour le végétarisme.

Ce qui était nouveau, par contre, c'était cette idée de différentes qualités intrinsèques aux aliments. Ça, c'était vraiment très intéressant.

Il nous explique que, dans la nature, dans l'Homme, dans les aliments, il y a 3 caractéristiques principales, 3 *Guna* :

Des caractéristiques appelées *Tamas*, *Rajas*, et *Sattva*.

La première, *Tamas*, correspond aux états de torpeur, de sommeil, d'endormissement, d'apathie, de lourdeur...

[1] Un « feedback » est un retour d'information, un signal en retour...

La deuxième, *Rajas*, correspond aux états d'excitation, de rapidité, d'activité intense.

Le troisième, *Sattva*, correspond aux états de paix, de silence, de vérité, de sérénité.

Ces trois principes me faisaient penser aux trois « éléments » présents dans un atome : le proton, l'électron et le neutron, chacun des trois ayant une caractéristique intrinsèque différente *(positif, négatif ou neutre)*.

Saï Baba expliquait ainsi que, durant une journée, il y a une période qui est *Tamasique*, une autre qui est *Rajasique* et une autre qui est *Sattvique*.

Ainsi, les heures de la nuit *(entre 20 h et 4 heures du matin)* où le corps à tendance à dormir est une période *Tamasique (endormissante)*.

La période de 8 heures du matin à 16 heures est *Rajasique*, c'est-à-dire propice à l'activité, la rapidité, le travail.

Les périodes de 4 heures à 8 heures du matin et de 16 heures à 20 heures sont propices à la paix, à la prière, à la méditation, c'est-à-dire *Sattviques*

Et de la même manière, il expliquait que tous les aliments ont des caractéristiques qui sont soit *Tamasiques*, soit *Rajasiques* soit *Sattviques*.

Et donc, si quelqu'un veut développer des caractéristiques *Sattviques*, il est préférable qu'il évite les nourritures *Tamasiques*, lourdes ou endormissantes *(telles que la viande, le poisson, les œufs ...)* et les nourritures *Rajasiques*, excitantes ou stimulantes..*(telles que le café, le thé, l'alcool, le sucre...)* pour préférer une nourriture plus *Sattvique (telles que le lait, la banane, la noix de coco, les légumes crus...)*.

De manière générale, il expliquait qu'une nourriture est toujours plus *Sattvique* si elle est crue ou fraîchement cuisinée. Une nourriture réchauffée devient beaucoup plus *Tamasique*.

De même, il encourageait à manger avec modération, disant que même avec une nourriture *Sattvique*, un estomac trop chargé devient *Tamasique...*

Ces principes me semblant très logiques et cohérents, je décidais donc de ne plus du tout prendre de café, de thé ou d'alcool, que je consommais encore occasionnellement.

Je décidais aussi d'éviter les oeufs, bien qu'il m'arrive d'en consommer.

Ayant déjà constaté par le passé les bienfaits d'une alimentation différente, je voulais expérimenter de l'intérieur les principes proposés par Saï Baba.

Je pense en effet qui si un tel être me donne un conseil et me dit que c'est important, je pense que je dois le croire, l'écouter et faire ce qu'il me conseille.

Attention, je ne suis pas en train de dire qu'il s'agit de suivre aveuglément un conseil. Je peux évidemment, avec mon libre arbitre et mon discernement, analyser ce « chemin » qu'il propose et, s'il me semble juste, je peux alors choisir de le suivre.

Et je ne devais absolument pas le regretter.

J'ai bien sûr conscience qu'il y a d'autres chemins, d'autres manières pour arriver là où je veux arriver mais, ayant choisi de lui faire confiance, je décidais de suivre ses conseils.

De même que si je suis perdu et demande à un agent de police la route à prendre pour arriver à bon port, je dois avoir la volonté de « m'abandonner » à ses conseils pour suivre le chemin qu'il m'indique, je dois avoir la volonté de « m'abandonner en confiance» au « Maître » que j'ai reconnu comme capable de me guider et suivre ses conseils puisque, *a priori*, il connaît mieux que moi le territoire sur lequel je rentre.

Ce dont je parle ici est un des aspects de la phrase *« Que ta Volonté soit faite... »* que l'on retrouve dans le *« Notre Père »*.

J'ai conscience que cette notion « d'abandon confiant » peut être très difficile à admettre pour un occidental rempli de préjugés vis-à-vis de ce que l'on appelle un « Maître » ou un « *Guru* » et qui ne ferait pas l'effort de comprendre ces principes.

Par contre, si vous reconnaissez que quelqu'un est capable de vous aider, il peut être intéressant de lui faire vraiment confiance et de ne pas rejeter un conseil qu'il vous donne, simplement parce que vous ne le comprenez pas.

En effet, du fait que cet être a exploré des territoires que vous ne connaissez pas, il en connaît les dangers et les pièges, et il peut être alors JUDICIEUX d'écouter ses conseils.

Pour illustrer mon propos, je vais à nouveau utiliser une métaphore.

Imaginez que vous vouliez aller au Mont St Michel et que moi, je le connaisse vraiment très bien, puisque j'y réside.

À Paris, vous avez bien sûr entendu parler de ce lieu magnifique mais vous vous demandez :

-« Où est-ce ?... Comment puis-je y parvenir ?... »

Alors, vous recherchez un Guide *(pour l'instant, une carte routière fera l'affaire !)* et vous voyez qu'il vous faudra quitter Paris par l'ouest.

Vous commencez donc à cheminer vers l'ouest. Mais, si vous réfléchissez bien, qu'est-ce qui vous prouve qu'il est vraiment dans cette direction ? Simplement un guide ! Une carte en qui vous avez choisi de faire confiance !

La route est longue et vous aimeriez bien avoir des preuves que vous vous en rapprochez.

Heureusement, la route est balisée et de temps en temps, des panneaux indicateurs vous renseignent.

Évidemment, depuis Paris, le Mont St Michel n'est pas fléché, mais vous savez qu'il y a des villes « étapes » à traverser.

Lorsque finalement, après des heures de routes, vous apercevez au loin le Mont St Michel, dans votre état d'excitation de le voir ENFIN, vous auriez envie d'avancer droit sur lui.

Mais c'est là où le guide intervient, en l'occurrence, moi qui le connais si bien.

Je vais vous guider et vous aider à parcourir les quelques mètres qui vous en séparent. Mais alors que vous le voyez si proche de vous, vous pourriez me dire :

> ***-« Mais regarde, il est droit devant, je vais marcher tout droit sur le sable car la marée est basse et j'y serai dans quelques minutes... ».***

Évidemment, moi qui connais bien le territoire du fait que j'y réside, je vous dirai :

> ***-« Ne fais pas ça, car il y a des dangers que tu ne peux pas voir... Il faut contourner le Mont pour y accéder. Si tu y vas en ligne droite, tu cours de graves dangers... La mer peut monter très rapidement ici... et de plus, il y a des sables mouvants... »***

Mais bien sûr, vous pourriez choisir d'ignorer mes conseils et me dire

> ***-« Je ne vois pas de sables « mouvants ». Moi, je ne vois que du sable... Et puis la mer est si loin à cette heure, je ne risque rien, je ne te crois pas Patrice. Moi, j'irai tout droit !... »***

Et que voulez-vous que je vous dise dans ces conditions ? Que je vous oblige à passer par un autre chemin ?...

Je pourrais le faire bien sûr... et je vais essayer...

Mais, vous êtes libres et je dois vous reconnaître votre liberté de faire ce que vous voulez.

Aussi, ce que je vais faire, c'est vous dire encore et encore,

-« ***Attention, ne passe pas par ce chemin, il est dangereux ! Passe par celui là.*** »

Mais si, vraiment, vous ne VOULEZ pas m'écouter, que voulez-vous que je fasse ?...

Vous ferez de toutes façons ce que vous avez décidé ! Je ne peux alors que vous regarder avec compassion faire vos choix... et en assumer les conséquences !

Et une fois que vous serez en train de sombrer dans les sables mouvants ou de vous faire rattraper par la marée montante qui pourrait vous noyer en quelques minutes, ne vous en faites pas, car je serai là pour vous sortir de l'impasse dans laquelle vous vous êtes fourré !

Et là, alors, vous réaliserez que vous auriez vraiment dû me faire confiance et vous abandonner à moi !

Vous comprenez mieux maintenant ?

Le chemin vers Dieu est identique ! Ce qui est sur Terre est comme ce qui est au Ciel !

À vous de voir !

C'est pourquoi, lorsque cet *Avatar* me donne un conseil, j'ai la volonté de l'écouter, car je suis déjà tombé et me suis enlisé dans les sables mouvants du mental qui bordent le Mont St Michel... et il m'en a sauvé !

Et s'il me dit quelque chose que je ne comprends pas, j'évite de le rejeter en bloc simplement parce que je ne le comprends pas.

Ce qui ne veut pas dire que je suive aveuglement son conseil !

Dans ce cas, j'utilise mon intelligence, ma faculté de discernement, mon libre arbitre et aussi, je lui demande des explications. Une fois qu'il m'a expliqué par exemple que, la raison pour laquelle la marée monte si vite à proximité du Mont St Michel est du fait de la dénivellation extrêmement faible, ayant compris le bien fondé de son conseil, je choisis alors de le suivre... ou de ne pas le suivre... et d'en assumer les conséquences...

Et parfois, je reconnais aussi qu'à mon niveau de conscience, je ne maîtrise pas les concepts que lui connaît, et dans ce cas, je peux choisir dc le suivre serein en lui faisant simplement confiance.

Pourquoi ? Parce que mon expérience me montre qu'il est un bon guide, car maintenant, d'où je suis, je peux voir le Mont St Michel devant moi, bien plus proche qu'avant, quand il y a des années, j'étais encore à Paris.

Et si vous vous êtes déjà approché du Mont St Michel, vous avez pu voir qu'il y a plein de guides différents, qui vous proposent chacun d'y accéder par un chemin différent.

Et pourquoi choisissez-vous tel guide de préférence à tel autre ? Parce que son chemin vous semble soit plus agréable,... soit plus rapide,... soit plus simple,... soit plus risqué parce que peut-être, vous aimez prendre des risques,... soit plus long parce que vous aimez prendre votre temps pour flâner en route,... soit plus rationnel car vous êtes une personne logique,... soit plus fou, car vous aimez la folie...

Il est vrai que parmi ces guides, certains sont plus honnêtes que d'autres. Certains ont vraiment envie de vous faire découvrir les splendeurs du Mont St Michel et d'autres sont plus intéressés par le prix de la visite.

Et comment pouvez-vous savoir si votre Guide est honnête ?

Et bien renseignez-vous avant de choisir votre guide, demandez les tarifs !

Et ne vous contentez pas seulement de ce que l'on vous en dit... Allez le voir... Testez le... et faites vous votre propre expérience...

Mais avant tout, choisissez de l'aborder sans préjugés car, souvent, les gens qui médisent sur un guide ne se sont même pas donné la peine de le tester ou de lui rendre visite. Parfois, si elles l'ont abordé, elles l'ont fait en s'accrochant tellement à leurs valeurs, à leurs croyances, à leurs préjugés qu'elles ne se laissaient ainsi aucune chance de pouvoir expérimenter vraiment les chemins proposés par ce guide.

Vous pourriez même choisir de prendre plusieurs guides simultanément, mais là, vous pourriez vous retrouver dans un grave état de confusion alors que l'un vous dira de passer à droite et que l'autre vous dira au contraire de passer à gauche.

Vous pourriez, pourquoi pas, choisir de prendre plusieurs guides alternativement et d'en changer à chaque fois juste avant d'atteindre le Mont St Michel, simplement pour avoir le plaisir de l'aborder par un autre côté, d'une autre perspective. Mais dans ce cas là, que voulez-vous vraiment ?

Est-ce explorer le Mont St Michel ou les différents chemins qui y mènent ?

Il n'y a rien de mal à cela évidemment, il s'agit simplement d'un autre choix, d'un autre objectif tout aussi louable.

Je pense de toutes façons qu'un jour ou l'autre, après l'avoir abordé de tous les côtés possibles, vous aurez envie d'y pénétrer pour y découvrir sa splendeur !

Maintenant, est-ce qu'un Guide est meilleur qu'un autre ?

Pas du tout, il propose simplement un chemin différent.

Un chemin est-il meilleur qu'un autre ?

Pas du tout, il est simplement différent... et adapté à celui qui le parcourt...

Mais par contre, souvenez-vous **toujours** d'une chose :

Aussi bon soit-il, le guide n'est que « Le Guide ».

Il n'est pas « Le Mont St Michel ».

CHAPITRE 31

American Dream...

Peu à peu, le temps passait et l'été approchait.

Cette année là, j'avais pour projet d'animer des stages à Nouméa puis à Tahiti et finalement de m'arrêter durant 7 semaines aux USA avant de rentrer à Paris. En effet, je désirais y animer des formations. J'avais déjà par le passé proposé quelques stages à Los Angeles et San Francisco mais sans grand succès. Cette période de 7 semaines sur place devait me permettre de rencontrer des organisateurs et mettre en place ces stages.

Un autre projet m'habitait : je voulais m'acheter un ordinateur portable.

J'avais donc formulé ma demande « là-haut » de cette manière :

> ***-« Voilà ce que j'aimerais. J'aimerais que les stages que je vais animer à Nouméa puis à Papeete me rapportent, une fois tous les frais d'organisation payés, (rappelez-vous, il faut être précis !) suffisamment d'argent pour que je puisse séjourner 7 semaines à l'hôtel aux USA et me payer un ordinateur portable avec un programme performant de base de données et de traitement de texte ! »***

Comme d'habitude, j'achetais mon billet d'avion en utilisant ma carte bancaire et en faisant confiance que le jour où la somme serait débitée, l'argent serait là !

Jusque là, pas de problèmes ! Une fois mes stages à Nouméa achevés, je transférais l'argent sur mon compte société et, une fois de plus, tout se passa bien.

Lorsque mes stages à Papeete furent terminés, je rendais grâce une fois de plus à l'Univers pour m'avoir encore exaucé.

En effet, je disposais maintenant de 18000 francs pour aller passer mes 7 semaines aux USA et m'acheter un ordinateur !

J'arrivais donc à Los Angeles, louais une voiture et me cherchais un petit hôtel sur Sunset Boulevard.

Je commençais mes recherches pour l'ordinateur et réalisais rapidement que, vu le prix de celui que j'avais l'intention d'acheter, je devais trouver un autre logement plus économique.

Dans un des journaux gays locaux, je trouvais rapidement une chambre chez l'habitant à un prix très abordable, en plein cœur de West Hollywood, le quartier gay de Los Angeles.

Los Angeles est une ville très rude et souvent, insécurisante. Il est de très nombreux quartiers où vous n'avez vraiment pas envie de vous promener le soir ! Par contre, West Hollywood est un des quartiers « sûrs » de la ville, ceci du fait des loyers souvent élevés et d'un service d'ordre très présent qui en font un quartier réservé à une population relativement plus aisée. C'est un quartier où l'on peut se promener seul la nuit, sans trop de crainte.

Je logeais chez un homme d'une cinquantaine d'année, très gentil, qui louait une de ses chambres à la semaine.

Et alors que deux ou trois jours plus tard, je me trouvais sur une des autoroutes de la ville, il m'arriva ce que certains appellent généralement « un accident ».

Une voiture que je n'avais pas vue devait freiner brutalement devant moi et je la percutais violemment. Une chance pour moi *(heureusement, je n'en manque pas !)*, le passager n'avait rien du tout et sa voiture non plus ! À peine une petite égratignure ! C'était en effet une de ses gigantesques limousines noires hyper-solides.

Mais alors que l'autre véhicule n'avait rien, le mien était dans un état terrible avec la calandre, le capot, les phares, les clignotants complètement défoncés !

Ayant rempli le constat, je m'arrangeais pour retourner la voiture à l'agence de location pour la faire changer.

Arrivé sur place, une surprise de taille m'attendait !

Le loueur m'expliqua alors que, vu l'assurance de base que j'avais choisie en louant mon véhicule, il y avait une franchise de 1500 Dollars soit plus de 9000 francs à l'époque.

C'était la **moitié** de la somme dont je disposais pour mon séjour **ET** pour l'ordinateur !

Et de plus, j'avais déjà acheté mon ordinateur !

Après maints coups de fils en France avec ma banque, je réussis à convaincre mon banquier de débloquer ma carte de crédit *(qui ne pouvait évidemment pas débiter une telle somme en une seule journée !)*

J'avais paré au plus pressé et payé mes dettes ! J'attendais maintenant de valider la fin du dicton pour m'enrichir !

En fait, je me sentais très mal, car il ne me restait à ce jour qu'à peine 40 Dollars en liquide et 60 en travellers chèques. Pourquoi en aurais-je pris d'ailleurs puisque j'avais plus de 18000 francs sur mon compte en banque et une carte de crédit internationale ?

Lorsque je téléphonais à ma compagnie d'aviation, ils m'expliquèrent que vu le tarif spécial « *Tour du monde* » que j'avais obtenu, je ne pouvais modifier la date de mon retour !

Et ma banque avait totalement bloqué ma carte, une fois ma dette payée !

J'étais dans de beaux draps !

Il ne me restait qu'une chose à faire, comprendre pourquoi et comment j'avais créé cette circonstance dans ma vie.

Mais surtout, une fois que j'aurais compris, ou même sans comprendre... il me fallait changer cette situation !

Je cherchais, cherchais, cherchais... mais ne trouvais pas...

Lorsque je rentrais ce soir là chez mon logeur et lui expliquais ma situation, il me proposa gentiment une solution.

Il était masseur et m’expliqua que parfois, il avait trop de clients ou simplement ne voulait pas travailler.

Il me proposa alors de me laisser moi aussi prendre certains de ses clients. Il me disait que sa seule exigence était que je lui paye 15 Dollars par client du fait que j’utiliserai à la fois la salle, les huiles ainsi que les draps disposés par hygiène sur la table de massage. Le marché était très honnête, le prix étant fixé à 40 ou 50 Dollars pour une heure de massage.

Il savait en effet que j’avais moi-même appris certaines techniques alors que j’avais vécu avec Myriam *(qui elle-même donnait des cours de massage !)*. Et de plus, il me disait que certains clients pourraient être très intéressés par les rééquilibrages énergétiques que je proposais.

L’idée me semblait excellente.

Et alors que j’avais *a priori* accepté l’idée de me mettre moi aussi à faire des massages, rien ne se passait ! Aucun client en vue...

Les jours passaient et aucun client ne venait et je n’avais presque plus d’argent !

Et je devais payer mon loyer chaque jour ! !

Et je continuais à m’interroger :

-« Mais pourquoi, pourquoi, ai-je créé cette situation ? »

Il me fallut en fait près de deux ou trois jours pour trouver la solution, alors qu’évidemment, par moment, je passais par des périodes de dépression.

Si rien n’arrive par hasard et que tout a une raison d’être, quelle pouvait en être la raison et quel pouvait être le « cadeau » de cette expérience ?

Je réalisais alors plusieurs choses :

- Premièrement, je refusais cette situation qui pourtant existait. Il fallait que je l'accepte totalement comme je l'avais compris des années auparavant[1].

- Deuxièmement, je réalisais qu'en Inde, j'avais « abandonné » toute ma vie aux pieds de Dieu en voulant quelque part qu'Il soit ma Seule Sécurité.

Et je réalisais soudainement qu'en fait, j'avais mis ma sécurité, non pas en Dieu mais en ces 18000 francs. ! ! ! Je comptais sur ces 18000 francs pour me faire vivre durant 7 semaines aux USA et pour m'acheter mon ordinateur...

Et je comprenais pourquoi Dieu, pour me tester, me retirait mon « petit coussin sécurisant ». Il voulait voir si je faisais confiance à l'argent ou si VRAIMENT, je LUI faisais confiance !

L'argent est en effet pour certains un « Dieu » qu'ils vénèrent, qu'ils veulent atteindre, et en qui ces gens placent leur sécurité...

L'argent peut ainsi devenir un ennemi à notre croissance spirituelle. À ce sujet, Jésus nous disait fort justement :

> ***-« Nul ne peut servir deux maîtres : ou il haïra l'un et aimera l'autre ou il s'attachera à l'un et méprisera l'autre. Vous ne pouvez servir Dieu et l'Argent. »***[2]

C'est en effet facile de dire « j'ai confiance en Dieu » quand on a toutes les sécurités du monde physique. C'en est une autre de le dire et de le vivre quand on a RIEN.

Et, en me retirant ma sécurité physique, Il me permettait d'en faire l'expérience...

Je comprenais ce qu'il me restait à faire...

Déterminé à ce que cela change, je m'asseyais face à mon autel, dans ma chambre, devant les photos de Saï Baba et de Jésus...

---

[1] Voir Chapitre 12 « Un voyage instructif... »
[2] Matthieu 12:24

Je fermais les yeux et, après avoir pris quelques respirations profondes, je m'adressais à Dieu en lui parlant de la sorte :

> ***-« Bonjour, je t'appelle pour la raison suivante : Voilà, je réalise que je résistais à la situation que tu m'as présentée... et je m'en excuse... Je crois vraiment que TOUT ce que tu me fais vivre est bon pour moi, aussi, je ne résiste plus... J'accepte cette situation... Je reconnais aussi que j'avais placé ma sécurité en ces 18000 francs au lieu de les mettre en Toi, comme je t'en avais exprimé le désir... Je te demande pardon pour ce manque de confiance... mais, maintenant, tu m'as retiré mon « petit coussin sécurisant ... alors... OK... J'accepte... et j'ai la volonté de mettre réellement ma confiance en TOI... mais, MAINTENANT, ... IL FAUT QUE TU FASSES QUELQUE CHOSE... Je n'ai qu'à peine 5 dollars en poche, je ne peux pas rentrer en France avant 6 bonnes semaines et DEMAIN, je dois payer 15 Dollars de loyer à mon logeur ! Il FAUT que tu fasses quelque chose MAINTENANT... »***

Et tandis que je terminais ma méditation/prière par une série de mantras et un *« Notre Père »*, au MOMENT où je terminais **la dernière phrase de ma prière**, le téléphone sonna !

C'était mon premier client qui devait arriver dans la demi-heure qui suivait !

En plus, il était très mignon ! Ce qui rendit mon « travail » encore plus plaisant ...

Et c'est ainsi que, chaque jour, durant plus de 6 semaines, alors qu'en apparence, je n'avais plus du tout d'argent, j'ai pu payer mon loyer et vivre aux USA sans JAMAIS manquer de RIEN...

J'expérimentais l'Abondance...

Au jour le jour, j'avais ce qu'il me fallait. Je mangeais à ma faim chaque jour, j'allais parfois au cinéma ou sortais le soir... Je pouvais faire ce que j'avais envie de faire.

Et si, un jour, je n'avais pas de client *(car il en « fallait » au moins un par jour pour payer le loyer et manger ou sortir)* il se trouvait que mon logeur partait en voyage... Et souvent, si je n'avais eu aucun client en son absence, le jour de son retour, j'en avais trois ou quatre et je pouvais payer mon loyer !

C'était magique ! Merveilleusement magique... et je SAIS maintenant que si je mets ma confiance en Dieu,... il ne me décevra JAMAIS.

Un soir, alors que j'étais sorti dans un bar, je devais y vivre une expérience troublante. Dans ce bar se produisait une troupe de transformistes. Vous savez,... ces hommes qui s'habillent en femmes.

Et alors que je regardais ce spectacle avec un certain jugement vis-à-vis de ces hommes se travestissant, je pensais soudain à moi et à certains aspects de ma vie. Et je réalisais que ce que j'étais pouvait aussi être jugé ou condamné par certaines personnes à l'esprit un peu étroit.

Et tandis que ces idées me trottaient dans la tête, je pensais avec une espèce de triste soupir :

> ***-« Quand même, Patrice, tu es maintenant bien loin de ce que tu as vécu en Inde... et tu es bien loin de Saï Baba dans un tel lieu... ».***

Et bien croyez-le ou non, mais, **à ce moment là**, un transformiste monta sur scène pour chanter une chanson de Gloria Gaynor. Il était vêtu d'une longue robe orange et évidemment avec cette chevelure imposante... tout comme *Swami* ! ! !

À cette seconde précise, je croyais réellement voir Saï Baba devant moi et j'étais immédiatement emporté dans un sentiment de gratitude qui me remplissait le cœur alors que je réalisais sa Divine Présence.

Je réalisais que par ce *Leela*, par ce signe, Il me faisait comprendre que TOUT est DIEU et que Dieu est vraiment présent partout, y compris dans ce lieu que j'avais eu tendance à juger !

Je réalisais encore plus l'Omniprésence de Dieu.

Je réalisais que, même s'il m'avait semblé pendant un instant que Dieu ne pouvait être présent dans un tel lieu, c'était faux... car : **IL N'Y A PAS DE LIEU OÙ DIEU N'EST PAS !**

Ces expériences que je vivais ne faisaient que renforcer ma foi en cette merveilleuse énergie d'amour... et je songeais sérieusement à retourner en Inde pour revoir ce cher *Swami* qui m'avait si bien montré le chemin.

Mon plan initial lorsque j'étais arrivé aux USA était d'y chercher des organisateurs de stages afin de promouvoir mes formations sur place.

Cependant, ma délicate expérience avec la voiture m'avait obligé à reconsidérer plein de choses...

En effet, alors que j'avais cherché en moi la raison pour laquelle j'avais attiré ce que d'autres appelleraient un « accident », j'avais pris conscience d'un point **très sensible**.

Alors qu'en Inde, j'avais été emporté dans cet Amour que je savais être Dieu, je lui avais abandonné toute ma vie... Je lui avais dit **très profondément** en mon cœur :

> ***-« Dis-moi qui je suis, ce que je dois faire, comment le faire, où le faire... »***

Et alors que j'avais fait mon « inventaire » intérieur, j'avais réalisé soudainement que bien qu'ayant eu la volonté de laisser les rênes de ma vie à Dieu, moi, Patrice, je continuais à la gérer. Je continuais à décider de ce que je ferais dans un mois, dans deux mois, dans six mois ou plus car à cette époque, mon agenda était toujours rempli environ un an à l'avance.

Je réalisais ainsi que j'avais là un comportement contradictoire vis-à-vis de Dieu. Un comportement que je devais changer !

Comprenez-moi bien. C'est un peu comme si je lui demandais :

> ***-« S'il te plaît, dis moi qui je suis, ce que je dois faire, où et comment... MAIS, moi, je suis animateur de stages d'amélioration de la Vue et dans cinq semaines, je serai à Paris... dans six semaines je serai à Lyon... dans sept semaines je serai à Nouméa... dans neuf semaines, je serai à Sydney... puis à Papeete... ».***

Comment voulez-vous que Dieu puisse me guider si j'avais des mois à l'avance déjà décidé pour lui de ce que j'étais ou de ce que j'allais être ! Nous étions en août 1997 et je « savais » déjà où je serais en avril ou mai 1998 !

Je devais vraiment m'abandonner **totalement** à Lui...

Afin que le mécanisme qui me poussait à cette réflexion vous apparaisse clairement, je vais vous expliquer ici certaines dimensions que nous n'avons pas encore explorées.

Chacun d'entre nous avons trois aspects principaux : le corps, le mental et l'esprit.

Le corps fait évidemment référence à notre corps physique mais aussi au monde physique avec ce que les gens perçoivent être les lois de la physique *(une cause à l'extérieur produit un effet à l'extérieur).*

Le mental et l'esprit représentent les aspects non physiques de notre être et aussi les réalités que nous pourrions appeler Métaphysiques puisque « au-delà » du physique.

En effet, vous réalisez bien que vous n'êtes pas votre corps, puisque vous dites « C'est MON corps ». Vous êtes donc la conscience qui est dans ce corps et cette conscience a deux aspects principaux que j'appelle le Mental et l'Esprit.

L'Esprit représente la conscience d'exister individuellement, la conscience d'être... C'est notre seul et unique point commun à tous, nous avons tous conscience d'exister sous forme d'une conscience faisant des expériences. Chacun, nous pouvons dire « Je Suis ». Cette conscience d'être « Je Suis » est ce que j'appelle « l'esprit ».

Et alors que nous étions chacun des bébés, c'est tout ce que nous étions... Nous étions simplement en train d'être ce que nous étions, c'est-à-dire, une conscience « Je Suis ». Et nous étions alors pleinement nous-mêmes et, si nous étions heureux, le monde entier le savait de la même manière que si nous étions malheureux, le monde entier en était aussi informé ! Vous comprenez ?...

Et alors que nous étions simplement ce « Je Suis », nous avons APPRIS, grâce au mental, grâce à l'intellect, grâce à cette autre partie de nous, grâce à cet outil que nous avons tous dans la conscience. Et peu à peu, nous avons commencer à nous définir suite à ce que nous avions appris soit, par nos propres expériences soit, par les croyances que nous reflétaient nos parents ou nos sociétés. Et c'est ainsi que moi, qui au départ n'était que « Je Suis », c'est-à-dire une conscience ayant conscience d'exister, j'ai compris que ce que « je suis » est « Patrice... qui est un garçon... qui peut faire ça... mais pas ça ! parce que c'est « difficile ».

C'est ainsi que je me suis « formé » à l'image de ce que je croyais être... Et de cette manière, chacun d'entre nous développe ce que l'on appelle une « personnalité » autour de ce qu'il est réellement, c'est-à-dire cette conscience d'être « Je suis ».

Cette « personnalité » est en fait une image de soi que l'on a construit sur des croyances ou sur des expériences passées.

Parfois, cette personnalité est en accord avec l'esprit et dans ce cas, tout va bien,... La personne est heureuse...

Parfois et je dois malheureusement dire souvent,... la personnalité n'est **pas en accord** avec l'esprit... et c'est là où les pathologies s'installent pour nous « réveiller » et attirer notre attention.

Ainsi, avec les problèmes de vue par exemple, toute personne ayant eu un problème de vue a développé une manière d'être, une personnalité qui n'est pas en accord avec son esprit. Le type de vue qu'elle a développé *(myopie, hypermétropie, astigmatisme...)* nous montre de quelle manière elle s'est « perdue de vue »... et donc ce qui est nécessaire pour retrouver l'équilibre.

Pour ma part, j'avais eu clairement conscience que ma personnalité n'était pas en harmonie avec mon esprit. J'ai donc appris à me laisser être de plus en plus vraiment moi-même.

Mais, par la suite, dans mon cheminement, j'ai DÉCIDÉ de ce que j'étais. J'ai commencé à me CRÉER tel que je voulais être et... heureusement pour moi.

J'ai voulu être enseignant de guérison... et je le suis devenu !

J'ai voulu voyager de par le monde... et je l'ai fait !

Et c'était super ! Et c'était devenu pour moi, à l'époque : juste et équilibré.

Cependant, mes réalisations me faisaient de plus en plus prendre conscience de cette partie de moi bien plus profonde : mon esprit. Cet esprit qui, lui, est naturellement conscient de sa nature créatrice divine...

Et je savais que cet « esprit » qui est ce que je suis au plus profond de moi est une conscience bien différente de ma personnalité. Une conscience bien plus belle, bien plus illimitée... et dont je ne peux évidemment avoir aucune « idée » car une « idée de moi » me limiterait instantanément à cette forme, vous le comprenez... Et j'étais déterminé à expérimenter cette partie de moi.

Cette partie divine dont Jésus lui-même nous disait qu'elle est en nous-mêmes[1].

Et si je voulais l'expérimenter **VRAIMENT**, je DEVAIS ARRÊTER DE ME DÉFINIR et ARRÊTER DE DÉCIDER À L'AVANCE DE QUI « JE SUIS ».

C'était la seule manière de laisser l'Univers me montrer qui « je suis », si « je suis » ne décide pas à l'avance de ce qu'il est *(car sinon, il le sera ! ! !).*

J'espère que vous me suivez toujours !

Ce fut la raison pour laquelle j'ai décidé d'arrêter d'animer les stages. Et bien que j'y prenne un très grand plaisir, je réalisais que, peut-être, j'étais destiné à faire autre chose sur terre. Je devais avoir la volonté de lâcher cet aspect de moi... et tous les autres aussi d'ailleurs...

De toutes façons, j'approchais de mes 35 ans et je sentais qu'il fallait qu'à nouveau je remette toute ma vie en question ! Il fallait que quelque chose change ! Il est vrai qu'à 28 ans, j'avais pris ma retraite du monde du travail et bouleversé ma vie mais, maintenant, après près de 7 ans à enseigner semaine après semaine, je réalisais que je rentrais dans une espèce de « routine », agréable il est vrai, mais néanmoins une routine à laquelle je DEVAIS mettre fin.

Je pris cette décision ferme d'arrêter d'animer des stages, à moins qu'on me le demande spécifiquement.

C'était un peu ma manière de dire à Dieu :

-« Tu vois, je croyais que mon rôle sur Terre était d'animer des stages de transformation personnelle...

---

[1] Dans Luc 17:20-21, Jésus nous dit : *« La venue du Royaume de Dieu ne se laisse pas observer, et l'on ne dira pas : « Voici : il est ici ! ou bien : il est là ! » Car voici que le Royaume de Dieu est au milieu de vous. »*

Cette traduction tirée de la Bible de Jérusalem semble souvent controversée car, dans le texte original, le mot ayant ici été traduit par « au milieu » signifie en réalité « en dedans » ou « à l'intérieur ».

> ***mais je me suis peut-être trompé... aussi, j'ai la volonté d'arrêter tout... et si c'est vraiment mon chemin, tu feras que les gens m'appelleront pour que j'anime des stages... et si ce n'est pas mon chemin... et bien, je ferai autre chose... je suivrai les indices que tu mettras sur ma route... »***

Je décidais donc que j'animerai tous les stages que j'avais prévus jusqu'en mai ou juin 1998 *(car ils étaient prévus... et des personnes attendaient mes services)* mais de n'en prévoir aucun autre par la suite...

C'est ainsi que je décidais de ne plus « forcer » les choses concernant les stages aux USA.

De ce fait, je débloquais de mon agenda les 3 semaines d'octobre qui avaient été « réservées » pour ces stages et je décidais de les utiliser pour retourner en Inde.

Évidemment, je n'avais à cette date aucune idée de comment je pourrais y aller, n'en ayant aucunement les moyens financiers, mais j'avais appris à faire confiance...

J'avais aussi appris que le meilleur moyen pour avoir quelque chose est de ne pas en avoir besoin. En effet, si nous nous disons que nous avons BESOIN de voir clairement ou d'avoir ceci ou cela pour être heureux, nous faisons preuve par cette déclaration de notre nature limitée... En effet, par cette déclaration, nous affirmons que notre bonheur dépend de quelque chose et que, si nous ne l'avons pas, nous sommes malheureux... Or, étant par nature des êtres illimités, il est important, si nous souhaitons quelque chose, que nous réalisions que nous n'en avons pas **vraiment** besoin... En fait, nous devons simplement nous dire que c'est un désir... Que ce serait bien si nous pouvions faire ceci ou avoir cela... MAIS QUE NOUS POUVONS ÊTRE HEUREUX SANS, **PUISQUE** NOTRE BONHEUR NE DÉPEND PAS DE CIRCONSTANCES EXTÉRIEURES !

J'avais donc formulé ainsi ma demande à Dieu :

-« ***Ecoute, j'aimerais vraiment pouvoir aller en Inde pour mon 35ème anniversaire et voir à nouveau Saï Baba, et je sais que, par Toi, c'est possible (même si je ne sais vraiment pas comment à ce jour !). Et si ça ne se fait pas, tant pis. Mais j'aimerais VRAIMENT y aller et je serais très heureux d'y être... »***

Une fois ma demande formulée, je devais donc agir comme si ça allait se faire...

Rappelez-vous en effet :

-«***Tout ce que vous demandez en priant, croyez que vous l'avez déjà reçu, et cela vous sera accordé. »***[1]

Et afin de me préparer au mieux à ma rencontre avec Saï Baba, je décidais de me préparer à la fois physiquement et spirituellement. Je décidais donc que, du 9 septembre au 9 octobre, date de mon anniversaire, j'allais changer mon alimentation afin que mon corps soit le plus « pur » possible. Je décidais de me nourrir pendant un mois exclusivement de légumes et fruits crus, et afin de canaliser mon énergie sexuelle pour ma transformation, je décidais de faire abstinence totale durant ce mois préparatoire.

Vu le quartier où je résidais et la quantité de beaux garçons que je croisais chaque jour, c'était une expérience très intéressante qui me permettait de tester ma détermination... Vous pouvez en effet imaginer un pâtissier faisant une grève de la faim d'un mois dans sa pâtisserie !

Cependant, mon évolution spirituelle étant ma première priorité... je tenais bon.

Lorsque j'arrivais en France fin septembre, je devais cependant réaliser amèrement que je n'avais aucun moyen d'aller en Inde. Ma situation financière était plutôt catastrophique et bien que deux stages fussent prévus dans les semaines précédant mon

---

[1] Marc 11:24

anniversaire, ils ne pouvaient en aucun cas couvrir mon découvert bancaire et le billet pour l'Inde.

Pensant que mon voyage serait impossible, faute de moyens, je me sentais mal. Vraiment mal. Je me disais :

> ***-« Mais à quoi ça sert que tu te prives pour « Lui »... Finalement, tout ça, c'est des conneries... Regarde, tu n'as pas assez d'argent pour payer ton billet d'avion, ... Allez, va... Éclate-toi... Mange ce que tu veux... »***

Cependant, j'avais conscience que cette voix qui me parlait ainsi était erronée... Je savais qu'elle était une « tentation » éprouvant ma foi.

Et chaque fois que cette voix du doute me parlait, je me recentrais en priant ainsi :

> ***-« Écoute, je crois quand même que par Toi, tout est possible... S'il te plaît, j'aimerais vraiment aller en Inde pour mes 35 ans. Aide-moi ».***

Quelque part, j'avais accepté l'idée que je ne pourrais pas aller en Inde et c'est probablement ce qui était suffisant pour débloquer la situation. C'était à nouveau comme pour mon voyage instructif à Londres[1]...

Et alors que j'allais à Lyon pour y animer un stage, j'allais rendre visite à Pierre et Claude-Annie avec qui j'avais sympathisé. Pierre m'avait expliqué qu'il avait mis au point des processus révolutionnaires de traitement du son et qu'il recherchait des fonds pour financer ses recherches. À l'époque, je l'avais aidé à contacter différentes personnes qui, selon moi, auraient pu être intéressées par un tel projet.

Quelle ne fut ma surprise de l'entendre me dire alors que je lui demandais des nouvelles :

> ***-« Tes contacts ont été intéressés par mes produits et il semble que nous allons travailler ensemble. Tiens,***

---

[1] Voir Chapitre 12

voici une commission pour te remercier de ton aide... »

Et il me remit un chèque de 10 000 francs !

Immédiatement, je réalisais que je pouvais aller en Inde... C'était le vendredi 3 octobre 1997 et mon anniversaire était dans 6 jours... Tout était encore possible...

J'achetais donc mon billet le vendredi après midi à Lyon. Arrivé à l'agence de voyage, on m'expliqua qu'il ne restait en fait que trois places disponibles dans cet avion... Une fois de plus, j'avais ce que beaucoup perçoivent être de la « chance »...

Le lundi matin, après avoir animé mon stage à Lyon, j'étais à Paris à l'Ambassade de l'Inde pour demander mon visa que je récupérais le mardi après-midi.

Le mercredi matin, je prenais l'avion pour l'Inde... et le jeudi 9 octobre à 12 heures, jour de mes 35 ans, ainsi que je l'avais souhaité, j'étais dans l'*Ashram* de Saï Baba à Puttaparthi...

Une fois de plus, je réalisais que tout est vraiment possible...

Mais je réalisais maintenant que tout est possible, par la Grâce de Dieu...

En effet, par moi-même, je n'aurais jamais imaginé qu'une telle chose fut possible.

Et je réalisais de plus en plus qu'en m'abandonnant en confiance aux principes de mon cher *Swami*, je m'abandonnais alors à Dieu qui me comblait au-delà de mes espérances...

Et il avait encore de nombreux cadeaux pour moi !

CHAPITRE 32

Deuxième séjour chez *Swami*...

Lorsque j'arrivais à *Prashanti Nilayam*, c'est le nom de l'*Ashram* de Puttaparthi qui signifie « Demeure de la Paix Suprême », j'étais immédiatement impressionné par sa grandeur... C'était comme une ville dans la ville...

Alors que je constatais la grandeur des lieux, je comprenais mieux qui était Saï Baba ou plutôt ce qu'Il était.

Si c'est en observant ses fruits qu'on peut juger un arbre[1], je réalisais de plus en plus la beauté de l'Arbre nommé Saï Baba.

On m'expliqua qu'il avait créé de nombreuses écoles gratuites, qu'il avait approvisionné en eau potable des centaines de villages démunis en construisant des puits, qu'il avait fait construire de nombreux hôpitaux, écoles ou dispensaires... La liste était longue... et tous les centres qu'il mettait en place étaient totalement gratuits... De manière évidente, les fruits de Saï Baba étaient de très beaux fruits.

Au cours de ce voyage, je devais constater que *Swami* était plus proche de moi... et bien qu'il y eut environ 10000 personnes chaque jour, j'ai eu la Grâce de le voir chaque jour s'approcher davantage de moi, ce qui ne pouvait que m'encourager à rechercher en mon cœur à être toujours plus proche de Dieu.

J'avais en effet lu l'histoire d'un homme ayant vécu une transformation radicale[2] grâce à *Swami*. Il expliquait dans son livre, qu'alors que dans son cœur, il se rapprochait de plus en plus de Dieu, il constatait nettement une plus grande proximité physique avec Baba.

Et c'est exactement ce que je vivais...

---

[1] Matthieu 7:16-18 « *C'est à leurs fruits que vous les reconnaîtrez...* » Matthieu 12:33 « *Car c'est aux fruits qu'on reconnaît l'arbre...* ». Luc 6:44 « *Chaque arbre en effet se reconnaît à son propre fruit* ».

[2] « *Le Saint Homme et le Psychiatre* » est un livre de Samuel Sandweiss publié aux éditions L'Or du Temps.

Plus je me rapprochais de Dieu dans mon cœur et dans ma conscience et plus Saï Baba me faisait la Grâce de m'approcher...

Et je comprenais comment le Maître ou le *Guru*, qui est, par sa conscience épurée, plus proche de Dieu, Lui sert d'intermédiaire pour qu'Il nous parle et nous transforme par le Maître qui est un peu comme son messager... Cependant, pour Saï Baba, le processus est encore différent puisqu'il s'agit d'un *Avatar* Divin.

Je comprenais en observant *Swami* chaque jour qu'il représentait vraiment mon potentiel et mon devenir !

Un jour qu'il était très loin de moi, du côté des femmes, je me souviens l'avoir regardé approcher et avoir senti en moi cette certitude :

-« En fait, c'est Toi qui est mon Vrai Père... ».

Et alors que quelques minutes plus tard, il passait devant moi, il me fit la Grâce de me donner de la *Vibhuti*[1] qu'il était en train de manifester.

J'avalais cette cendre bénie qui avait un petit goût de lait concentré et à nouveau, j'étais emporté dans cette conscience transcendantale qui me devenait maintenant presque familière.

Et pendant que j'étais emporté dans ces vagues d'amour indescriptible, j'imaginais et je savais que, grâce à cette *Vibhuti*, j'étais guéri et transformé...

---

[1] La *Vibhuti* est de la cendre sacrée utilisée dans les rituels hindouistes... Elle est traditionnellement fabriquée à base de bouse de vache mélangée à du *Ghee (beurre clarifié)* et des plantes odoriférantes et brûlée longuement lors d'un rituel durant lequel des *Mantras* sont chantés. Elle symbolise le fait que nous soyons poussière et retournons à la poussière. Elle symbolise aussi ce qui reste de nous lorsque notre égo a été brûlé dans le feu de la « dévotion ». Elle représente aussi cette partie de nous qui est éternelle et immuable, c'est-à-dire ce que les Indiens appellent *l'Atma* ou l'Âme unique parfois appelée Dieu... Elle peut être utilisée symboliquement pour s'en mettre sur le front *(comme le font les catholiques le mercredi des Cendres)* ou ingérée. Saï Baba en manifeste en grande quantité chaque jour. Lorsqu'Il choisit d'en donner à quelqu'un, c'est toujours symbolique. C'est soit pour que cette personne s'interroge sur sa vraie nature, soit pour l'encourager dans sa pratique ou pour sa guérison physique ou spirituelle. En effet, de nombreuses personnes ont vécu des guérisons physiques ou spirituelles spectaculaires grâce à cette *Vibhuti*...

C'est dans l'après-midi de cette journée que je réalisais que, synchronicité étonnante, nous étions en fait le 23 octobre, jour anniversaire de mon « vrai » père...

Encore un des *Leelas* de *Swami*...

Évidemment, pour quelqu'un qui a côtoyé et connaît Saï Baba et sa manière de nous « parler » par signes, ces synchronicités semblent vite naturelles.

Lorsque deux jours plus tard, *Swami* me donna à nouveau de la *Vibhuti*, des personnes l'ayant vu sont venues me dire :

> ***-« Dis donc, tu avais quelque chose à guérir en toi ?... car si c'était le cas, ne t'inquiète pas, en te donnant par deux fois de la Vibhuti, Swami s'occupe de toi... »***

Et alors qu'au cours de mon premier séjour aux pieds de *Swami*, je n'avais eu aucun contact physique avec lui, si ce n'est le « contact indirect » lorsqu'il avait pris les lettres, au cours de ce deuxième voyage, *Swami* a été bien plus proche...

Déjà, dès le deuxième jour, lorsqu'il a à nouveau pris les lettres que j'avais à lui remettre, j'ai eu la chance qu'il effleure mon annulaire droit du bout de son doigt alors qu'une énergie sublime me remplissait instantanément et m'emportait en elle alors que je fermais les yeux...

Je réalise qu'il puisse être difficile pour certains de comprendre qu'un contact si léger,... si subtil... et si rapide déclenche de tels effets... Je ne peux que vous souhaiter de tout cœur d'avoir un jour la grâce de le vivre vous aussi...

Au fil des jours, alors que j'étais à l'*Ashram*, j'ai pu ainsi lui toucher la robe, puis les pieds, ce qui fut une expérience magnifique[1]..., jusqu'à ce qu'il me manifeste par deux fois de la *Vibhuti*...

---

[1] Lorsque l'on touche les pieds d'un Maître, *(Padanamaskar)*, automatiquement, son énergie se déverse en nous par différentiel de potentiel énergétique...

Chaque jour, *Swami* choisissait dans la foule quelques personnes qui avaient la Grâce d'être reçues par Lui en privé pendant une demi-heure à une heure.

Toutes les personnes que j'avais vues qui avaient été reçues en « interview » m'avaient toutes dit à quel point cela avait changé leur vie...

Et alors que chaque jour, je priais *Swami* en mon cœur qu'il m'accorde une interview, la veille de mon départ j'eus la Grâce d'une interaction quasi-verbale avec Lui.

Alors qu'il était passé proche de moi, je lui avais dit en anglais :

-« Swami, peux-tu nous accorder une interview ?... »

Et pendant qu'il s'éloignait, il m'avait regardé en me faisant un signe de la main et du regard qui signifiait clairement : *« Oui... mais attends... »*

J'exultais de joie alors que j'avais sa promesse...

Je ne savais simplement pas quand elle allait se manifester.

Pour ceux d'entre vous qui n'êtes jamais allé voir Saï Baba, il peut vous sembler exagéré d'avoir une telle réaction face à un signe apparemment si « petit » de sa part.

Cependant, quand vous vous trouvez avec des dizaines de milliers de personnes qui, comme vous, attendent chacune un signe de *Swami...* un simple regard est déjà perçu comme une chance immense...

Imaginez alors ce que cela peut être s'il vous fait la Grâce de : *(et là, je vais « classer » les Grâces par ordre d'importance...)*

- Vous donner ce que l'on appelle un *« Darshan personnel »* alors qu'Il vous regarde pendant quelques secondes.

- Passer suffisamment proche de vous pour que vous puissiez toucher sa Robe.

- Passer suffisamment proche de vous pour que vous puissiez toucher ses Pieds.

- Qu'il vous parle par les Yeux.

- Que vous l'entendiez parler à quelqu'un...*(Eh oui, ça aussi, c'est considéré comme une Grâce, car la tradition dit qu'un Maître ne fait jamais rien par hasard et quoi qu'il dise ou fasse a une grande importance symbolique pour celui qui le voit ou l'entend !)*

- Qu'il vous parle... ou encore mieux qu'il vous touche...

En fait, plus le Maître est proche de vous, plus ceci est considéré comme une « grande » Grâce.

Je conçois évidemment que ce concept puisse sembler très bizarre pour un occidental qui n'est pas familier avec l'hindouisme et avec la réalité de l'énergie extra-ordinaire qui émane d'un Maître, d'un Saint ou d'un *Avatar* !

C'est malheureusement le problème des expériences transcendantales qui sont par nature subjectives, ce qui fait que seul celui qui les a vécues peut réellement les comprendre.

Cependant, sans aller aussi loin qu'en Inde, ceux d'entre vous qui connaissez Marthe Robin[1] ont pu, je pense, entendre parler de l'effet que sa simple présence procurait aux personnes allant la rencontrer.

Après trois semaines bénies passées en présence de Baba, je rentrais finalement en France, renforcé dans ma foi, transformé à nouveau et prêt à passer à une autre étape de ma vie.

---

[1] Marthe Robin est une femme ayant eu les stigmates de Christ et qui a vécu des années nourrie simplement d'une hostie et d'une cuillère à café d'eau... Des livres racontent son parcours extra-ordinaire...

CHAPITRE 33

Un nouveau départ...

Une fois rentré en France, je retrouvais Martin pour traduire un des stages qu'il animait.

Il m'avait offert, des années auparavant, lorsque j'étais devenu enseignant de sa méthode, une très belle bague tibétaine portant un gros lapis lazuli. Il avait coutume de l'offrir à tout nouvel instructeur.

Mais je sentais de plus en plus de résistances à enseigner selon la structure qu'il avait mise au point, me sentant piégé dedans, incapable d'exprimer les vérités qui me semblaient maintenant évidentes. De ce fait, j'avais décidé, des mois auparavant, de retirer et de ne plus porter cette bague qui symbolisait maintenant pour moi la « prison mentale » dans laquelle je m'étais laissé enfermer.

Et alors que je retrouvais avec beaucoup de plaisir Martin que je n'avais plus vu depuis des mois, il m'invita à le suivre.

Arrivé dans sa chambre, il sortit de sa valise un petit paquet cadeau qu'il me tendit. Une fois ouvert, j'y découvrais... une bague !

Du coup, je lui demandais

> ***-« Mais pourquoi m'offres-tu cette bague ? »***

Il me répondit :

> ***-« Et bien je faisais du rangement dans mes affaires et lorsque je l'ai trouvée, j'ai tout de suite pensé qu'elle était pour toi ! »***

Lorsque je lui demandais s'il était au courant que j'avais symboliquement retiré depuis des mois celle qu'il m'avait offerte initialement, il m'avoua que non.

Je trouvais personnellement cette synchronicité amusante.

Au moment où je me détachais de la méthode de Martin, c'était un peu comme s'il l'avait senti et m'offrait alors une nouvelle bague comme pour mieux me « reprendre » sous son aile.

Je n'avais à l'époque et ceci reste vrai à ce jour, rien contre Martin et l'homme qu'il est. Bien au contraire, c'est un être que j'aime, que j'admire et respecte profondément aussi bien pour ce qu'il est que pour ce qu'il a accompli. Je pense que sa méthode est et reste un formidable outil de connaissance de soi et de transformation.

Il se passait simplement que grâce à lui, j'avais « grandi » et que je n'étais maintenant plus apte à enseigner selon son modèle.

Et comme Martin l'avait lui-même fait des années auparavant quand il « quitta » le poste d'enseignant qu'il occupait à la « Méthode Silva », il fallait que je vole moi aussi de mes propres ailes, grâce à ce que j'avais appris à ses côtés. Comme lui à l'époque, il fallait que je me sente libre d'enseigner selon ce que mon cœur me disait.

L'ayant exprimé à Martin, je lui expliquais que je m'engageais à animer les stages que j'avais prévus jusqu'à fin décembre 97 « selon sa structure » et qu'à partir de janvier 1998, je volerais de mes propres ailes.

C'est donc en décembre 1997 que s'acheva ma collaboration professionnelle avec Martin.

Etonnamment, j'avais passé exactement 9 ans à travailler avec et pour Martin.

Pour ceux d'entre vous connaissant la numérologie ou l'étude des nombres, il est dit que chaque année est sous l'influence d'un chiffre particulier. Ainsi par exemple, lorsque vous êtes en année « 1 », vous débutez un nouveau cycle, et c'est souvent l'occasion de bouleversements importants dans votre vie. Ce cycle dure 9 ans et s'achève évidemment avec l'année « 9 ».

Par une autre de ces synchronicités étonnantes, j'avais rencontré Martin exactement 9 ans auparavant et commencé à travailler avec lui alors que je débutais une année 1, un nouveau cycle. Et c'est vrai qu'il a vraiment marqué le début d'une nouvelle vie pour moi.

Et comme si, 9 ans après, le cycle étant achevé *(et il était clair que pour moi, il l'était)*, je le quittais, prêt à en commencer un autre...

Sortir de la structure de Martin me permit d'apporter des modifications au stage, d'en baisser le prix et d'explorer avec les participants des domaines que je ne pouvais aborder par le passé.

J'avais, dès le mois de juillet, fortement ralenti mes activités et j'étais déterminé à ne plus travailler aux rythmes qui avaient été les miens. Évidemment, très rapidement, je devais faire face à une baisse subite de mes revenus.

Cependant, j'étais déterminé à ne pas faire de compromis pour de l'argent.

J'étais déterminé à m'abandonner en confiance à Dieu et à le « tester » en me coupant volontairement les vivres...

Il me semble en effet facile de dire *« J'ai confiance en Dieu... »* quand on a tout ce que l'on veut... Et c'est vrai que c'était mon cas...

J'avais pris par le passé certaines décisions à mon égard, décidant que j'étais enseignant de guérison, décidant que mon agenda serait bloqué un an à l'avance, décidant que j'enseignerais dans les Dom-Tom, etc... et tout ça..., je l'avais eu...

Quelque part, c'est comme si ça n'était plus amusant !

Si Dieu me donne tout ce que je veux, je commençais à me poser une question qui me semblait bien plus intéressante :

> ***-« Que me donnerait Dieu, si je ne lui demandais RIEN ? ».***

D'autre part, j'avais VRAIMENT conscience d'être où j'étais par ma propre volonté et j'en étais assez fier... C'est quand même grâce à cela que je pouvais avoir cette crédibilité auprès de mes stagiaires. J'avais vraiment conscience de ce que j'avais été par le passé et je réalisais pleinement que si j'étais devenu ce que j'étais, c'était parce que, peu à peu, je m'étais construit ainsi... Et ceci me donnait évidemment une conviction très forte qui me permettait d'encourager les participants de mes stages à faire de même.

Je pouvais leur dire en toute sincérité :

-« Décidez de ce que vous voulez être ou de ce que vous voulez expérimenter et... faites-le... devenez-le » .

Mais maintenant, ayant atteint 35 ans, je savais qu'il fallait que je change à nouveau radicalement ma vie.

Je voulais donc laisser Dieu me permettre de me révéler qui je suis réellement alors que je décidais d'arrêter de prétendre savoir qui j'étais.

En effet, je m'étais défini arbitrairement comme étant enseignant de guérison et mon chemin était peut-être ailleurs...

En décidant d'arrêter d'organiser moi-même mes stages, je permettais à Dieu de me révéler à moi-même. Je partais du principe que si la guérison est vraiment mon chemin et qu'il était juste que ce soit mon activité, cela me serait montré.

À compter de janvier 1998, il me « restait » donc 5 ou 6 stages à animer et j'étais déterminé à ne pas en programmer d'autres. J'étais déterminé à simplement « répondre » à l'Univers et à n'animer des stages que si des personnes s'organisaient elles-mêmes entre elles pour m'inviter à partager avec elles mes idées et mes expériences.

Je voulais me mettre au pied du mur, me couper les vivres et voir ce qui se passerait si j'arrêtais de mettre ma sécurité sur un agenda bien rempli pour la transférer sur ce qui me semblait de plus en plus être la vraie réalité absolue : Dieu.

Rapidement, la baisse de revenus m'obligea à quitter l'appartement que j'habitais seul depuis qu'Hervé n'était plus là. Je sentais que c'était une bonne chose car ce lieu était tellement chargé de mémoires qu'il ne pouvait qu'être bon que je le quitte. Cependant, où aller ?

Pendant plusieurs mois, je vivais ici et là, campant chez mon frère et ma belle-sœur entre mes voyages.

C'est là où Pierre et Claude-Annie, rencontrés quelques mois auparavant ont commencé à rentrer dans ma vie.

M'étant lié d'amitié avec Pierre, je l'avais aidé à rencontrer des personnes qui pouvaient lui permettre de développer les technologies qu'il avait mises au point. De ce fait, j'avais appris à mieux le connaître et à apprécier l'être étonnant qu'il était. Il m'expliquait comment, grâce à son attitude particulière envers la Vie, des idées,... des inventions... lui venaient spontanément dans la tête alors qu'il méditait et qu'il faisait le vide en lui... Je sentais que ce qu'il faisait était profondément juste et qu'il avait raison... Qu'il n'y avait réellement rien à faire si ce n'est « laisser faire ».

Et alors que je m'ouvrais à Pierre de mes changements, il m'expliqua qu'il avait une maison qu'il utilisait exclusivement pour y réaliser les prototypes de ses inventions et les présenter au public et qu'il serait heureux de m'y accueillir.

J'avais au départ énormément de résistances à accepter son offre pour des raisons de fierté. Cependant, j'avais fait un choix... et je devais en assumer les conséquences...

J'avais décidé d'arrêter d'animer des stages et je devais en assumer les conséquences financières et faire confiance à Dieu.

Et après tout, l'invitation de Pierre était peut-être un signe de sa part !

Après quelques mois, je décidais d'accepter la proposition de Pierre et de déménager en région lyonnaise.

À ce jour, je pense que c'est une des meilleures décisions que j'aie jamais prises.

Arrivé sur place, je découvrais une charmante maison perchée sur une petite colline. Bien qu'il s'agissait plus d'un atelier et d'un « show-room » qui permettait à Pierre de présenter ses produits, j'y disposais à l'étage d'une chambre, d'un bureau et d'une salle de bain.

Vivant chaque jour à proximité de Pierre et Claude Annie, je commençais à mieux comprendre les produits qu'il avait mis au point et à saisir l'ampleur commerciale de ce qu'il avait inventé.

Au fil du temps, je l'aidais de plus en plus à concevoir des prototypes, à rechercher des matériaux, à imaginer des évolutions de ses concepts... et ce travail était très plaisant. De plus, je n'animais plus de stages et j'avais beaucoup de temps à ma disposition.

Un jour, Pierre m'expliqua que ses recherches étaient coûteuses et me demanda si j'aimerais me joindre à son groupe pour le financer. Il me disait que si je pouvais le financer, il m'intégrerait dans son groupe avec ses autres mécènes.

Je trouvais son projet fascinant et ses produits géniaux mais, je n'avais pas vraiment de fonds. Et surtout, l'épargne que j'avais me servait à compenser le manque de revenus dû au fait que je n'animais plus de stages...

D'autre part, Pierre ne me disait aucunement de quelle manière je serais intégré ni ne fournissait aucune des « garanties » reconnues en ce monde telles qu'un contrat ou un document attestant de ma participation « concrète » à son projet.

Cependant, j'avais conscience qu'à travers Pierre, une opportunité m'était offerte de m'abandonner réellement et complètement à l'Univers.

J'avais reconnu en Pierre un être rempli d'Amour, fondamentalement bon et en qui je pouvais faire confiance. Il me restait à le DÉMONTRER par mes actions...

Je sentais que je devais démontrer ma confiance par une action physique.

Je repensais à cette peur profonde qui m'avait saisi après que j'ai eu mon premier « contact par lettre interposée » avec *Swami*. Alors que je quittais l'*Ashram* ce jour là, ayant consciemment et consciencieusement abandonné ma vie aux pieds de Dieu, j'avais pensé :

> **-« *Et si Dieu te demandait tous tes sous... S'il te demandait de Lui signer un chèque en blanc ? Que ferais-tu... ? Aurais-tu confiance... ?* »**

Quelque part, je sentais que cette opportunité que me présentait Pierre était un test de l'Univers... Que grâce à Pierre, j'allais pouvoir « démontrer » dans le monde physique ma volonté de réellement tout abandonner à Dieu.

Lorsque je lui demandais de combien il avait besoin pour ses recherches, il m'annonça que dans un premier temps, 50 000 francs feraient l'affaire...

En moi, je pensais, sans oser lui en faire part :

> **-« *Est-ce que ça voudrait, dans un premier temps, dire qu'il en faudra plus dans le futur ?* »**

Cependant, sentant l'opportunité de « l'exercice spirituel », je décidais de les lui donner.

Je me souviens du jour où je lui ai fait le chèque. Nous étions à l'INPI[1] en train de déposer un brevet. Et bien que je sentais que les technologies qu'il avait mises au point étaient très bonnes, je savais aussi qu'un brevet ne vaut rien tant qu'il n'est pas exploité... Au contraire, un brevet coûte beaucoup d'argent avant

[1] INPI *(Institut National de la Propriété Industrielle).* C'est l'organisme qui, en France, gère l'enregistrement et le dépôt des marques de fabrique et/ou de brevets.

d'être exploité... Et j'étais paniqué à la fois de lui donner cette somme qui pour moi représentait beaucoup, et de devenir ainsi propriétaire d'un brevet qui allait peut-être me coûter encore plus...

Finalement, je lâchais prise en me disant, une fois de plus :

-« Fais confiance... ».

Au fil du temps, m'impliquant de plus en plus dans le projet de Pierre, j'en venais à régler personnellement certaines des factures qui arrivaient régulièrement...

Puis, peu à peu, je « cassais » les comptes « épargne » que j'avais et transférais ces sommes au profit de Pierre.

Finalement, la recherche étant coûteuse, ce fut ma maison qui y passa.

J'étais resté propriétaire avec Myriam de cette petite maison que nous avions achetée ensemble mais, les frais afférents aux brevets et à la recherche étaient tels qu'il fallait que j'aide Pierre. Il me semblait maintenant évident qu'au stade où nous en étions, nous ne pouvions plus faire machine arrière...

J'étais de plus en plus convaincu de la beauté de nos produits et il nous fallait tenir !

Je décidais donc de vendre ma part de maison à Myriam. Cependant, la transaction n'allant pas assez vite, j'obtenais de ma banque un découvert qui me semblait colossal du fait que je n'avais plus de revenus... et à nouveau, je finançais Pierre...

Et petit à petit, tout y passa ! Par moment, j'en étais effrayé !

Au final, après quelques mois, je me suis retrouvé avec pour toutes économies ce que j'avais en poche.

Pourtant, chaque jour, tout allait bien... Et si j'avais décidé de voyager, d'une manière où d'une autre, tout allait bien !

Je me souviens d'un jour où je voulais « monter » à Paris. Je n'avais pourtant que 30 francs en poche ! Et d'une manière complètement folle, l'Univers s'organisa afin que mon voyage fut possible...

Et c'était comme ça chaque jour !

Attention, je ne suis pas en train de dire ici que c'était facile !... Mais ce qui était indéniable, c'est que ça marchait !

Évidemment, je passais BEAUCOUP de temps sur mon autel à invoquer Saï Baba ou Jésus ou qui voulait bien m'entendre là-haut ! Mais ça marchait !

Je réalisais VRAIMENT, CONCRÈTEMENT, que tout ce que j'avais venait de Dieu... et cette réalisation me remplissait de gratitude...

Et alors que j'étais très souvent avec Pierre et Claude-Annie, j'apprenais aussi à me laisser recevoir... En effet, lorsque j'étais avec eux au restaurant, c'était toujours eux qui payaient, ce qui me mettait au fil du temps très mal à l'aise. Il n'y avait pourtant en eux aucun signe de fierté mal placée à m'inviter ni de sensation de pouvoir si ce n'est le plaisir de partager un repas avec moi... Et j'en étais chaque fois très touché.

Je me souviens du dernier stage « officiel », c'est-à-dire organisé arbitrairement, que j'animais à Lyon. Pierre était venu me rejoindre une fois le stage achevé.

Et alors que je venais de gagner de l'argent, je me faisais une fierté d'inviter Pierre à dîner, pour une fois que ça m'était possible.

Nous avions pris une petite salade et une boisson. Et alors que, tout fier, j'allais régler la note, le serveur me tendit un ticket d'un montant de 108 francs.

Reconnaissant immédiatement le nombre associé au principe Divin, je comprenais instantanément le message que *Swami* m'envoyait !

> ***-« Qui es-tu pour croire que c'est TOI qui invites Pierre ?... (Et là, c'est comme si j'entendais à***

nouveau Amma quand elle m'avait dit des années auparavant : Tu crois que tu fais mais tu ne fais rien...) C'est Moi, le principe divin qui invite Pierre... C'est Moi qui te donne ce dont tu as besoin... afin que tu puisses vivre ce que tu as envie de vivre ».

Je recevais encore une fois une leçon d'humilité et j'étais à nouveau rempli de gratitude envers Dieu qui en effet, venait de me donner cet argent que je pouvais maintenant partager avec Pierre.

Et je ne pouvais que reconnaître que cette voix qui me parlait avait raison !

C'était vrai, car mon expérience me dévoilait, de plus en plus, que j'étais vraiment porté chaque jour par Dieu qui subvenait directement à mes besoins, parfois de manières complètement différentes et ahurissantes.

Mais j'avais encore beaucoup à apprendre.

Quelque temps plus tard, je revenais de Paris où j'avais animé mon dernier stage. Il y avait eu beaucoup de participants et j'étais rempli de gratitude envers Dieu car, pour la première fois depuis des mois, j'allais pouvoir avoir de l'argent « de côté ». J'étais à jour des factures pour les brevets et les derniers produits commandés pour nos prototypes étaient réglés. J'avais enfin 12000 francs qui allaient être « À MOI »...

En effet, par le passé, même l'argent que je gagnais grâce aux stages était immédiatement englouti dans la recherche, les frais de brevets et les prototypes...

Et pendant que je roulais, heureux de « posséder » cette somme, le téléphone sonna :

-« Patrice, bonjour, c'est Pierre... Écoute, il y a un virement très important à effectuer pour telle personne... Aurais-tu la possibilité de faire un transfert de fonds ? »

Lorsque que je lui en demandais le montant, il m'annonça qu'il était de 12000 francs.

Encore une de ces merveilleuses synchronicités... et une merveilleuse leçon...

Alors que je m'accrochais à nouveau à une sécurité matérielle, Dieu me rappelait à l'ordre et me retirait immédiatement mon « petit coussin sécurisant ».

Malgré un petit pincement lorsque j'effectuais le virement, me retrouvant à nouveau avec pour toutes économies ce que j'avais en poche, c'est-à-dire quelques dizaines de francs, je réalisais que c'était juste... Il me fallait passer par cette expérience d'abandon TOTAL pour que, maintenant, je SACHE, non plus comme avant, de manière intellectuelle, mais par mon expérience directe QUE DIEU NE M'ABANDONNERA **JAMAIS** !

En effet, j'avais beau savoir quelque chose, à quoi me sert une connaissance intellectuelle si je ne la vis pas !

Et j'en avais accumulé des connaissances !

Mais à quoi me servaient-elles ?

À RIEN.

Si ce n'est à me flatter l'égo alors que je les déversais sur des stagiaires...

Et j'avais appris grâce à *Swami* que le mental était un outil qui pouvait soit me libérer, soit m'enchaîner.

C'est d'ailleurs une des raisons pour lesquelles j'avais décidé d'arrêter d'enseigner. En effet, suite à mes voyages en Inde, j'avais réalisé que durant des années, j'avais enseigné aux gens à sortir de la prison mentale dans laquelle ils étaient enfermés et, il est vrai que j'avais pu aider de nombreuses personnes. Cependant, grâce à l'aide de *Swami*, je commençais maintenant à voir les barreaux de ma propre prison.

Qui étais-je pour oser prétendre les libérer alors que j'étais moi-même en prison ?

Je réalisais évidemment de plus en plus qu'Amma avait eu raison lorsqu'elle me disait que je ne faisais rien.

Je le constatais lorsque je voyais cet amour me remplir et rayonner de moi alors qu'il transformait durablement les personnes qu'il touchait.

Je réalisais que mon sentiment à propos du « Je » devait disparaître afin que je fonctionne de plus en plus comme un canal ouvert dans lequel le Grand Être pouvait se déverser et manifester sa splendeur à travers moi.

Une autre raison qui faisait que j'étais mal à l'aise d'enseigner était la suivante.

J'avais enseigné comme Martin selon le concept des bulles.

J'expliquais que chacun, nous vivons dans une bulle qui est le filtre de nos perceptions. Cette bulle est un paradigme... une réalité... Elle est formée de la somme des croyances que nous entretenons par rapport à nous-mêmes ou au monde et détermine nos expériences.

J'expliquais ainsi que si je ne suis pas heureux dans ma bulle, je peux changer de bulle...

Par exemple, si je me trouve dans une bulle dans laquelle je vois flou, je peux changer l'image que j'ai de moi, changer mes perceptions et de ce fait, changer de bulle pour être maintenant dans une bulle dans laquelle je vois clairement.

Et tandis que je réfléchissais à ce concept de bulles tel que Martin le présentait, je pensais au Champagne et à ses bulles...

Et je me demandais :

> ***-« Mais pourquoi y a-t-il des bulles dans le Champagne ? »***

Et la réponse me fut évidemment donnée. Il y a des bulles **parce qu'il y a une substance** dans laquelle elles peuvent exister ! Une substance qui existe **avant** que la bulle ne puisse y prendre forme... Sans le vin de Champagne, il n'y aurait pas de bulles...

Et dans le Champagne, il y a plein de bulles !

Des bulles dans lesquelles par exemple je vois flou,... des bulles dans lesquelles je vois clairement sans lunettes... Des bulles dans lesquelles j'ai de la chance,... des bulles dans lesquelles je n'en ai pas... Des bulles dans lesquelles je suis en « mauvaise » santé,... des bulles dans lesquelles je suis en « bonne » santé... Des bulles dans lesquelles je suis « triste », des bulles dans lesquelles je suis « heureux »...

Cependant, quelle est la nature d'une bulle ?

Elle est éphémère, elle dure un instant et éclate à la surface... Elle n'est finalement qu'une « illusion » au milieu de la « réalité » qu'est le Champagne.

Et je voulais goûter au Champagne.

Je réalisais que je m'étais amusé durant des années à passer de bulle en bulle mais que maintenant, je voulais plus... Bien plus...

Je réalisais aussi que durant ces années, j'avais encouragé les gens à passer eux aussi de bulle en bulle.

À passer d'une bulle dans laquelle ils voyaient flou à une bulle dans laquelle ils voyaient plus clairement sans lunettes...

Mais qu'avais-je fait **réellement** ?

Je les avais aidés à passer d'une « illusion » à une autre « illusion ».

Et, à ce jour, alors que de plus en plus d'anciens participants me contactent afin que j'anime à nouveau des stages et que je partage avec eux mon expérience, j'ai beaucoup de plaisir à le faire... Cependant, je préfère, de plus en plus, parler de la réalité de Dieu que de l'illusion de ses bulles... Même si elles sont fascinantes…

Pourtant, je réalise qu'il y a autour de moi des gens qui, comme vous peut-être, ont réellement envie de changer de bulle... ou d'expérimenter une autre réalité...

Je sais aussi qu'il y a des gens qui préfèrent explorer les bulles plutôt que le Champagne...

Alors, pourquoi pas après tout ? Si ces personnes le désirent…

Mais je suis sûr qu'il y a aussi d'autres personnes qui désirent vraiment expérimenter le goût du Champagne dans lequel les bulles peuvent exister...

Et après tout, puisque Dieu me donne la possibilité d'expérimenter ce que je veux... comme je le veux... tout est possible... et tout est bien.

Et d'autre part : « Que serait le Champagne sans ses bulles ?»

Ce sont **elles** qui rendent le Champagne intéressant ! Sans elles, il ne serait qu'un petit vin plat.

Les bulles ne sont en fait qu'un des multiples aspects du Champagne. Tout comme le plus et le moins, le Yang et le Yin, le chaud et le froid, l'homme et la femme, le « bien » et le « mal » ne sont que certains des multiples aspects de Dieu.

Je me sens rempli de gratitude alors que je réalise de plus en plus la perfection de l'Univers, de Dieu et de tout ce qu'Il fait.

Je réalise de plus en plus que s'Il m'a placé dans une bulle particulière, il y a une raison à cela et que je n'ai pas à vouloir en changer. Car si je VEUX changer de bulle, je suis en train de refuser la perfection de l'Univers... Je suis en train de « croire » que ce que je vis n'est pas parfait.

Or si Dieu m'a fait à son image, il m'a fait parfait.

Et si la création de Dieu est à l'image de son créateur, la création et le monde tout entier doivent eux aussi être parfaits !

Alors où est le problème ?

Une fois de plus dans ma perception ! Dans mon regard !

Le monde est par nature duel.

Il faut le « froid » pour pouvoir expérimenter le « chaud ». Il faut le « chaud » pour pouvoir expérimenter le « froid ».

Il faut le « mal » pour pouvoir expérimenter le « bien ». Il faut le « bien » pour pouvoir expérimenter le « mal ».

Il faut la « maladie » pour pouvoir expérimenter la « santé ». Il faut la « santé » pour expérimenter la « maladie ».

Il faut la « tristesse » pour pouvoir expérimenter la « joie » et inversement...

L'un ne peut exister sans l'autre...

Le « problème » est que si je décide que quelque chose est « bien », je suis au même moment en train de décider que quelque chose est « mal ».

Dieu n'est ni le bien, ni le mal, ni le chaud, ni le froid, ni la maladie, ni la santé, ni le haut, ni le bas, ni l'homme, ni la femme... Il est la somme de tout cela... et bien plus encore... Chacune des polarités ne représentant qu'Un aspect de Dieu. L'Univers entier est la manifestation de Dieu mais aucune partie de cet Univers ne peut être considérée comme étant Divine ou non Divine. Tout est Dieu. Rien n'existe sans son contraire...

Je dois donc tout accepter, tout assimiler, tout intégrer, tout unifier si je veux expérimenter cette conscience appelée Dieu.

Et c'est ce que nous avons du mal à accepter...

Pourquoi ?

Parce que nous avons tous une certaine image du bonheur...

Et pourtant, lorsque l'Univers nous la manifeste et nous permet de vivre ce bonheur, très vite, nous sommes insatisfaits, nous voulons plus...

Pourquoi à nouveau ?

Et bien parce que **RIEN** dans l'Univers physique ne peut nous satisfaire de manière durable si ce n'est notre relation avec ce que nous sommes vraiment, c'est-à-dire cette conscience créatrice, cette conscience d'amour que certains nomment Dieu...

Ce qui ne veut pas dire que je doive me séparer arbitrairement du monde physique et de ses plaisirs car, le faisant, je serais en train de me séparer d'un aspect de Dieu.

Je dois vivre dans ce monde en ayant conscience de sa Vraie nature illusoire.

Et quelque part, le fait d'accepter ma nature Divine fait qu'alors, je suis comme « sorti du monde ». Ce n'est pas que je ne vis pas dans le monde mais en fait, c'est que je ne suis plus sujet aux mêmes lois que le reste du monde. Mon acceptation de Dieu fait que ce sont les lois divines et non les lois du monde physique qui s'appliquent maintenant pour moi.

Jésus nous en parlait fort justement lorsqu'il disait :

> ***-« Je leur ai donné ta parole; et le monde les a haïs, parce qu'ils ne sont pas du monde, comme moi je ne suis pas du monde. Je ne te prie pas de les ôter du monde, mais de les préserver du malin. Ils ne sont pas du monde, comme moi je ne suis pas du monde. »***[1]

Il expliquait ainsi que celui qui accepte la parole de Dieu est alors « libéré » du monde et semble alors devenir « différent » du reste du monde... Cette différence explique d'ailleurs pourquoi ceux qui « intègrent » la parole Divine sont souvent incompris et rejetés par ce même monde. C'est à nouveau ce que Jésus nous explique lorsqu'il dit à ses disciples :

> *-« Si vous étiez du monde, le monde aimerait son bien; mais parce que vous n'êtes pas du monde, puisque mon*

[1] Jean 17:14-16

choix vous a tiré du monde, pour cette raison, le monde vous hait. »[1]

Ainsi, une fois que j'ai réalisé la nature du monde, je dois continuer à y vivre mais sans que ce soit le monde qui « décide » de mon état de conscience. La monde a été créé par Dieu, par Amour pour moi **mais** il ne doit pas être mon Maître et je ne dois donc pas être l'esclave du monde et de ses circonstances.

Et ainsi que le dit si justement Saï Baba :

-« Un bateau est conçu pour aller sur l'eau mais l'eau ne doit pas y entrer. De la même façon, nous sommes conçus pour vivre dans le monde, mais le monde ne doit pas nous envahir. »

Par ailleurs, si le monde a été créé à l'image de son créateur, il est donc parfait, en tout temps et en tout lieu...

La seule chose qui me manque est donc la perception de la perfection de mon monde.

Et je suis sûr que si j'accepte mon « monde », ma réalité, ma bulle, comme étant parfaite *(même si je constate que cette perfection n'est pas toujours harmonieuse),* le fait que je lâche ma perception de l'imperfection va permettre à une autre forme de perfection plus harmonieuse de se manifester pour moi sans que j'aie à faire quoi que ce soit.

En effet, alors qu'au tout début de sa vie éphémère, elle émerge dans le Champagne, la bulle est petite, « serrée », confinée et peut être se sent-elle « malheureuse » ainsi...

Mais si elle se laissait aller, si elle s'abandonnait à sa VRAIE nature de bulle, si elle faisait confiance, elle verrait qu'alors qu'elle monte dans le verre, elle se dilate naturellement jusqu'à éclater tout aussi naturellement en surface et se fondre dans l'air qui recouvre la planète tout entière.

---

[1] Jean 15:19

Et redevenu une particule d'air composant la totalité de l'air, elle se verra, un jour peut être, assimilée par une bactérie au fond d'une bouteille de Champagne afin qu'à nouveau, elle puisse se sentir exister, « séparée » à nouveau de l'air de la planète, s'individualisant sous forme d'une bulle, d'une conscience individualisée de nature éphémère...

Peu à peu, je comprenais de plus en plus de choses…

Grâce à *Swami*, grâce à Pierre et Claude Annie, je me voyais évoluer grandement.

Pierre avait et a toujours cette exceptionnelle conscience du service.

Nombre de fois, il a du me reprendre alors qu'il me voyait mettre en place des actions sur des motivations de peur. Tel un Maître exigeant de moi une précision absolue de mes processus internes, il me formait en fait à m'ouvrir de plus en plus à Dieu.

Parfois, il me reprochait d'une manière que je percevais extrêmement blessante, alors que je sortais de près d'une heure de méditation et de rituels d'adoration :

> ***-« À quoi ça sert que tu passes une heure à prier si, au cours de la journée, tu fais n'importe quoi dans tes pensées ».***

Et ce faisant, il avait raison ! Je ne peux à ce jour que le remercier et rendre grâce à Dieu de l'avoir placé sur mon chemin !

En effet, je sortais de mes prières rempli de joie et dès que j'allumais l'ordinateur ou que je regardais les factures s'empiler, je « flippais » complètement, rempli de peur par rapport à l'avenir des brevets.

Le clou tordu que j'avais été avait besoin de quelques bons coups de marteau pour être redressé afin qu'il puisse redécouvrir sa beauté perdue.

Un jour, Pierre dut me donner un « coup de marteau » particulièrement violent.

C'était alors que j'animais un de mes derniers stage à Lyon, quelques mois après avoir emménagé en région Lyonnaise.

En rentrant le samedi soir, je trouvais sur mon bureau une lettre terrible.

Pierre m'y reprochait mon manque de centrage et me disait qu'une telle « énergie » était intolérable pour les produits et les projets que nous avions pour eux.

J'étais en larmes alors que je lisais cette lettre et j'eus beaucoup de mal à m'endormir ce soir là !

Lorsque je me réveillais le dimanche matin, je me sentais vraiment mal !

Pourtant, je devais animer cette journée de stage.

Or le dimanche était une journée extrêmement importante puisque j'y abordais les réalités plus spirituelles. Il fallait absolument que je sois en pleine forme pour mes stagiaires !

Il est vrai qu'en tant qu'animateur, je suis un peu comme une locomotive entraînant chacun des participants dans ma réalité afin qu'ils la « visitent ».

Et ce dimanche matin, je peux vous dire que la locomotive que j'étais supposé être n'était pas belle à voir !

Et tandis que je roulais vers Givors où avait lieu le stage, je me demandais comment j'allais faire pour animer cette journée, me sentant si mal, avec cette lettre qui tournait et retournait dans mes pensées...

C'est alors que je pensais à *Swami* et à la façon dont il nous disait d'abandonner nos problèmes à Ses pieds.

Pendant que je roulais, j'imaginais *Swami* devant moi et lui disais :

-« Voilà Swami, j'ai reçu cette lettre de Pierre, je n'en veux plus, je la dépose à Tes pieds, prends là s'il te plaît ! »

Et AU MOMENT où je lui abandonnais cette lettre, je « l'entendis » me dire :

-« Mais pourquoi me la rends-tu ? c'est MOI qui te l'ai envoyée ».

Et à cette seconde précise, comprenant subitement, j'exultais de joie, un bonheur merveilleux me remplissait et débordait de moi...

Mais bien sûr, tout ça, c'était le plan Divin...

Et je dois dire qu'en une seconde, j'avais **TOTALEMENT** oublié l'état de détresse dans lequel je m'étais trouvé.

C'est la MAGIE de la Grâce de Dieu...

Il n'y a aucune détresse, aucune peine, aucune tristesse que Dieu ne puisse consoler, ... si vous la lui remettez...

Il n'y a aucune maladie qu'Il ne puisse guérir, aucun fardeau qu'Il ne puisse alléger, aucun problème qu'il ne puisse résoudre... **SI** vous les Lui remettez...

Swami explique parfois ce mécanisme de manière amusante. Il nous dit :

-« Je dis aux gens de me remettre tous leurs problèmes... Alors, ils le font... Et alors qu'ils les déposent à mes pieds, je les prends... Oui mais après, ils les reprennent...

Alors, je les leur rends » .

Apprenez vous aussi à tout remettre et à tout abandonner à Dieu...

Et il vous donnera TOUT !

Et je devais passer une journée formidable ce jour là avec mes stagiaires.

Lorsque je téléphonais à Pierre ce soir là, je lui disais sur un ton amusé :

> ***-« Bonsoir Swami (reconnaissant ainsi le rôle qu'il avait joué !) et merci pour ta lettre... »***

Et instantanément, il me dit :

> ***-« Ah,... c'est bon,... tu es passé... tu as compris le message... et ton énergie est maintenant différente... »***

Il faut dire que Pierre est un acousticien de très haut niveau qui peut, simplement en écoutant quelqu'un parler, « sentir » les blocages ou les tensions qu'a cette personne... En fait, notre fréquence vocale est pour lui un baromètre de notre état psychique...

Mon séjour avec Pierre et Claude Annie était à la fois instructif et passionnant.

Il était indéniable que dans ce creuset brûlant dans lequel j'étais « travaillé » et « laminé » chaque jour, je me transformais.

Les impuretés qui polluaient l'Or présent au fond de mon cœur étaient peu à peu séparées une à une, mises en évidences, et éliminées dans le brassage permanent que j'expérimentais grâce à Pierre.

Et je comprenais ce processus et l'acceptais, conscient que tout ce que vivais faisait suite à mes décisions profondes de transformation.

C'est ce qui me fait parfois dire à mes stagiaires que, ce qui est super avec le processus de transformation, c'est que plus on va bien,... plus on va mal...

Comprenez-moi bien : Plus je vais bien... et plus je prends conscience de mon potentiel... Et donc, plus je réalise en même temps tous ces petits détails qui font que je ne suis pas encore optimal !... Et de ce fait, j'ai l'impression d'aller mal ... Mais ce n'est qu'une impression et ce processus est en fait merveilleux. Nous devons voir et expérimenter nos impuretés pour pouvoir choisir alors consciemment de les lâcher et de ne plus les manifester...

Il est vrai que parfois, c'était très dur et j'étais à deux doigts de craquer, de tout plaquer et de laisser Pierre se débrouiller tout seul...

Mais heureusement, dans ces moments là, j'avais *Swami* avec moi. J'avais en moi la mémoire des expériences vécues par Lui et la certitude qu'au-delà de ma perception des apparences, tout était bien. J'étais certain que, par l'intermédiaire de Pierre, *(que je mettais parfois aussi à rude épreuve), Swami* me testait et me formait. Et cette certitude me permettait de tenir le coup.

Je ne devais pas le regretter car, lorsque par la suite, je retournais en Inde, je constatais chaque fois les progrès que j'avais fait en voyant Saï Baba être de plus en plus proche de moi et m'accorder de plus en plus de Grâces.

Je m'étais élancé pour un voyage sans retour, et je ne pouvais pas me permettre de faire machine arrière...

Et même s'il est vrai qu'en fait, nous pouvons toujours faire machine arrière, car Dieu dans son Amour immense pour nous, nous autorise tout ce que nous voulons, y compris que nous nous éloignions de Lui, vous comprenez bien que pour ma part, je n'en aie nullement envie !

Il me serait maintenant impossible *(et j'en rends grâce à Dieu)* de fonctionner « comme avant »... Comme le font encore malheureusement la plupart des gens sur Terre...

Swami m'avait appris à remettre tous mes problèmes à Dieu, ce que je faisais de plus en plus.

Et de ce fait, j'en avais de moins en moins.

Et même si mes circonstances de vie pouvaient paraître étonnantes voire difficiles, pour des gens fonctionnant avec d'autres valeurs que les miennes, elles ne l'étaient pas pour moi. Elles résultaient simplement d'un choix que j'avais fait et que j'assumais...

Après plus d'un an passé avec Pierre, nous devions commencer à avoir des contacts intéressants concernant l'avenir de nos produits. Je dis maintenant « nos produits » puisque Pierre m'informa un jour que j'étais totalement intégré dans son équipe. Évidemment, tout ça n'avait jamais été mis sur papier... Je n'ai jamais eu aucune des sécurités auxquelles pourraient s'attendre des gens dits « normaux » lorsqu'ils traitent des affaires. Mais ça me suffisait...

J'avais confiance...

J'avais confiance en Pierre, qui quelque part avait été le catalyseur de mon premier rêve avec *Swami*, le jour de notre rencontre... C'était en effet cette nuit là que Saï Baba m'était apparu en rêve[1].

Et j'avais confiance en *Swami*... et en Dieu...

Par la suite, du fait qu'il semblait que nous allions devoir déménager, Pierre décida de libérer la maison où je logeais.

Ce qui fait que je me retrouvais à nouveau sans logement...

J'ai conscience que mon style de vie pouvait en surprendre plus d'un mais j'acceptais en confiance ce que je percevais à nouveau comme un « test » que Dieu me proposait.

Et alors que certaines personnes ne connaissant pas le processus que je vivais pouvaient me voir comme un SDF *(**S**ans **D**omicile **F**ixe),* je préférais plutôt me voir comme un ÉLU... *(**Ê**tre **L**ibre de l'**U**nivers).*

---

[1] Voir Chapitre 28

Tandis que les mois passaient et que je logeais, tantôt ici, tantôt là, je prenais de plus en plus conscience que j'avais tout en moi.

J'avais eu une sécurité professionnelle,... je l'avais quitté ... et j'avais été heureux...

J'avais eu une sécurité financière,... je l'avais quitté ... et j'avais été heureux...

J'avais eu un appartement,... je l'avais quitté ... et j'avais été heureux...

J'avais eu ce que certains appellent un « style de vie »... je l'avais quitté... et j'avais été heureux...

J'avais eu une maison, je l'avais quittée et... j'étais heureux...

Je me baladais avec mes deux sacs de voyage dans ma voiture... tantôt ici,... tantôt là... et j'étais heureux...

Et au fil du temps, je réalisais que si on me prenait un de mes deux sacs, je serais quand même heureux...

Et quelque temps plus tard, je réalisais qu'en fait, si on me prenait mes deux sacs, je serais néanmoins heureux...

Et plus le temps passait, plus je réalisais PAR MON EXPÉRIENCE DIRECTE que je pouvais être heureux sans rien... si ce n'est avec quelque chose que l'on ne pourra **jamais** me prendre : **Ma relation avec Dieu**.

Maintenant, je comprends vraiment, et ceci, non par un processus intellectuel, mais par mon corps, pourquoi Jésus disait :

> ***-«Détruisez ce sanctuaire et en trois jours je le relèverai.»***[1]

Je sais maintenant que si tout m'était retiré, je pourrais TOUT reconstruire avec ce que j'ai en moi.

Car j'ai l'Amour et l'Amour peut tout accomplir !

---

[1] Jean 2:19

J'ai Dieu et par Lui tout est possible...

Lors de mon dernier voyage en Inde, grâce à la présence de *Swami*, je devais vivre des expériences magnifiques durant lesquelles je me sentais totalement porté et pris en charge par Dieu.

La première fois où il m'a été donné de le vivre, *Swami* s'était montré plus proche qu'il ne l'avait jamais été lors de mes précédents voyages puisqu'il me prit la main gauche dans sa main pendant de longues secondes...

Et durant ce moment béni, je savais que j'étais réellement et totalement porté par Dieu.

Lorsqu'il me lâcha la main, elle était imprégnée d'une odeur réellement « extra-ordinaire » Une odeur indescriptible, forte et douce à la fois. Une odeur que je n'avais jamais sentie auparavant... Une « odeur de Sainteté ». Une odeur... Divine.

Cette odeur, je devais avoir par la suite l'occasion de la sentir souvent, car j'ai pu à de nombreuses reprises soit toucher, soit être touché par *Swami* lors de ce séjour. Et chaque fois, cette même odeur m'accompagnait durant des heures alors que souvent, je n'avais touché *Swami* que durant une fraction de seconde...

Et je me souviens encore du jour où, alors que j'inhalais ce divin parfum, je SAVAIS en cette seconde sacrée que cette odeur, c'était Dieu en totalité.

Je SAVAIS que cette odeur était *Sat*, *Chit* et *Ananda*. Qu'elle était ce que l'on appelle en Inde les trois aspects de Dieu : c'est-à-dire Vérité *(Sat)*, Connaissance *(Chit)* et Béatitude *(Ananda)*.

Et je savais que la seule chose que j'avais à faire, c'était de me laisser remplir par cette « information », par cette expérience... Et que c'était suffisant... En effet, je sentais en moi toutes mes cellules qui, auparavant étaient orientées ou plutôt désorientées en tout sens se réorienter « autour » de cette « énergie » fédératrice. Cette odeur m'apportait la paix, la connaissance et la sagesse...

D'autre part, c'est comme si toutes mes cellules s'éveillaient dans la « fréquence » qu'elle était. Car cette odeur était aussi une « fréquence », un « rythme » qui m'enseignait, qui m'invitait à fonctionner moi aussi à cette « fréquence », à ce rythme.

Je savais que la seule chose que j'avais à faire, c'était de me laisser emporter dans cette conscience pour la devenir, en vertu de la loi de résonance dont nous avons déjà parlé auparavant.

Et je savais qu'autour de cette conscience bénie, l'Univers tout entier s'orientait alors et prenait forme pour moi, par Amour pour moi.

Je savais que cette « fréquence », ce rythme était en fait la cause de l'Univers.

Cette « fréquence » magnifique était ce que les gens appellent « DIEU ».

Mais *Swami* avait et a encore beaucoup d'autres choses à me montrer, à nous montrer individuellement.

À d'autres moments, alors que je marchais lentement, sereinement dans l'*Ashram*, j'avais l'impression d'être comme une source d'amour. Chaque pas que je posais me semblait me rapprocher de mon But Ultime, confiant que tout était parfait. Et je sentais l'amour qui irradiait de mon cœur et de mes mains, sachant profondément que tout est bien et que tout sera toujours bien, tant que je garderais en moi la vision et la pensée de Dieu et de son incroyable Amour pour moi.

Lorsque des mois plus tard, une fois rentré en France, j'entendis « *Ouverture* », la première chanson du nouvel album d'Etienne Daho[1] j'étais bouleversé de la précision avec laquelle il décrivait cet état si simple et si beau que j'avais vécu à l'*Ashram*...

---

[1] Tirée de l'album « *Corps et Armes* »

Il disait :

> ***Aller vers son destin,***
> ***L'amour au creux des mains,***
> ***La démarche paisible.***
> ***Porter au fond de soi,***
> ***L'intuition qui flamboie,***
> ***L'aventure belle et pure.***
> ***Celle qui nous révèle,***
> ***Superbes et enfantins,***
> ***Au plus profond de l'âme...***

Ces mots décrivaient si parfaitement et si précisément l'état que Saï Baba m'avait permis d'expérimenter que j'en pleurais de joie.

Cet état dans lequel je sais que, tout étant déjà accompli, nous n'avons à nous soucier de rien.

Nous n'avons qu'à avancer, paisibles et confiants et à garder en nous cette image de Dieu qui nous révèle à nous-mêmes, superbes et enfantins, comme le dit si bien ce chanteur inspiré.

Et durant ce dernier séjour où *Swami* s'était montré à nouveau plus proche de moi, Il m'a fait une Grâce qui, bien que discrète, est peut être une des plus grandes qu'Il m'ait jamais faites.

Je marchais seul, ce matin là, dans les rues de l'*Ashram*. Il était 4 heures du matin et les oiseaux commençaient à s'éveiller dans les arbres. J'étais emmitouflé dans ma couverture de laine écrue...

Et alors que je venais de passer à côté de la demeure de *Swami*, soudain, une pensée s'imposa en moi avec force :

> ***-« Patrice, tu es vraiment une bonne personne. Fondamentalement, tu es beau... Tu es une belle Âme... Tu es « Aimable ».***

Et je crois que, pour la première fois, je savais que c'était vrai.

Et pourtant, ce genre de phrases, je me les étais répétées des centaines de fois.

Cependant, pour la première fois, grâce à l'amour incroyable que me donnait Saï Baba et grâce à mon abandon confiant à cette Divine Incarnation, jc savais au fond de mon cœur que c'était la vérité !

> ***« Oui, je suis une bonne personne... Je suis fondamentalement quelqu'un de bon et d'aimable... »***

Et de cette manière discrète, *Swami* me faisait à nouveau un merveilleux cadeau.

Un cadeau **inestimable**...

Et la vie continue.

Et alors qu'elle me comble sans cesse de ses miracles que je perçois chaque jour davantage, il me semble de plus en plus que le message de Dieu mérite **vraiment** d'être entendu, intégré et transmis...

Et mon expérience me montre chaque jour qu'une fois de plus, Jésus a raison lorsqu'il nous dit :

> ***-« En vérité, je vous le dis : nul n'aura laissé maison, frères, sœurs, mère, père, enfants ou champs à cause de moi et à cause de l'Évangile, qui ne reçoive le centuple dès maintenant, au temps présent, en maisons, frères, sœurs, mères, enfants et champs, avec des persécutions, et , dans le monde à venir la vie éternelle. »***[1]

Cette notion de « persécutions » pourrait peut-être vous faire peur, mais souvenez-vous que comme Jésus l'a dit à ses disciples[2], l'intégration de la parole divine nous « sort du

---

[1] Marc 10:29-30

[2] Jean 15:19 *« Si vous étiez du monde, le monde aimerait son bien; mais parce que vous n'êtes pas du monde, puisque mon choix vous a tiré du monde, pour cette raison, le monde vous hait.»*

monde » et nous expose alors à la réprobation du « reste du monde ». Cependant, en faisant cela, nous ne subissons plus les lois du monde mais celle de Dieu... Et je pense que cette option est de loin la meilleure et la seule qui vaille d'être envisagée.

À ce jour, ayant vécu toutes ces expériences, je sais qu'en fait, je n'ai vraiment à me soucier de RIEN.

Alors, pourquoi me soucierais-je, puisque j'ai Dieu.

Lorsque l'on n'a BESOIN de rien, on peut TOUT avoir.

Et ainsi que le dit si bien Saï Baba :

> ***« Why fear when I am here... , Be happy, very happy».***
>
> ***« Pourquoi avoir peur alors que Je suis ici ... Soyez heureux, très heureux ».***

ÉPILOGUE
L'Amour est la Clef…

Et bien voilà, je pense maintenant avoir partagé avec vous tout ce qu'il me semblait nécessaire de vous dire, du moins pour l'instant.

Peut-être que plus tard, dans le futur, je ressentirais à nouveau cet impérieux besoin de prendre la plume pour vous entretenir d'autres sujets, d'autres dimensions.

Je n'ai évidemment pas la prétention d'apporter ici toutes les solutions.

Il est clair pour moi que mon cheminement m'a énormément apporté.

Il est clair aussi que je n'ai pas développé toutes ces expériences du jour au lendemain.

J'ai suivi des étapes, un processus... Et je sais que ce processus est naturel et que beaucoup de personnes le traverse.

J'espère simplement que mon expérience, mes réalisations vous guideront vous aussi à la découverte de l'Être merveilleux qui sommeille peut-être encore en vous...

Le chemin n'est pas toujours facile, mais la Lumière qui l'éclaire est merveilleuse.

Et même s'il n'est pas facile, il me semble vraiment que ce chemin vaille la peine d'être arpenté.

J'espère que ce livre vous donnera envie de mobiliser TOUT votre être afin que vous découvriez vous aussi cette magnifique partie de VOUS qui est présente en chacun de NOUS.

J'espère que vous aurez envie d'aller, vous aussi, plus loin sur ce magnifique chemin car, à mon sens, il n'a pas de fin.

Cependant, rappelez-vous que jusqu'à ce que vous ayez réalisé votre **UNITÉ avec Dieu**, vous êtes **avec Lui** ***co-créateurs*** de votre réalité. Et ainsi que *Swami* me l'a si bien démontré, l'Univers ou plutôt « Votre univers », devient pour vous ce que vous croyez qu'il est. Et à travers vos pensées, vos paroles et vos actions, vous **Le** définissez et vous **Vous** définissez. Aussi n'oubliez pas qu'il n'y pas de pensées neutres et voyez grand, voyez toujours plus grand, plus beau, plus doux et, laissez-vous devenir ce que vous êtes réellement.

Pour ma part, mon chemin n'est pas achevé, loin de là.

Et je ne suis pas encore parfait... *(ou plutôt, devrais-je dire, je n'ai pas encore totalement conscience de ma perfection)*... Et si mon chemin vous semble surprenant, *« Que celui qui n'a jamais péché me jette la première pierre... »*

À ce jour, il m'arrive encore d'être rempli de doutes.

Et c'est bien ainsi, car chaque doute qui me vient à l'esprit me donne l'opportunité de faire un choix. Chaque doute me donne l'opportunité de décider de ce que je veux expérimenter et de décider de ce que je veux qui soit vrai. Il me donne l'opportunité de décider de ce que je veux être et de l'expérimenter.

Et à travers mes choix, je me définis et me découvre sans cesse...

Et si Dieu me présente maintenant une expérience difficile, je peux comprendre qu'Il me fait la Grâce de me la présenter afin que je fasse un choix différent de celui que j'ai toujours fait par le passé... En effet, comment puis-je savoir que je suis sorti d'un schéma si Dieu ne me donne pas la possibilité de « retomber » dedans...

Et si Dieu me présente une expérience que je ne comprends pas, je choisis de Lui faire confiance et de ne pas résister... Car **sachant** que Dieu m'aime, je **sais** que s'Il me la présente, c'est pour mon plus grand bien *(même si je ne suis pas toujours en mesure de comprendre pourquoi !)* et aussi afin que je puisse me rapprocher toujours plus de Lui.

Dans ces cas là, j'essaye de me rappeler qu'à tout tunnel, il y a une entrée... et une sortie... Et je l'attends en confiance...

Et si parfois les expériences me semblent vraiment pénibles, très vite, je décide de faire quelque chose par rapport à cette situation. Je m'asseois alors quelque part, où que je sois et je ferme les yeux. Et puis, en moi, je Lui prépare consciencieusement un petit paquet cadeau. J'emballe tous ces problèmes qu'Il a mis sur ma route et, je les lui rends :

> ***-« Voilà, tiens, c'est pour Toi ! Ce problème n'est dorénavant plus mon problème... Je te le rends... Reprends-le et occupe- t'en s'il te plaît. »***

Et au moment même où je lui remets mes problèmes, je SAIS qu'il les a pris car, **INSTANTANÉMENT**, je me sens plus léger et plus heureux.

Et j'essaie alors simplement d'éviter de les reprendre par la suite.

Et rappelez-vous : Si vous n'avez pas pu résoudre vos problèmes par vous-mêmes, qu'avez-vous à perdre à essayer de les faire résoudre par cette énergie ? Rien !

Vous n'avez réellement **RIEN** à perdre.

En fait, vous avez **TOUT** à gagner.

Alors, demandez-Lui de l'aide et, croyez que vous l'avez déjà reçue.

Pour ma part, chaque jour, je Lui rends grâce pour la chance que j'ai d'être vivant, pour la chance que j'ai de vivre tout ce que je vis et pour tous les petits et les grands « miracles » qu'Il manifeste perpétuellement dans ma vie.

Et pour rester conscient de Sa Divine Présence, j'essaye de me rappeler que chaque événement de ma vie est un cadeau de Dieu... Que chaque aliment que je mange, que chaque repas que je prends est comme une Eucharistie...

Chaque jour, j'apprends aussi de plus en plus à Le voir et à Le reconnaître en toute chose et en chacun.

Et d'autre part, j'essaye de plus en plus de ne rien définir, de ne plus rien figer par mes pensées, de ne plus rien « savoir ».

Et je sais que c'est bien ainsi, car quelque part, si je dis que *« je sais »*, je suis en train, par mes mots ou mes pensées de « limiter » et de figer l'Univers.

Et c'est quelque chose que je ne souhaite plus faire. Je l'ai trop fait par le passé même si, là aussi, c'était bien et parfait.

Une vérité que je maintiens envers l'Univers l'empêche d'être ce qu'Il est vraiment.

Une vérité que je maintiens vis-à-vis de qui que ce soit empêche cette personne d'être ce qu'elle est vraiment.

Une vérité que je maintiens à mon égard m'empêche d'être ce que je suis vraiment.

Car Lui et Moi sommes UN, même si je n'ai pas encore à ce jour la chance de l'expérimenter toujours et en permanence.

L'Univers est le possible des possibles.

Et si je veux vraiment m'en rapprocher et l'expérimenter, je dois le laisser libre, totalement libre... tel que Lui me laisse dans son immense amour pour moi...

À ce jour, je sais simplement là où je suis.

Et quand je considère là où j'étais il y a près de 20 ans, il est clair que j'ai parcouru un très long chemin,... même s'il m'en reste encore un long à parcourir...

En ce qui concerne la séropositivité, je pense aussi qu'à ce jour, et ce en raison des critères qu'ils utilisent, aucun médecin ne voudra me reconnaître guéri... Alors que dois-je faire ?

Attendre que j'aie 80 ans pour commencer à parler de mes expériences ?

M'apitoyer sur mon sort et me résigner ?

Je ne le crois pas. Je ne m'aiderai aucunement de cette manière et de toutes façons, je n'en ai aucune envie !

Je sais cependant maintenant de manière certaine que si je suis encore vivant aujourd'hui, c'est grâce à mon « travail » sur moi, grâce à l'Amour et surtout Grâce à Dieu.

Et j'espère que mon expérience pourra vous aider et vous inspirer pour votre guérison ou votre transformation.

Dieu m'a prouvé son Amour, sa puissance, sa douceur et s'il est vrai que, peut-être, je serai mort demain *(mais je vous signale pour votre information que peut-être vous aussi),* je sais où j'irai une fois que mon chemin sur Terre sera accompli.

Je sais que telle une bulle de Champagne éclatant à la surface, je me fondrai en Lui, mon origine et ma fin.

Mais pour l'instant, je pense que j'ai encore quelque chose à faire ici.

Ne serait-ce qu'être là pour vous tendre la main et vous accueillir dans la lumière alors que, éblouis et aveuglés par sa Splendeur, vous vous sentez perdus dans ce nouveau monde qui s'ouvre à vous. Ce monde qui a des règles que vous n'avez peut-être pas encore reconnues.

Et donc s'il est vrai que, comme la plupart des gens sur Terre, je partirai un jour, je sais que ce sera au bon moment pour moi et pour ceux qui m'entourent, même s'il est cependant possible qu'ils ne le réalisent pas, ou pas instantanément ! Ils devront alors simplement apprendre à gérer leurs attachements à l'illusion éphémère que représentait le corps que j'ai habité. Le véhicule que Dieu m'a donné afin qu'il puisse se réaliser à travers Moi et se manifester par Moi, son fils bien-aimé, dans son Amour, dans sa Puissance et dans sa Gloire...

Cependant, j'ai fait, il y a de nombreuses années, le choix de la Vie, le choix de l'Amour, le choix de Dieu *(et en fait, tout ça, c'est la même chose...)* et je ne le regretterai JAMAIS.

Alors, vous aussi, faites le choix de la Vie.

Faites le choix de l'Amour.

Faites le choix de Dieu.

Mettez l'importance dans ce qui est VRAI et RÉEL. Pas dans l'illusion du monde physique. Pas dans ce qui est temporaire et illusoire.

Et vous vivrez heureux, au-delà des circonstances que le monde vous présentera.

Apprenez vous aussi à aimer toujours plus, toujours mieux…

L'Amour est la clé qui ouvre toute les portes... Seulement, nous l'avons enfermé en nous, en nous éloignant de notre vraie nature, en nous éloignant de l'autre et en entretenant des pensées d'envie, de manque, de jalousie, de jugement, de doute, de culpabilité, de mensonge, de peur...

Cependant, comme rien ne peut exister sans la grâce de Dieu, sachez que tout est bien et ne culpabilisez pas de ce que vous avez été... Décidez simplement de changer et... faites le !

Toutes nos expériences nous sont données par Lui pour nous permettre d'apprendre. Aussi, apprenons à éliminer nos doutes, nos peurs, nos perceptions de manque, nos jalousies, nos culpabilités, nos jugements en les remettant à Dieu et laissons notre cœur se déployer toujours plus.

Apprenons à développer la gratitude pour tout ce que nous avons.

Apprenons à rentrer en nous pour y trouver cet Amour qui ouvrira pour nous toutes les portes...

Immergeons-nous dedans et redevenons Amour.

Devenons des instruments de l'Amour, des instruments de Dieu, Lui permettant de manifester à travers nous Sa Splendeur et Sa Gloire.

Apprenons à devenir toujours plus doux, plus patients, plus tolérants, plus simples, plus vrais, plus aimants et redevenons ce que nous avons toujours été.

Le bonheur que nous en ressentirons nous comblera tous au plus haut point.

Apprenons à aligner nos pensées, nos paroles et nos actions. En effet, nous pensons souvent une chose, en disons une autre et nos actions en démontrent encore une autre... Reconnaissons simplement ce processus et apprenons à le transformer.

Choisissons de nous transformer dès maintenant et surveillons nos pensées, paroles et actions...

L'Amour est la base de la Vie... L'amour est la Vie...

Et si parfois, il peut vous sembler difficile du fait de vos circonstances de vous connecter à l'amour, souvenez-vous qu'il existe au fond de nous tous une source d'amour intarissable toujours disponible...une source que certains nomment... Dieu.

Saï Baba nous dit magnifiquement :

-« Tu deviens ce que tu penses...

Pense poussière... poussière tu seras.

Pense Dieu... Dieu tu seras. »

Je pense que vous savez maintenant ce qu'il vous reste à faire...

Dieu est Amour et Dieu nous aime...

Qui que nous soyons, où que nous soyons, quoi que nous fassions, abandonnez-vous à Lui et, SOYEZ HEUREUX.

Puisse Son Amour vous éclairer et vous accompagner comme Il l'a toujours fait...

Je vous souhaite à toutes et à tous une vie merveilleuse dans la réalisation de votre nature divine et vous remercie de m'avoir permis de me confier à vous.

Puisse le Grand Être vous Bénir et vous combler de ses Grâces... Et puissiez-vous avoir toujours la perception et l'expérience d'être aimable et d'être aimé.

Sincèrement.

Patrice

Et depuis…

Pour vous rassurer, comme je le dis parfois à certains de mes lecteurs, je suis « toujours vivant » et, de plus en plus conscient que je ne suis pas, comme vous aussi d'ailleurs, cette forme extérieure avec laquelle je m'étais identifié.

Le petit groupe d'inventeurs dans lequel j'étais s'est métamorphosé en une société qui s'occupe d'améliorer la qualité du son et qui grandit peu à peu, bien qu'étant encore en phase de lancement.

A ce sujet, un « bébé » deviendra, tôt ou tard, un « adulte ». C'est dans l'ordre des choses…

Et de même, un être qui était « endormi et inconscient de sa Nature Créatrice » deviendra aussi, c'est certain, un être « Éveillé ou conscient de sa Nature Essentielle… »

Je dois aussi reconnaître que je suis **extrêmement** reconnaissant envers « Dieu » ou « La Vie » de pouvoir maintenant animer et partager mes expériences à travers, entre autres, des stages dans de plus en plus de pays de par le monde !

À ce sujet, une dame merveilleuse, Lise, m'a un jour contacté de Québec pour me dire que mon livre lui avait beaucoup apporté et me disait au téléphone : « *Quel dommage que nous n'ayons pas ici des gens comme vous !* »

En fait, le « Grand Être » qui nous a tous créés « à son image » a placé en nous **TOUS** cette même essence spirituelle, même si le « parfum » de cette essence est à chaque fois « différent » et adapté à ceux qui cherchent à le percevoir. Ainsi, nous avons **TOUS** quelque chose à offrir au monde sous une « forme » différente…

C'est ainsi que je lui ai proposé de me rendre au Québec. Je le fis avec joie car, depuis longtemps, je souhaitais visiter ce superbe pays.

Ce premier contact avec le Québec a finalement débouché sur une « tournée » de conférences dans tout le Québec francophone en novembre 2005 !

D'autre part, j'ai reçu lors d'un de mes déplacements à Tahiti un très beau prénom Tahitien, « *Manu Tahi Ori* »

Un « *Orero* » ou l'équivalent d'un « baptiseur » dans la société polynésienne m'a dit, alors qu'il était venu participer à ma conférence : « *Toi, tu es Manu Tahi Ori* ». Les gens ont en effet l'habitude de se tutoyer à Tahiti.

Je lui ai alors répondu que ce prénom me semblait beau mais que j'aimerais connaître sa signification.

Il m'a alors expliqué que « *Manu* » signifiait « *Oiseau* » en Tahitien, car il semble que mes bras bougeaient beaucoup lors de cette conférence !

Ensuite, il m'a expliqué que « *Tahi* » signifiait « *Grand* » *(je mesure 1,99 mètre)* ou « *Premier* » et que « *Ori* » signifie « *Voyageur* » !

Ce superbe prénom tahitien me résume en effet assez bien car j'avais déjà enseigné à cette époque en Polynésie Française, en Nouvelle-Calédonie, en Guadeloupe, à la Réunion, en Martinique, en Australie, au Québec, et aux États-Unis.

Et comme on le dit en Créole Réunionnais et que je site souvent dans mes stages et conférences : « Semin Grand-Bois *(un village local),* ça lé long. Ti pas, ti pas, nous va river… » ce qui signifie, « Le chemin vers nos objectifs peut être long, mais chaque petit pas posé nous en rapproche… »

Il est évident que je ne suis pas actuellement tel que je sais pouvoir devenir mais quand je regarde le chemin parcouru depuis plus de 20 ans, je constate que j'ai déjà fait « une partie » du chemin et que, comme vous, je suis ….en route vers quelque chose de beau, de simple, de doux….

Il me reste évidemment beaucoup de désirs que je réaliserai en temps utile et je me sens prêt à voyager pour transmettre ce message… là, où les gens le souhaitent, si j'en ai simultanément envie.

Rappelez-vous que, pour être « HEUREUX », c'est finalement assez « SIMPLE ».

Faites ce qui vous rend « HEUREUX(SE) » et ne faites plus les choses qui vous rendent « MALHEUREUX(SE) »…

C'est finalement très « SIMPLE ».

Même si ce n'est pas toujours « FACILE » à mettre en place, je le reconnais !

Et je commence aussi à réaliser que « IL » aurait peut-être encore plus à me donner si j'arrêtais de me définir arbitrairement !

J'ai en effet réalisé que si je « LUI » demande ce que je veux, « IL » me le donne.

J'en arrive donc, à ce jour, à me demander :

> ***« Mais que me donnerait-« IL » si je ne « LUI » demandais rien ? »***

A vous de voir !

Je me laisse donc, de plus en plus, surprendre par la vie !

Soyez donc heureux, si vous le choisissez !

Je vous souhaite toutes les belles choses que vous désirez, que vous pouvez CONCEVOIR, et **surtout**, que vous **savez** que vous les MERITEZ !

Il y a, je crois, une **PERFECTION.** Elle existe parfois au-delà de ma **PERCEPTION** quelle que soit la forme qu'elle puisse prendre !

Puisse le Grand Être vous Bénir et vous combler de ses Grâces...

Et puissiez-vous avoir toujours la perception et l’expérience d’être aimable et d'être aimé.

Sincèrement.

Patrice-*Manu Tahi Ori*

Si vous désirez recevoir des informations
pour participer aux stages qu'anime Patrice MORCHAIN
ou organiser une conférence-atelier,
voire un stage dans votre région ou pays, contactez :

HELYOGOS
21 Rue Jean Jaurès
59980 BERTRY
Téléphone : +33 (0)3 27 76 13 12 / +33 (0)6 10 02 87 30

HELYOGOS

www.helyogos.com